부자 습관
가난한 습관

RICH HABITS

부자 습관 가난한 습관

부 자 가 되 기 로 마 음 먹 은 사 람 들 에 게

POOR HABITS

톰 콜리 · 마이클 야드니 지음 │ 최은아 옮김

한국경제신문

당신은 부자가 될 준비가 됐는가

거듭된 연구에 따르면 부자는 더 부유해진 반면 중산층은 더 많은 시간 동안 더 힘들게 일하면서도 여유 있는 생활을 누리지 못하고 있다.

그리고 가난한 사람의 수는 점점 늘어나고 있으며 과거보다 더 큰 곤경에 처해 있다. 가난한 사람에게 무슨 일이 벌어지고 있을까? 중산층이 서서히 무너지는 만큼 가난한 사람의 수가 증가하고 있지만 사회는 그들에게 관심을 거의 기울이지 않는다. 당연하게도 빈곤층의 증가는 경제에 나쁜 신호다.

예전에 광부는 탄광의 유해 가스를 감지하기 위해 카나리아를 넣은 새장을 들고 탄광에 내려갔다. 카나리아가 이상 행동을 하며 쓰러지면 광부는 탄광 내 공기가 생명을 위협하는 수준이 되었다는 것을 알아차리고 즉각 대피했다. 오늘날 가난한 사람은 우리

사회의 카나리아다. 그들은 경제와 사회에 닥친 위험을 경고한다.

공평해 보이지 않을 수 있지만 '소득 격차'가 커지고 있는 것은 사실이며 대다수의 경제 전문가는 이런 현상이 끝없이 지속될 것이라 전망한다. 최고의 발전을 이룩한 선진국이라 해도 많은 사람이 경제적으로 힘겹게 살아가고 있는 것이 현실이다. 부자와 평범한 자의 자산 격차는 더욱더 커져만 가는 것 같다.

이런 현상으로 인해 많은 사람은 이렇게 묻는다. "어째서 부자는 계속 부유해지는가?" 대부분의 경우 운 때문은 아니다. 부유한 집안에서 태어났거나 복권에 당첨돼 부유해진 것도 아니다. 부유한 사람은 그저 남다른 방식으로 일을 한다. 그들은 남과 다르게 생각하고 행동한다. 그리고 남다른 습관을 가지고 있다.

오늘날 성공에 대한 정보는 넘쳐나는데 어찌 된 일인지 성공을 이루는 일은 과거보다 더 어려워졌다. 문제는 우리 대부분이 속고 있다는 데 있다. 우리는 교육을 잘 받고 열심히 일하면 성공할 수 있다는 말을 듣는다. 하지만 그 말은 결코 진실이 아니다. 비즈니스와 기업, 투자에서 성공한 사람은 '부자 습관'이 필요하다는 사실을 깨닫게 됐다. 그러한 부자 습관이 바로 부를 쌓는 토대다.

우리가 이 책을 쓰는 목적은 당신에게 부자 습관을 가르쳐주고 현재 당신의 재정 상태가 어떻든 당신도 부자가 될 수 있다는 것을 확신시켜주는 것이다. 하지만 부자가 되려면 남다른 방식으로 일을 해야 한다. 남과 다르게 생각하고 행동해야 한다. 그리고 남

다른 습관, 즉 부자 습관을 길러야 한다.

이 책에서 제시하는 방법은 우리뿐 아니라 수많은 사람에게 효과가 있었다. 따라서 당신이 부자 습관을 기르는 방법을 배우기 위해 기꺼이 시간을 낸다면 부자가 되는 꿈을 이루지 못할 이유가 없다.

이 책은 부자가 느끼고, 생각하고, 행동하고, 처신하는 방법을 어떻게 따라 할 수 있는가에 대해 말한다. 즉 부자 습관을 기르고 가난한 자의 습관을 버리는 방법을 논한다.

하지만 오해하지 마시길. 부가 최고 가치라고 주장하는 것은 아니다. 우리는 성취감을 느끼는 삶을 달성하기 위한 중요한 요소를 부자가 되는 방법을 통해 배울 수 있다고 믿는다.

성취감을 주는 중요한 요소는 독자마다 다를 것이다. 하지만 솔직히 말해 요즘 시대에, 돈은 성공 척도로 삼는 첫 번째 요소다. 사람들은 남에게 뒤지지 않으려 애쓸 뿐 아니라 현재 가지고 있는 것보다 더 크고 좋은 집과 차를 가지고 싶어 한다.

당신은 부나 큰 집, 고급 차를 갈망하지 않을지 모른다. 하지만 많은 사람처럼 당신도 지갑이 텅 비어 불안한 나날을 보내고 있지는 않은가? 우리는 당신이 경제적으로 안정되어 삶의 만족감을 얻도록 돕고 싶다.

이 책이 정말로 당신을 부자로 만들어줄 수 있을까

장담하건대 당신은 이 책을 집으면서 '이 책이 정말로 나를 부자로 만들어줄까?' 하는 생각을 했을 것이다. 솔직한 대답은 '그럴 가능성이 있다'다.

부자가 되는 법을 배우는 데는 두 가지 방법이 있다. 한 가지는 '자신'의 실수와 경험을 통해 배우는 것이고, 또 다른 한 가지는 '다른 사람'의 실수와 경험을 통해 배우는 것이다.

첫 번째 방법은 너무 어렵고 값비싼 대가를 치르며 사기가 꺾일 수 있다. 두 번째 방법, 즉 다른 사람의 실수와 경험을 통해 배우는 것이 훨씬 수월하고 손쉽다. 또한 최소한 누군가 사용해본 방법이다.

당신이 책 두 권을 소개받았다고 해보자. 어느 책을 선택하겠는가?

- 당신이 저지를 수 있는 실수란 실수는 모조리 기록한 책
- 일을 제대로 하는 모든 방법을 담은 책

흥미롭게도 많은 사람은 직접 부딪히고 배우면서 일을 해나가는 것을 택한다. 하지만 당신보다 먼저 성공해 부자가 된 사람들을 체계적으로 따라 한다면 경제적 성공을 향한 길에서 당신의 성장

과 발전에 엄청난 가속도가 붙을 것이다.

성공한 사람이 어떻게 투자를 하는지 또는 어떤 사업을 하는지에 대한 내용이 그들의 부를 이해하는 데 중요하긴 하지만 이 책에서 그런 이야기는 하지 않을 것이다. 그보다 아침에 일어나는 순간부터 밤에 잠들 때까지 이루어지는 그들의 행동과 습관을 이해하기 위해 더 깊은 차원을 들여다볼 것이다.

그들의 정신으로 들어가 그들이 어떻게 느끼고 어떻게 생각하는지 알아내야 한다. 그러한 감정과 생각이 행동과 습관을 결정하고 결국 결과를 만들어내기 때문이다.

이런 방법에 새로운 점이 없다는 사실은 인정한다. 성공한 사람을 롤모델로 삼는다는 개념은 예술과 스포츠, 경영 등 모든 분야에서 최고 성과를 내는 사람들이 이미 사용하고 있다. 오늘날 자신의 분야에서 정상에 있는 사람은 모두 그 분야의 최정상에 있는 사람을 본받는 것으로 시작했다.

당신이 성공한 사람처럼 일을 한다면, 그들처럼 생각하고 행동한다면, 부자 습관을 기른다면 당신은 그들처럼 느끼게 된다. 당신이 이미 부자가 된 것처럼 느끼게 될 것이며 그들과 똑같은 결과를 얻기 시작할 것이다. 그리고 곧 부자가 될 것이다.

이 책은 철학책이 아니다

이 책은 과학적 증거, 특히 부자와 가난한 자에 대한 콜리의 5년간 연구 결과를 토대로 한다. 당신은 부자가 가난한 자와 크게 다르지 않다는 사실을 알게 될 것이다. 부자는 대다수의 사람과는 다른 방법으로 일하는 법을 배웠을 뿐이다. 이 책은 성공한 사람이 반복적으로 한 일을 당신이 한다면 당신도 마침내 똑같은 결과를 얻게 되리라는 사실을 보여준다.

경제적 성공은 운의 문제가 아니다. 그것은 단순히 인과법칙의 결과다. 즉 원인이 되는 일을 시작하면 결과를 얻게 된다. 우리는 각자 부자를 연구하며 그들이 어떻게 부자가 됐는지 조사했다. 우리 둘은 지구 반대편에 살지만(톰 콜리는 미국에, 마이클 야드니는 오스트레일리아에 산다) 비슷한 결론에 이르렀다.

공인회계사인 콜리는 자신의 의뢰인 중 일부 사람이 다른 사람에 비해 훨씬 탁월한 성공을 거둔 것을 관찰했다. 그래서 부자 233명과 가난한 자 128명에 대한 연구에 착수했고, 5년 동안 조사하며 144개의 질문을 하고 그 결과를 분석했다. 그 질문에 대한 답이 거의 5만 2,000개였다.

오스트레일리아에서 손에 꼽히는 자산 관리 및 투자 전문가인 야드니는, 멘토링을 통해 자신의 삶을 변화시키고 부와 성공을 거둔 사람을 오랫동안 연구했다. 지금은 직접 대규모 사업체를 운영하면서 수백만 달러의 자산 포트폴리오를 발전시키고, 투자자를 교육하며 그들이 누구보다 큰 성공을 얻도록 돕고 있다. 야드니와 그의 팀은 20억 달러 이상이 넘는 가치의 자산을 거래하고 있다. 뿐만 아니라 야드니는 지금까지 2,000명 이상의 투자자와 경영자에게 멘토링을 직접 제공해왔다.

놀랄 것도 없이 우리는 비슷한 결론에 도달했다. 부자가 되고 성공하는 것이 교육, 인종, 배경, 나이와 거의 관련이 없다는 사실을 깨달았다. 오히려 그것은 사고방식과 행동 방식, 습관과 많이 관련돼 있었다.

우리의 외부 세계는 내부 세계, 즉 생각, 감정, 행동, 습관을 반영한다. 따라서 이 책은 부자가 되는 방법을 다루지만 주식 및 부동산 투자 전략을 설명하지는 않는다. 그보다 부자가 되는 최고 비밀, 즉 부자 대열에 합류하려면 부자처럼 생각하고 행동해야 한다는 것을 알려준다.

부자처럼 생각하는 것이 중요하다

이 책에서 말하는 원칙은 간단하다. 물론 당장은 쉽지 않을 수 있다. 하지만 부와 성공으로 가는 길을 친절하고 쉽게 설명할 테니, 너무 걱정할 필요는 없다. 우리의 메시지를 정확히 이해하고 받아들인다면 당신도 부자가 될 수 있다.

당신은 자신의 재정 상태에 습관이 얼마나 중요한지 알게 될 것이다. 경제적 문제를 해결하는 최상의 방법은 생각하는 방식을 바꿔 습관을 변화시키는 것임을 이 책은 보여준다. 중산층이나 가난한 자 말고 부자처럼 생각하라는 점을 강조할 것이다.

기존의 낡은 사고방식으로는 상황을 바꿀 수 없다. 이런 명언이 있다. "물고기 한 마리를 주면 그가 하루를 먹고산다. 물고기를 낚는 법을 가르치면 그가 평생을 먹고산다." 바로 이런 의도로 우리는 이 책을 쓰게 됐다.

당신이 생각하는 방식을 바꾸지 않으면 온갖 재정적 조언(돈에 대한 세상의 모든 조언)을 듣는다 해도 부자가 되지 못한다. 물론 믿기 어려울 수 있다. 하지만 우리의 말을 끈기 있게 듣기 바란다. 우리가 생각 전환의 가치를 진심으로 믿는 이유를 설명하겠다.

부자가 되는 데 얼마나 걸릴까

부자가 되기까지 그 기간은 당신의 바람보다 오래 걸릴 수 있다. 우리가 알려줄 교훈은 대부분 당신이 기대하는 것과 매우 다를 것이다. 우리는 돈이 많은 의뢰인과 평범한 의뢰인의 가장 큰 차이를 조사하면서 성공은 배경, 교육, 민족성, 투자 수단, 초기 자본

등과 거의 관련이 없다는 사실을 깨닫게 됐다. 오히려 어떤 방식으로 생각하느냐가 매우 중요했다. 실제로 성공한 이유의 80퍼센트는 사고방식과 관련이 있었다.

이런 사실은 당신이 애초에 듣고 싶었던 내용이 아닐 수 있다. 어쩌면 당신은 이 책을 통해 주식 시장에서 한 밑천 잡는 방법이나 향후 높은 수익률이 기대되는 투자처를 찾는 방법, 큰돈이 될 사업을 시작하는 방법을 알고 싶었을지 모른다.

백만 달러를 현금으로 받는 일과 백만장자의 사고방식을 기르는 방법을 배우는 일 중 하나를 선택해야 한다고 생각해보자. 당신은 어느 쪽을 선택하겠는가? 대부분의 사람이 자신을 바꾸는 방법을 배우기보다 현금을 받아 쓰는 쪽을 택할 것 같다.

스스로에게 물어보라. 어느 쪽을 택하겠는가? 사고방식을 바꾸는 쪽이 더 낫다는 것이 우리가 이 책을 통해 당신에게 전하고자 하는 바이며, 이는 당신이 배우게 될 많은 개념 중 한 가지다. 당신을 바꾸면 세상도 바뀐다. 그리고 스스로 변하는 속도가 빠를수록 원하는 것을 더 빨리 이룩할 수 있을 것이다.

진정한 부에 대하여

이 책에서 '돈이 많은', '부유한', '가난한', '평범한' 등의 용어를 사용하는데, 이것은 다만 경제적 자유를 얻은 사람과 그렇지 못한 대다수의 사람을 구별하기 위한 것이다. 결코 '부'와 '가난', 사회 경제적으로 더 나은 집단과 그렇지 못한 집단을 판단하려는 것이 아니다.

이 책에서는 사회적 분석이나 논평을 하지 않는다. 우리는 대부분의 사람이 부자가 되기를 원하거나 적어도 경제적 형편이 더 나아지길 원한다는 점을 전제로 이야기를 전개할 뿐이다. 실제로 우리가 만나는 사람 대부분은 경제적으로 자유로워지고 싶어 한다. 그들은 그저 그런 월급을 받기 위해 치열하게 사는 인생에 만족하지 않는다.

또한 부자나 가난한 자, 부나 고된 노동에 대해 말할 때 사람에 대한 가치를 매기는 것이 아님을 명확하게 밝히고 싶다. 우리 모두는 매우 귀중한 존재라 그렇게 하는 것 자체가 말이 안 된다. 책 전반에서 '부'와 '부자', '성공' 등의 용어를 편의상 맥락에 맞게 바꿔가며 사용할 것이다. 하지만 부에 대한 정의는 돈보다 훨씬 더 많은 것이 관련돼 있다.

진정으로 부유해지려면 돈만 있어서는 안 된다. 돈에 더해 건강이 필요하며 부를 함께 누릴 친구와 가족, 돈을 쓸 시간이 필요하다. 돈을 불릴 능력이 있어야 하며 돈에 대한 마음가짐(사람마다 다른 의미가 있을 것이다)도 필요하다. 또한 사회나 공동체에 돈을 기부하는 자세도 가져야 한다.

그들이 점점 부유해지는 이유

'돈을 번다'라는 말에는 노력이나 근면한 노동을 통해 또는 그에 비례해 부를 얻는다는 의미가 들어 있다. 이 책에서는 그런 식으로 돈을 버는 방법이 아니라 부자가 계속 부유해지는 이유에 초점을 맞춘다. 그들이 열심히 노력하기는 하지만 그런 노력 외의 다른 많은 것이 그들에게 부를 안겨준다. 그들이 점점 부유해지는 것은 다음의 이유 때문이다.

첫째, 부를 끌어당기는 사고방식을 가지고 있다. 따라서 부에 대한 그들의 생각과 자세, 믿음을 이야기할 것이다. 부를 강하게 끌어당기는 사고방식이 있는가 하면 부를 쫓아버리는 사고방식도 있다. 틀림없이 대부분의 사람은 부를 물리치는 방식으로 생각할 것이다. 하지만 우리는 이 책에서 사고방식에 대한 이야기만 하고 끝내지는 않는다. 안타깝게도 '생각하라, 그러면 부자가 되리라(Think and Grow Rich)'를 사고방식만으로는 달성할 수 없기 때문이다.

둘째, 부자는 특정한 방식으로 특정한 일을 함으로써 돈을 끌어모은다. 그들은 부자 습관을 가지고 있다. 그들은 직장에 다니거나 자영업을 하기도 한다. 사업을 하는 사람도 있다. 부자들 역시 다른 많은 사람처럼 주식이나 부동산에 투자를 하지만 우리가 지적하려는 핵심은 그들이 특정한 일을 하는 것은 물론 특정한 방식, 즉 대다수의 사람과 다른 방식으로 일을 한다는 것이다. 그리고 당연히 평범한 사람이 지니지 못한 특정한 습관을 가지고 있다.

셋째, 부자는 금융 지식이 풍부하다. 그러한 지식을 통해 그들은 유리한 지위를 얻어 부를 끌어모은다.

다소 긴 서문이 우리가 함께할 여정에 흥미로운 서막을 열어주었기를 바란다. 우리는 경제적 독립에 접근하는 매우 독특한 전략을 보여줄 것이다. 심각한 빚에 허덕이던 사람이 부를 쌓는 전략을 사용해 다람쥐 쳇바퀴 경쟁에서 벗어나 부를 축적한 사례를 우리는 관찰했다. 또한 부자가 부를 더욱 폭발적으로 증가시키는 수단에 대한 많은 사람의 생각을 연구했다. 당신이 어디에서 출발하든 이러한 전략들은 앞으로 몇 년 동안 당신을 유리한 위치에 서게 해줄 것이다.

그러면 이제 부자의 습관과 사고방식을 배울 준비가 됐는가?

톰 콜리·마이클 야드니

RICH HABITS

부자 습관 가난한 습관 ㅣ 차례 ㅣ

POOR HABITS

3장
부자가 되기 위해 기억해야 할 습관 30가지

4장
부를 부르는 관계의 법칙

Tom Corley & Michael Yardney

WHY WE CAN TEACH YOU
TO BE RICH

우리가 부자가 되는 방법을
가르쳐줄 수 있는 이유

톰 콜리와 마이클 야드니

1

습관이 내 재정 상태를 결정한다

"인생에서 성공하는 사람이 그렇게 적은 이유는 무엇일까?"

"어째서 일부만 부자고 나머지는 가난한가?"

"대다수의 사람이 하지 않는, 부자만 매일 하는 행동은 구체적
　으로 무엇인가?"

살아가면서 이러한 질문에 답을 찾는 사람은 거의 없다. 불행히도
인생에서 성공하는 방법은 학교에서 가르치는 과목이 아니다. 우
리는 모두 같은 배에 탄 채 다양한 시도와 실패를 통해 그 방법을
스스로 알아내려 노력한다.

　나(톰 콜리)는 부유함과 가난함의 차이를 잘 알고 있다. 내가 아
홉 살 때 우리 집안이 하룻밤 사이에 백만장자에서 빈털터리로 전
락했기 때문이다. 성인이 된 후 나는 5년 동안 부유한 사람 233명

과 가난에 허덕이는 사람 128명을 관찰하고 기록했다. 나는 부유한 사람, 특히 자수성가한 백만장자의 습관과 가난한 자의 습관에는 엄청난 차이가 있음을 발견했다.

나는 매우 독실한 신앙을 지닌 가정에서 자랐다. 주일마다 미사에 참석하고 토요일마다 고해성사를 했다. 잠들기 전에는 항상 묵주 기도를 드렸다. 아주 어렸을 때는 내 삶의 사명이 사제가 되는 것이라고 진심으로 믿었다. 하지만 상황은 바뀌었고 나는 공인회계사가 됐다. 내가 알고 있는 대부분의 공인회계사는 매우 도덕적이고 정직하다. 사제직에 소질 없는 사람이 공인회계사가 되는 것 같다.

부의 추구를 죄로 여기는 잘못된 믿음

어머니가 자주 읽어주던 성경 구절 중 하나는 마태복음 19장 24절이다. "낙타가 바늘귀로 들어가는 것이 부자가 하나님의 나라에 들어가는 것보다 쉬우니라."

그래서 나는 부를 추구하며 얻는 것이 천국에 들어가지 못하는 죄악이라는 믿음을 가지고 성장했고 부유한 사람을 모두 죄인으로 취급했다. 하지만 2009년 부자와 가난한 자의 습관에 대한 5년간의 연구를 마치면서 이 모든 생각이 달라졌다. 그 연구가 나의 눈을 열어줬다. 부자가 나쁜 사람이 아니라는 것을 알게 된 것이다. 그들 중 많은 사람이 자선 단체를 운영하거나 그런 단체에 기금을 댔다. 그들은 빈곤층, 장애인, 노숙자, 사회가 외면한 사람들을 돕는 데 자신의 시간과 돈을 쓰고 있었다.

나는 연구를 통해 부자가 지구에서 살아가는 가장 훌륭한 인간 가운데 포함된다는 것을 알게 됐다. 그렇다. 부를 추구하고 얻는 것은 죄가 아니었다. 솔직히 이제 나는 자신의 꿈을 깨닫고 그것을 추구하면서 부유해진 사람들이, 가만히 앉아서 그들을 비난하는 사람들보다 신과 더 가까이 있다고 믿게 됐다. 그러니 무지한 이데올로기 때문에 성공을 추구하는 일을 멀리하지 마라. 그러한 속박에서 벗어나라. 부의 추구와 획득이 잘못됐다고 생각하는 사람이야말로 진짜 죄인이 아닐까.

2004년부터 2009년까지 5년 동안 나는 부자와 가난한 자가 아침에 일어나는 순간부터 밤에 베개에 머리를 대는 순간까지 무엇을 하는지 알아내기 위해 350명 이상의 부자와 가난한 자의 습관을 연구하는 일에 몰두했다.

그러한 연구 덕분에 부자의 올바른 행동과 가난한 자의 잘못된 행동을 정확하게 찾아낼 수 있었다. 그렇게 알아낸 내용을 '부자 습관 프로그램'에 통합시켰다. 이 프로그램은 각 개인이 무한한 경제적 성공을 달성하는 데 도움이 되는 지침을 시기적절하게, 그리고 쉽게 따라 할 수 있게 제공하려 고안한 것이다.

부는 행운의 부산물이 아니다. 수준 높은 정식 교육이나 우수한 근면성, 유산의 부산물 역시 아니다. 성공은 누구라도 쉽게 따라갈 수 있는 과정이다. 이 책에는 경제적 성공과 행복을 보여주는 21세기 청사진이 들어 있다.

내 연구는 경제적 어려움에 힘겨워하는 한 의뢰인이 내 사무실을 찾아왔을 때 그와 상담을 하면서 시작됐다. 그 의뢰인의 사업은 성장하고 있었지만 수지타산을 맞추는 일에 어려움이 있었다. 특히 급여 지불 시기가 되면 적자에 허덕였다. 절망할 대로 절망한 이 남자는 이렇게 물었다. "도대체 내가 무엇을 잘못하고 있습니까?"

몇 개월 동안 나는 그의 경영 상황, 종업원 비율, 업계 비교 자료 등을 분석했다. 심지어 동종 업계에서 재정 수준과 직원 규모가 비슷한 '부유한' 의뢰인에게 조언을 구하기까지 했다. 그러한 조사를 모두 마친 후 노력한 대가로 찾아낸 것은 단 하나였다. 그 의뢰인이 다른 '부유한' 의뢰인보다 연봉을 약 4만 달러 더 많이 받는다는 것이었다.

몇 주 지나서 그 의뢰인과 만난 점심 미팅에서 나는 분석을 통해 발견한 유일한 변수가 약간 높은 연봉이라는 사실을 알렸다. 그는 실망했다. 나 역시 그랬다. 우리는 잠시 침묵하며 앉아 있었다. 불편한 침묵을 깨기 위해 나는 그에게 재미 삼아 하는 것이 무엇인지 물었다. 그가 즉각 몸을 움직여 반응한 것을 보면 어색한 분위기는 깨진 것 같았다.

그는 몸을 앞으로 기울이고 식당 안의 다른 테이블을 응시하며 아주 낮은 소리로 말했다. "수요일 밤마다 나는 두세 명의 여성과 함께 와인 몇 병을 마시며…." 내가 충격적인 표정으로 쳐다보자 그는 중간에 말을 멈췄다. "아, 미안하오. 이런 얘기는 하면 안 되는데, 내가 쓸데없는 말을 가끔 한다오."

나는 뉴욕에서 8명의 식구가 있는 아일랜드 가톨릭 가정에서 자랐다는 것을 알려줬다. 그리고 그런 집안에서 자라며 성경 규칙들은 단순히 극복해야 할 장애물로 여겼다고 말했다. 솔직히 나는 살아오면서 볼 것 못 볼 것 다 봤다.

내가 충격을 받은 것은 그의 행동에 도덕적으로 분노가 치밀어서가 아니었다. 나는 의뢰인에게 지난 몇 달 동안 잘못된 질문을 던지고 있었다는 것을 깨닫게 돼 충격을 받았다. 그래서 다른 질문을 하기 시작했다. 수요일 밤마다 얼마를 쓰는지, 언제부터 그런 행동을 했는지 물었다. 그는 10년 전쯤 이혼하고 나서부터 그런 습관을 갖게 됐다고 털어놓았다. 그는 수요일에 얼마를 쓰는지 잠시 생각한 후에 500달러 정도를 쓰는 것 같다고 말했다.

나는 재빨리 계산해 그가 일 년에 2만 5,000달러를 수요일 밤에 즐기는 비용으로 쓰고 있다고 알려줬다. 그에 더해 그 한 가지 습관이 10년 동안 이어졌다면 35만 달러의 비용이 들었을 것이라고 계산해줬다. 그의 회사는 최대한 대출을 받아 더 이상 은행에서 대출을 받지 못하게 됐는데, 대출받은 금액이 바로 그 35만 달러와 맞먹는 액수였다. 그리고 다른 사람보다 더 받고 있는 연봉 4만 달러를 수요일 밤의 밀회를 즐기는 데 쓰고 있었다. 더 심각한 문제로 그는 자신의 신용 한도까지 끌어모아 수요일 밤을 즐겼다. 이 하나의 습관이 결국 그 의뢰인을 파산으로 몰고 갔다. 나는 성공과 실패에는 눈에 보이는 것 이상이 관련돼 있다는 통찰을 얻었다. 악마는 디테일에 있었다.

세부적인 문제점을 찾아내는 유일한 방법은 올바른 질문을 하는 것이다. 그래서 나는 '20가지 질문 리스트'라는 이름을 붙인 리스트를 만들었다. 실제로 이 리스트에는 20가지 카테고리 아래 144개의 질문이 있다. 이 144개의 질문을 5년에 걸쳐 부유한 사람 233명과 가난한 사람 128명에게 물었다. 계산을 해보면 5만 1,984개의 질문을 한 것이다. 233명의 부자 중에는 자수성가한 사람 177명이 있었다. 이 중에서 가난한 집안 출신이 31퍼센트이고, 중산층 출신이 45퍼센트였다. 자료를 분석하며 연구를 종료할 때까지 5년이 걸렸다.

5만 1,984개의 질문을 통해 수집한 자료를 분석한 결과, 부자와 가난한 자가 일상생활을 하는 방식에는 그랜드 캐니언의 깊이만큼이나 엄청난 차이가 있음이 명확해졌다. 내 질문에 대답한 한 명 한 명은 자신도 모르는 사이에 경제적 성공의 비밀을 발견하는 길로 나를 안내했다. 그 비밀은 바로 습관이다.

좋은 습관이든 나쁜 습관이든 습관은 자신의 재정적 상황을 결정한다. 경제적 성공으로 이끄는 습관을 나는 부자 습관이라 부른다. 빈곤층으로 끌어내리는 습관은 가난한 자의 습관이라 부른다.

내가 부자가 되겠다고 다짐한 순간

부자가 되는 방법을 알려준다 해서 당신은 아무 말이나 듣지는 않을 것이다. 그렇지 않은가? 나(마이클 야드니)의 바람 또한 그렇다. 그래서 나는 내가 누구인지, 어째서 내가 부자가 되는 정보를 알려줄 자격이 되는지 여기서 소개해보려 한다. 나는 내가 어떻게 부의 창출을 배웠는지 설명하고 내가 할 수 있다면 당신도 할 수 있다는 사실을 보여줄 것이다.

부의 창출에 대한 조언을 누군가에게서 들을 때 당신은 그 사람에게 "당신의 조언을 들어야 할 이유가 있는가?" 하는 질문을 꼭 해야 한다. 또한 조언하는 사람이 자신이 말하는 내용을 제대로 알고 있는지 확인해야 하며 그들이 장기적으로 입증된 실적을 갖고 있는지 역시 중요하게 검토해야 한다. 그래서 나는 지난 수년 동안 내게 영향을 미친 일들에 대해 당신에게 알려주려고 한다.

나는 금융과 투자를 다룬 책을 많이 읽었는데 그런 책을 쓴 대다수 저자가 우리가 '부자'라 부르는 사람이 아니다. 그들이 진정한 경제적 독립을 쟁취하지 못했는데, 어떻게 자신이 부를 창출하는 방법을 보여줄 수 있다고 생각하게 된 걸까? 그들 대부분은 '만들 때까지 만든 척하기' 전략을 믿고 있으며, 일부는 지난 몇 년 동안 그 전략을 잘 실행해왔다. 하지만 그런 전략이 먹혔던 것은 그 전략이 맞아서가 아니었다. 밀물이 모든 배를 띄운 것이었다.

노동자 계층의 부모님은 내가 세 살 때 오스트레일리아로 이주해 멜버른에 정착했다. 어린 시절의 기억 속 부모님은 각종 청구서가 날아드는 월말이면 늘 다퉜다. 두 분이 그달에는 누가 월급을 받고 누가 받지 못할지를 놓고 이런저런 말을 하는 것을 들었던 기억이 난다. 또한 부모님은 매주 몇 실링(달러와 센트가 나오기 전 주화)을 간신히 저축했는데 크리스마스에 쓸 얼마의 돈을 모으기 위해서였다.

흥미롭게도 부모님은 둘 다 직원(아버지는 겁이 너무 많아 사업 운영의 '위험'을 떠안으려 하지 않았다)으로 일했던 반면 부모님의 친구 대부분은 자신의 사업을 운영하며 우리보다 훨씬 더 부유하게 살았다. 마을에서 우리 가족이 제일 가난한 것 같았고 친구들 중에서 나만큼 가난한 아이는 절대로 없을 것이라 생각했다.

친구들의 부모님은 모두 자동차를 가지고 있었다. 하지만 내 부모님은 오랜 세월 동안 차 한 대 살 여유가 없었다. 친구들은 부모님과 여름휴가를 즐겼지만 우리 가족은 오랫동안 휴가를 즐기지 못했다. 친구들의 부모님은 투자 부동산을 소유했지만 어린 시절 내 부모님은 그런 부동산이 없었다.

친구들의 부모님은 자신의 사업을 운영하고 투자를 하며 부를 늘려갔다. 그런데 내 아버지의 재정 계획은 상당히 달랐다. 토요일 아침마다 아버지는 주방 식탁에 앉아 담배를 물고 블랙커피를 마시며 공상에 잠기곤 했다. 그는 복권이 당첨되면 그 돈을 어떻게 쓸지 목록을 만들었다. 당연히 큰돈에 당첨된 적은 없다. 하지만 어쩌다 작은 액수의 당첨금을 받았다. 얼마 안 되는 돈은 아버지의 사기를 올려놓기에 충분했다. 다음 주말에는 큰돈이 당첨되길 바라며 복권 몇 장을 더 샀으니까.

복권은 재정 계획이 아니다. 하지만 아버지 입장에서 쳇바퀴 경쟁에서 벗어나는 유일한 길은 복권밖에 없었다. 물론 내게 훌륭한 도덕적 가치를 심어주려 노력한 부모님께 나는 많은 교훈을 배웠다. 부모님은 자신보다 내가 더 나은 삶을 살기를 바랐다. 훌륭한 교육을 받고, 안정적인 직업을 구하고, 집을 장만하고, 대출을 갚도록 강력하게 권했다.

이와 대조적으로 친구 집에 놀러 가면 친구들의 부모님은 매우 다른 조언을 한다는 것을 알게 됐다. 그들은 이렇게 말했다. "오스트레일리아(친구들의 부모는 대부분 유럽에서 온 이민자였기 때문에 '행운의 나라'라 불렀다)에서 성공하려면 사업을 해서 돈을 벌어 자산에 투자해야 한다. 그것이 진정한 부를 얻는 참된 길이다."

친구들의 부모님을 통해 나는 복권이나 직장의 사장이 부를 안겨줄 것이라 기대해선 안 된다는 점을 배웠다. 어렸을 때부터 나는 부자가 되고 싶었고 부자가 되는 일은 내게 달렸다는 사실을 일찍이 깨달았다.

사람들은 어떻게 부를 얻을까

부자가 되겠다고 결심한 것이 언제인지 정확하게 기억나지 않지만 아주 어렸을 때 그런 결심을 했다. 어린 시절 나는 성인이 되면 부모님처럼 고단한 삶을 살지 않겠다고 다짐했다. 돈 때문에, 그리고 청구서 대금을 낼 수 있느냐를 놓고 아내와 다투고 싶지 않았다.

나는 친구들의 부모님이 어떻게 부를 얻는지 관찰하고 그들에게 끝없이 질문을 하며 배웠다. 거기서 그치지 않고 부자와 성공한 사람처럼 되고 싶어서 그들의 삶을 연구했다. 무엇 때문에 특정 남녀는 하는 일마다 성공을 거두는지, 비슷한 교육을 받은 다른 사람이 실패한 일을 그들은 어떻게 해냈는지 알아내기 위해 가능한 한 많은 책을 읽었다. 무엇이 크게 성공한 사람을 다른 사람들과 구별시켰는지 알고 싶었다.

부자를 연구하면서 그들 모두가 수준 높은 교육을 받은 것은 아니라는 점을 알게 됐다. 대학교를 졸업하지 않은 부자나 성공한 사람이 다수 있었다. 많은 사람이 학교를 중간에 그만뒀다. 또한 그들에게 더 많은 기회가 있었던 것도 아니다. 가난한 집안이나 이민자 집안 출신이 많았다. 나는 그들의 공통점을 조사했다. 그리고 그들이 부동산으로 재산을 모았다는 사실을 알게 됐다. 다른 분야에서 돈을 번 사람도 나중에는 자산 투자를 한 것으로 나타났다.

이쯤에서 당신은 성공한 사람이 모두 부자가 아니고, 부자가 모두 성공한 것은 아니라고 말할지 모르겠다. 맞는 말이다. 부자가 외롭고 비참한 삶을 살아가거나 가족과 친구를 통해 얻는 기쁨을 누리는 균형 잡힌 삶을 살지 못하는 경우를 나 역시 많이 봤다.

진정으로 부유해지려면 돈만이 아니라 그 이상이 필요하다는 것을 알게 되기까지 내게는 많은 시간이 걸렸다. 하지만 당시 나는 어리고 순진했다. 모든 것을 다 가지고 싶었다. 이런 생각이 삶의 균형을 깨뜨렸고 때때로 누군가와 상의할 수준을 넘어서는 많은 문제를 일으켰다.

지금 와서 돌이켜보면 어린 시절의 안 좋은 경험과 분노 때문인 것 같다. 나는 우리 집이 가난하고 친구들이 누리는 좋은 것들을 내가 놓치고 있다는 생각에 화가 났다. 그래서 처음에는 돈만 좇았다. 나는 필사적으로 '부자'가 되려 했고 세상에 나 자신을 '증명'하려 노력하기 시작했다.

부동산 자산 규모는 점점 늘어났지만 그것이 만족을 주지는 못했다. 분노는 완전히 사라지지 않았고 여전히 나는 더 많은 것을 원했다. 오랜 시간이 지나고 나서야 나는 공포와 분노, 자신을 세상에 증명하고 싶은 마음 때문에 돈을 벌려 하면 돈이 해결책이 되지 않는다는 사실을 깨달았다. 돈을 번다고 공포가 사라지지 않는다. 분노도 사라지지 않는다. 돈은 당신을 다른 사람으로 바꿔놓지 않는다.

나는 해로운 방식으로 돈을 추구했기 때문에 삶의 균형이 완전히 무너졌고, 특히 이런 태도는 내 초기 인생을 망가뜨렸다. 젊은 시절 나는 몹시 부끄러운 일들을 했고 그런 일로 결혼 생활이 깨지고 경력에 해를 입었다. 그런 행동의 대가를 톡톡하게 치르고 나서 나는 완전히 달라졌고 훨씬 더 나은 사람이 됐다.

나는 내게 정말 중요한 것이 무엇인지 이해하게 됐다. 시간이 흐르면서 돈을 버는 데는 중요한 이유가 있어야 함을 깨달았다. 당시 나는 메트로폴(Metropole)이라는 회사의 설립을 추진했고 팸과 나는 오랜 세월 동안 회사에 집중해 열심히 일했다. 하지만 돈의 참된 목적을 찾은 후에야 나는 비로소 진정한 부자가 될 수 있었다.

돈의 참된 목적(이는 독자마다 다를 것이다)이 기부라는 것을 깨닫기까지 그렇게 오랜 시간이 걸렸다는 것이 매우 유감스러울 뿐이다. 현재 나는 수년 전부터 다양한 방법으로 공동체에 즐겁게 기부를 하고 있다. 블로그, 글, 웹캐스트, 세미나 등을 통해 가난한 투자자를 교육하는 일에 전념하고 있으며 아내와 함께 많은 자선 단체에 기부를 한다. 돈만이 아니라 시간과 에너지도 기꺼이 바친다.

그렇다. 나는 난관에 직면했고(대부분 내가 자초했다) 바닥까지 떨어져봤다. 하지만 다시 일어나 실패에서 교훈을 얻고 앞으로 나아갔다.

그들이 당신보다 큰 성공을 거두는 이유

오랜 기간 부의 창출을 주제로 세미나를 진행하면서 나는 매우 흥미로운 점을 발견했다. 몇 백 명의 청중을 대상으로 강연을 하지만 극소수 집단만(아마 청중의 1, 2퍼센트 정도일 것이다) 부를 키우고 미래의 경제적 안정을 얻기 위해 행동을 취한다. 그러면 나머지는 어떨까? 맞다. 아무 행동도 하지 않는다.

청중을 잘 설득하고 싶은 강연자 입장에서는 여간 실망스러운 일이 아니었다. 그래서 나는 세미나를 좀 길게 진행하기 시작했다. 2, 3일 이상 이어질 때도 있었다. 초대 연사도 부르고 어떻게 부자가 되는지 더욱 많은 내용을 전달했다. 결과는 달라졌을까?

이번에도 청중의 1, 2퍼센트만 부를 키우고 미래의 안정적인 재정을 준비하기 위해 강연에서 얻은 교훈을 행동으로 옮겼다. 그

외 대다수 사람은 세미나가 무척 유익했다고 말하고서는 집으로 돌아가 아무런 행동도 하지 않았다.

나는 궁금해지기 시작했다. 어째서 어떤 사람은 배운 지식을 모두 받아들여 상황을 개선하고 부자가 되기 위해 즉각 적용하는 반면 또 어떤 사람은 아주 기본적인 것을 바꾸는 것조차 그렇게 힘들어 할까? 성공한 사람과 그렇지 못한 사람을 구별하는 것은 무엇일까?

알베르트 아인슈타인(Albert Einstein)은 흥미로운 명언을 남겼다. "문제를 일으켰을 때 했던 생각과 똑같은 생각을 해서는 문제를 해결할 수 없다." 평범한 수천 명의 사람을 교육하면서 나는 많은 사람이 부자가 되는 길을 가다가 어디에서 주저앉는지 발견했다. 그들이 그 자리에서 빠져나오지 못하고 거기서 계속 머물러 있는 이유는 아인슈타인의 말처럼 바로 그들의 사고방식 때문이었다.

내가 세미나에서 강연할 때 청중은 항상 같은 질문을 던진다. "어째서 어떤 사람은 그토록 쉽게 성공을 이루는데, 또 어떤 사람은 힘겹게 노력해야 하는 걸까요?" 이런 질문도 빠지지 않는다. "나는 늘 원하던 경제적 자유를 어떻게 얻을 수 있을까요?"

그들에게 "당신에게 돈은 어떤 의미입니까?" 하고 물으면 그들은 대부분 '자유'라 말할 것이다. 그들에게 자유란 무엇이냐고 질문하면 이렇게 대답할 것이다. "내 마음대로 살아갈 수 있는 겁니다", "식당에서 메뉴판의 가격을 보지 않고 주문하는 거요", "돈 걱정 없이 가족을 위한 물건을 사는 거죠".

내가 이 책을 쓰는 목적은 부자가 되는 길을 보여주는 것이다. 그와 동시에 돈에 대한 당신의 사고방식과 돈을 사용하는 방식(돈을 쓰는 습관)에 많은 문제가 있고, 그 문제가 당신의 성공을 방해했다는 사실을 직시하도록 돕고자 이 책을 썼다.

그런 문제가 당신 잘못은 아니다. 돈에 대해 우리가 배운 대부분의 내용은 부자가 아닌 사람들이 가르친 것이다. 즉 교육 시스템이 당신의 성공을 방해했다. 하지만 지금은 자기 교육 시대다. 부자가 생각하고 느끼고 행동하는 방법을 이해한 다음 부자가 하는 행동을 함으로써 부자가 되는 법을 배워야 한다. 부자 습관을 배우라.

딱 한 가지 당신에게 부탁하고 싶은 것이 있다. 이 책을 읽은 후 책의 사진을 찍어 무료 웹사이트 www.RichHabitsPoorHabits.com에 올려라. 그러면 우리가 준비해놓은 자료를 사용할 수 있을 것이다. 그 자료를 활용해 행동으로 옮겨라. 그거면 된다. 하룻밤 사이에 부자가 되지는 않는다. 하지만 이 과정이 당신의 경제적 미래를 바꿔놓으리라 확신한다.

우리는 당신이
부자가 되기를 바란다

이 책을 선택한 사람 대부분은 자신의 삶을 전환시키겠다고 결심한 사람일 것이다. 더 이상 대출 때문에 신음하지 않고, 돈과 시간이 더 많아져 오랫동안 꿈꿔온 모든 일을 하고, 무엇보다 부자가 되고 싶을 것이다. 그런가? 자, 이제 그런 목표를 달성하기 위해 당신은 달라져야 한다.

현재 당신의 재정 상황이 어떻든 지금까지 돈을 쓴 방식 때문에 현재의 상황에 이른 것이다. 재정적으로 더 나은 상황에 있고 싶다면 논리적으로 볼 때 지금까지와는 다르게 행동해야 할 것이다. 하지만 대부분의 사람은 행동 방식, 특히 돈과 관련된 습관을 바꾸는 것을 두려워한다. 그것은 아는 것을 모르는 것으로 바꾸는 것이며, 바꾸기 어려운 기존 생각과 습관을 버려야 함을 의미하기 때문이다. 하지만 때때로 두려움은 약이 된다.

오늘날 많은 사람은 경제 환경을 걱정하고 자신의 직장과 재정적 안정을 염려한다. 형편이 점점 나빠지고 돈이나 직장을 잃을 수 있다는 두려움이 있을 때 우리는 서둘러 변화를 받아들이려 한다. 만약 그런 두려움이 없다면 변화를 회피하고 계속 막다른 길로만 치닫게 될 수 있다.

부유해지려면 수많은 기존의 방식(어쨌든 이런 방식은 지금까지 당신에게 썩 도움이 안 됐다)을 버리고 새로운 생각과 전략을 받아들여야 한다. 한마디로 당신은 '변화'해야 한다. 무엇보다 자신의 재정 문제를 직접 통제해야 한다.

문제는 돈에 대한 사고방식과 행동을 결정하는 면에서 많은 사람이 두려움에 압도돼 판단력이 흐려진다는 데 있다. 두려움 때문에 정상적 사고 판단을 하지 못해 과거의 모습 그대로 남아 있기로 결정하는 사람도 있다.

생각을 바꾸면 행동을 바꿀 수 있다. 끊임없이 새로운 방식으로 생각하고 새로운 행동을 계속한다면 새로운 습관을 기를 수 있다. 하지만 돈과 관련해 늘 해오던 방식으로 행동한다면 다른 사람보다 뒤처지게 될 가능성이 있고 선택의 여지는 많지 않게 된다.

TV를 켜고, 신문을 펼치고, 아이패드를 훑어보기만 해도 우리는 흥미로운, 하지만 두려운 시대에 살고 있다는 사실을 깨닫는다. 하지만 이처럼 힘겨운 시기에도 평범한 많은 사람이 경제적 안정을 확보하기 위해 할 수 있는 것이 많다.

많은 사람은 어떤 사건을 보며 미래의 불확실성을 걱정하지만 그 사건이 오히려 당신에게는 경제적 독립을 실현시킬 수 있는 최상의 기회를 가져다줄 수 있다는 사실을 우리는 알게 됐다. 그런데도 경제학자, 사회분석가, 일부 정치인, 미디어 등은 오늘날 경제 상황에 대처하기 위해서는 생활 방식을 단순하게 하고 기대를 낮춰야 한다는 말만 한다. 그들은 이미 부유한 사람들만 점점 부유해질 것이라 믿으며 부자들이 부유하지 않은 나머지 사람을 위해 더 많은 돈을 기부해야 한다고 말한다.

이는 환경의 통제를 기꺼이 받아들이는 사람에게나 유효한 처방일 것이다. 그리고 기대를 낮추라는 말 자체가 앞뒤가 맞지 않다. 세상에 돈과 부, 부자가 존재하는 한 이 책에서 알려주는 대로 올바른 사고, 전략, 행동, 습관을 조화롭게 활용해 부를 끌어모으고 획득하는 것은 우리의 권리다. 그리고 우리는 재정적으로 매우 역동적인 시대, 즉 시장의 세계화와 기술 발전으로 인해 변화가 매우 빠른 시대에 살고 있기 때문에 수많은 기회가 있다.

분명히 우리는 역사상 최고의 시대, 그 어느 때보다 부자가 되기 쉬운 시대에 살고 있다. 1900년대에는 부자나 기업가, 경영자가 되려면 막대한 자금이 필요했다. 하지만 지금은 많은 사람이 '지적 자산'을 활용하거나 부동산에 투자하면서 재산을 모은다. 실제로 인간 역사상 지난 20년 사이에 부자가 된 사람이 가장 많기 때문에 부자가 되지 못한 사람은 자신은 왜 부자가 되지 못했는지 그 이유에 의문을 품을 만도 하다.

　어떤 일이 수월해졌다 해서 모두가 그 일을 할 수 있다는 의미는 아니다. 많은 사람은 그 쉬운 일을 하지 못한다. 콜리는 5년 동안 부자와 가난한 자에 대한 연구를 하며 가난한 자 중 약 4퍼센트 정도만 부자가 된다는 점을 발견했다.

　다행히도 경제적 자유를 얻을 수 있는 지름길이 몇 가지 있다. 그 방법을 당신에게 알려주려 한다. 부자가 되는 지름길이 있는 것은 맞지만 그 방법이 쉽다면 누구나 부유해질 것이다. 하지만 해가 갈수록 더 자주 접하게 되는 보도에 따르면 안정적인 은퇴 생활을 위해 충분한 저축과 투자, 연금 납부를 하는 사람은 매우 극소수다. 또한 의학의 발달로 우리의 수명이 늘어나고 있어 은퇴 자금을 모으기 위해 어쩔 수 없이 더 오래 일을 해야 하는 사람이 점점 많아진다.

왜 우리는 당신이 부자가 되기를 원하는가

우리가 진리라 믿는 말이 있다. "돈으로 해결할 수 있는 문제는 진짜 문제가 아니다." 또 이런 말도 있다. "당신의 지갑 사정이 마음 상태를 좌우한다." 즉 돈 문제를 겪을 때 스트레스를 더 많이 받을 수 있다는 말이다.

그렇다고 해서 부자에게 문제가 없는 것은 아니다. 그들도 문제를 겪는다. 하지만 콜리의 연구 결과에 따르면 부자가 되면 삶의 심각한 문제 중 67퍼센트는 사라진다. 이는 상당히 큰 수치다.

그러면 이제 우리 모두가 겪게 되는 공통적인 문제를 생각해보고 부자들은 그 문제 중 상당 부분을 어떻게 해결했는지 살펴보자. 또한 부의 피라미드를 통해 당신의 위치가 어디인지, 어느 위치에 있기를 원하는지 더 잘 이해할 수 있을 것이다.

- 재정 문제: 가난한 사람은 돈 문제를(정말로 돈이 없어서) 걱정하며 잠을 이루지 못한다. 인간관계에서 생기는 많은 문제가 돈이 없어서 생긴다. 이에 반해 부자의 재정 문제는 돈 관리나 투자 등과 관련된 일이다. 콜리의 연구를 보면 부자들은 모두 자기 집을 소유하고 있으며 그들 중 84퍼센트는 대출이 전혀 없다.

- 건강 문제: 콜리의 연구 자료에 따르면 부자의 76퍼센트는 매일 30분 정도씩 운동을 한다. 과학이 밝힌 이 운동의 유익은 명백하다. 운동을 하면 심장이 강화되고, 건강이 좋아진다. 수명이 늘어나는 것은 물론이다. 그렇다면 암은 어떤가라는 궁금증이 생길 수 있다. 돈으로 암을 막을 수 없는 것은 분명하다.

그렇다. 암은 부자나 가난한 자를 똑같이 괴롭힌다는 점에서 상당히 민주적이다. 하지만 연구 결과는 가난한 자의 식습관이 암의 발병을 높인다는 점을 보여준다.

콜리의 연구에 따르면 부자와 가난한 자의 식습관은 매우 다르다. 가난한 사람에 비해 부자는 인스턴트 음식을 거의 먹지 않았고 음주량도 매우 적었다. 또한 패스트푸드점을 잘 가지 않았고 당분 섭취가 훨씬 낮았다. 그에 더해 부자는 건강에 문제가 생겼을 경우 최고 의료 서비스를 받을 수 있는 경제적 수단이 있다.

- 가족 문제: 이번에는 다소 안 좋은 내용이다. 돈이 많든 적든 우리는 가족 문제를 통제할 수 없다. 가족이 있다는 것은 엄청나게 많은 문제를 처리해야 한다는 뜻이다.

- 이웃 문제: 부자는 어디에서 살지 선택함으로써 이웃을 직접 고르는 혜택을 누린다. 그리고 일반적으로 부자는 넓은 저택에서 살기 때문에 바로 옆에 이웃이 사는 경우가 별로 없다.

- 주택 보유 문제: 부자는 사는 장소와 사는 방식을 선택할 수 있을 뿐 아니라 돈이 있기 때문에 집에 문제가 생기면 즉시 수리할 수 있다. 큰 공사와 관련해 부자가 고려하는 유일한 문제는 전기기사나 배관공, 목수가 작업을 얼마나 빨리 끝낼 수 있는가다. 집에 문제가 생겼을 때 수리 비용은 부자에게 전혀 고려 대상이 아니다.

- 자동차 문제: 집 문제와 유사하게 부자는 원하는 차는 무엇이든 살 수 있으며 차가 고장 나면 정비소에 맡기든가, 아니면 그냥 새로 구입한다.

- 중독 문제: 약물 중독은 아무리 부자라도 피할 수 없는 사회 병폐다. 하지만 중요한 차이가 있다. 부자에게는 약물 중독 문제를 치료할 최상의 서비스를 받을 수 있는 재원이 있다. 그들은 가장 우수한 재활 센터에 자신이 직접 들어가거나 배우자나 자녀를 보낼 수 있는 경제적 여유가 있다.

- 직업 문제: 콜리의 자료에 따르면 부자 중 86퍼센트가 자신의 직업을 좋아하거나 사랑한다. 이 때문에 그들의 업무 수행력은 더 좋아진다. 그들은 해고를 두려워하지 않는데, 그들이 직접 사업을 경영하기 때문이기도 하고 어디서 일할지에 대해서는 그들 자신이 의사 결정권자이기도 하기 때문이다(콜리의 연구에서 부자 중 51퍼센트가 자신의 사업을 했으며 91퍼센트가 의사 결정권자였다). 이는 해고는 그들이 한다는 뜻이다.

- 관계 문제: 콜리의 자료에 따르면 인간관계는 부를 주고받는 통화(currency)다. 부자는 비슷한 사고방식을 지닌 사람들을 곁에 둔다. 그들은 목표, 꿈, 생각, 도덕, 미덕 등을 공유한다. 부자는 성공적인 관계를 만들기 위해 막대한 양의 시간을 투자하며 해로운 관계를 피하는 습관을 기른다.

- 죽음과 장애 문제: 당연히 죽음과 장애는 부유한 사람에게

든 가난한 사람에게든 언제라도 일어날 수 있다.

- 시간 관리 문제: 부자의 65퍼센트는 최소 3개의 수입원을 가지고 관리한다. 결과적으로 그들은 그런 모든 업무를 처리하느라 항상 시간에 쫓기게 마련이다. 그에 더해 부자 중 90퍼센트 이상은 직장과 관련해 자신이 의사 결정권자이기 때문에 그들이 어디를 가든, 심지어 휴가 중에도 책임이 뒤따른다. 이는 부자가 자신의 에너지를 집중시키는 올바른 전략을 배우지 않는다면 시간 관리가 부자들의 문제가 될 것임을 시사한다.

- 날씨 문제: 이 문제까지 언급할 필요가 있을까? 날씨는 돈이 있고 없고를 떠나 모든 사람에게 영향을 미친다.

당신이 부유해지길 바라는 이유가 또 있다. 더 오래 살기 때문이다. 그렇다. 2016년 브루킹스연구소(Brookings Institute)에서 발표한 보고에 따르면 부자는 정말로 더 오래 산다. 이 보고는 이전에 발표된 다른 연구 결과를 뒷받침하며 돈이 많을수록 더 건강하고 오래 산다는 점을 보여준다.

이번 연구는 1920년 미국에서 태어난 부유한 남성의 기대 수명이 같은 해에 태어난 가난한 남성에 비해 평균 5년 더 길다고 보고했다. 1940년에 태어난 사람을 비교해보니 기대 수명 차이는 1920년에 비해 두 배 이상 커졌다. 1940년에 태어난 부자와 가난

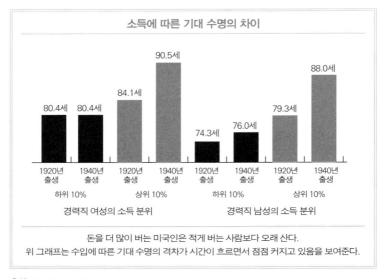

소득에 따른 기대 수명의 차이

1920년 출생	1940년 출생	1920년 출생	1940년 출생	1920년 출생	1940년 출생	1920년 출생	1940년 출생
80.4세	80.4세	84.1세	90.5세	74.3세	76.0세	79.3세	88.0세
하위 10%		상위 10%		하위 10%		상위 10%	
경력직 여성의 소득 분위				경력직 남성의 소득 분위			

돈을 더 많이 버는 미국인은 적게 버는 사람보다 오래 산다.
위 그래프는 수입에 따른 기대 수명의 격차가 시간이 흐르면서 점점 커지고 있음을 보여준다.

출처: Brookings.edu

한 자의 기대 수명 격차가 무려 12년이었다. 이러한 경향은 여성의 기대 수명에서도 볼 수 있다. 1920년에 태어난 부유한 여성과 가난한 여성의 기대 수명 격차는 3.7년이었지만 1940년에 태어난 여성들의 격차는 10.1년으로 벌어졌다.

부자가 더 오래 사는 원인을 밝히기 위해 연구자들은 흡연, 비만, 교육, 영양 상태, 운동 등의 변수를 조사했다. 하지만 격차가 커지는 결정적 원인은 찾을 수 없었다. 분명히 질 좋은 의료 서비스를 이용할 수 있는 것도 한 가지 이유지만 더 높은 소득을 버는 사람은 더 좋은 생활 환경을 통해 혜택을 얻기도 한다. 또한 그들은 미래에 더 많은 초점을 맞춘다. 아마도 이런 태도가 더 건강한 삶을 위한 선택들을 하도록 도울 것이다.

한편 가난한 사람은 부유한 사람보다 훨씬 더 많은 스트레스를 받고 걱정에 시달린다. 슬픔과 분노도 더 많이 느꼈다. 따라서 돈으로 행복을 살 수는 없지만 더욱더 오래 살 수 있는 더 나은 기회는 살 수 있다. 이렇게 말할 수 있을 것 같다. 가난이 당신을 죽인다.

부의 피라미드

지금부터 부의 피라미드에서 당신의 현재 위치를 알아보자. 얼마 전까지만 해도 자기 집을 소유하려는 원대한 꿈은 은퇴 생활을 대비하는 방법으로 여겨졌다. 베이비부머(baby boomer) 세대에게 물어보면 그들은 부모로부터 이런 가르침을 받았다고 말할 것이다. "훌륭한 교육을 받고, 안정적인 직장을 구해야 한다. 그리고 집을 사고, 대출금을 갚아라. 그거면 됐다!" 황금기를 보낼 준비가 된 것이다.

하지만 그렇게 간단한 일이 아니다. 은퇴 자금을 모으기 위해서는 집 한 채 이상이 필요하다. 특히 당신의 노후를 정부나 연금에 맡길 수 없다면 말이다. 당연히 노후에 집세를 내지 않아도 되는 깨끗한 자기 집을 갖고 있는 것은 유리한 출발선에 있는 것이다. 하지만 별도의 투자 목표를 세우고 시간표를 설정해야 한다.

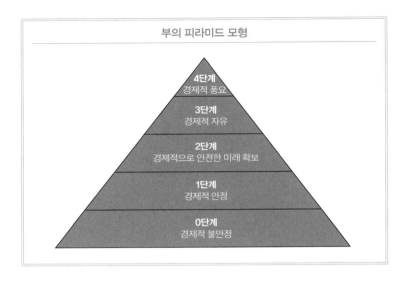

부의 피라미드 모형

4단계
경제적 풍요

3단계
경제적 자유

2단계
경제적으로 안전한 미래 확보

1단계
경제적 안정

0단계
경제적 불안정

앞으로 다룰 내용의 이해를 돕기 위해 부의 피라미드를 야드니의 모형 중 한 가지로 살펴보겠다. 이 모형은 당신의 경제적 독립이 어떤 단계에 있는지, 피라미드의 정상을 향해 가는 과정에서 속도를 높여주는 핵심 영역과 레버리지 포인트(leverage point, 여기서는 작은 노력으로 큰 수익을 얻는 투자 전략을 의미 – 옮긴이)는 무엇인지 보여준다. 이 모형을 통해 당신의 현재 위치와 장래에 원하는 위치를 면밀히 살펴볼 수 있을 것이다.

다른 피라미드 모형처럼 이 모형도 아래는 넓고 위로 갈수록 좁아진다. 즉 대부분의 사람은 부의 스펙트럼 하위층에 있으며 정상에 도달하는 사람은 얼마 되지 않는다.

다행히도 이 책을 통해 배우게 될 지식과 기술은 당신이 피라미드 위로 올라가는 데 도움을 줄 것이다. 하지만 다음 단계로 올라가는 데 필요한 해법은 피라미드에서 당신이 현재 있는 위치에 따라 달라진다. 안타깝게도 대부분의 사람은 정말로 재산이 전혀 없어 최초 단계에서 벗어나지 못한다.

0단계: 경제적 불안정

많은 사람이 그날 벌어 그날 살아가고 있기 때문에 그들의 상태를 경제적 불안정이라고 부른다. 직장을 잃거나 위급 상황이 생기면 (질병이 생기거나 자동차나 냉장고가 고장 나는 일 같은 돌발 사태는 늘 예고 없이 불쑥 생긴다) 문제를 해결할 돈이 없다.

재정적으로 여유가 없기 때문에 0단계의 사람이 그러한 문제를 처리하는 유일한 방법은 돈을 더 빌리는 것이다. 그러면 빚은 더 늘어나게 되고 결국 경제적 어려움만 가중된다. 그들은 돈과 소비 습관에 대해 온전히 자각하지 못한 채 현실을 회피하며 살아간다.

그들은 돈이 있으면 쓰고 없으면 빌린다. 그들이 즐기는 취미는 쇼핑을 하며 필요하지도 않은 '물건'을 사는 것이다. 이는 그들이 소유한 많은 것들을 빚으로 구매했다는 의미다. 하지만 그들은 그런 행동을 멈추지 못한다. 빚을 갚기 위해 더 고단하게 일해야 하는 어리석은 행동에서 벗어나지 못한다.

그들에게 문제가 뭐냐고 물으면 돈을 많이 벌지 못하는 게 문제라고 말한다. 그들은 돈만 더 많이 있으면 문제를 해결할 수 있다고 생각한다. 하지만 틀렸다.

그들의 가장 큰 문제는 돈을 쓰는 습관이다. 이것은 얼마를 버느냐와 전혀 상관없다. 버는 돈으로 무엇을 하느냐의 문제다. 설령 그들이 상황이 나아져 돈을 더 많이 번다고 해도 버는 대로 더 많이 소비할 뿐이다. 5년 전에는 꿈에 불과했을 큰 수입을 벌어도 이제는 그 돈으로 생계를 유지할 수 없다고 생각한다.

0단계로 추락하는 고소득자가 많은 이유는 버는 것보다 훨씬 더 많이 쓰기 때문이다. 물론 0단계에 있는 사람 중 어떤 사람은 부자처럼 보인다. 그들은 큰 집이나 고급 차를 소유하고 있을 수 있다. 하지만 힘겹게 갚아야 하는 엄청난 빚도 있다. 불행히도 그들은 경제적 현실을 부정하고 소비 행위를 정당화하며 돈 문제로 배우자와 자주 다툰다. 0단계는 사상자와 생존자, 즉 두 하위 집단으로 나눌 수 있다.

우리는 피라미드에서 가장 아래에 있는 사람들을 사상자라 부른다. 그들은 머니 게임(money game)에서 패해 부상을 당했기 때문이다. 매달 그들은 이전 달보다 경제적 형편이 나빠진다고 생각하는 것 같다. 신용카드를 쉽게 사용하며 빚의 나락으로 점점 빠져든다. 그들은 미래에 벌 돈을 끌어다 당장 사용하면서 많은 이자를 내고 있다. 당연히 자신의 문제에 대해 남 탓을 한다. 하지만 결코 다른 사람의 '잘못'이 아니다.

　가끔 예산 계획과 관련된 책을 읽거나 신용카드를 없애는 방법에 대한 조언을 듣지만 효과가 없다. 그들은 돈은 '다루는' 방법을 모른다. 0단계에서 사상자가 아닌 나머지 사람들은 생존자다. 생존자에는 직장인이나 자영업자가 포함된다. 심지어 경영자도 0단계에 속할 수 있다. 생존자에 해당하는 사람은 매달 충분한 돈을 버는 것처럼 보이지만 수중에 남는 돈이 없다. 어쩌다가 은행 잔고에 소비할 돈이나 휴가비가 남아 있기도 하다. 겨우 생존하며 살아가는 것이다.

　0단계에 속한 사람은 자신의 수입을 초과하는 소비를 하고 있다. 하지만 그런 현실을 부정한다는 것이 그들이 직면한 문제의 근본 원인이다. 그들이 변화할 준비를 하지 않는다면 그들의 경제적 미래는 암울하다. 이 단계에서 벗어나는 근본적 해결책은 사고방식을 바꾸고, 교육을 받고, 경제적 책임을 지는 것이다.

1단계: 경제적 안정

1단계는 가장 기본적인 자산 수준이며 다음의 조건이 충족되면 경제적으로 어느 정도 안정적인 상태다.

- 최소 6개월 동안의 생활비를 충당할 수 있는 충분한 유동 자산(마이너스 통장 한도나 신용 한도, 저축액 등) 확보
- 불치병에 걸리거나 장애가 생겨 더 이상 일을 할 수 없을 경우, 최악의 상황으로 갑자기 사망할 경우를 대비해 가족 생계를 지원해줄 민간 의료 보험과 생명 보험 가입

이 단계에서는 해고, 부도, 질병, 장애 등 예기치 못한 시련이 닥쳐도 자신과 가족의 삶이 심하게 흔들리지 않으리라는 안심을 할 수 있다. 새로운 일자리를 찾아 다시 정상 궤도로 진입할 수 있는 시간적 여유가 있다.

1단계에 속한 사람들의 문제는 현금 흐름이 월급을 주는 사장이나 사업장의 고객 같은 다른 사람에 의해 좌우된다는 것이다. 이것은 다람쥐 쳇바퀴에서 벗어날 수 없다는 의미다. 더 많이 일하는 것 말고는 현금 흐름을 늘릴 수 있는 방법이 없다. 그리고 그렇게 하는 데는 분명히 한계가 있다. 재정적 완충 수단이 있는 것은 맞지만 한동안 일을 하지 않으면 0단계로 떨어질 위험이 있다.

당신이 1단계에 있다면 현금 흐름을 자산으로 이동시켜 투자용 '현금 인출기(Cash Machine)'를 만들겠다는 목표를 세워야 한다. 그래야 더 많이 노력하지 않아도 수입이 일정 수준을 유지할 수 있다. 다음 이야기로 넘어가기 전에 현금 인출기가 실제로 무엇을 말하는지 잠시 살펴보자.

1980년대 초 야드니의 사업 파트너였던 브라이언이 어느 날 야드니에게 다가와 말했다.

"야드니, 현금 인출기가 필요해!"

"뭐라고?"

"현금 인출기 말이야. 아침에 출근해서 스위치를 탁 켜면 기계가 작동을 시작해 돈을 쏟아내는 거지. 업무가 끝나면 스위치를 끄고 퇴근하는 거야. 다음 날 아침에 다시 출근해 스위치를 켜면 기계는 다시 작동하기 시작하고 더 많은 돈을 쏟아내지."

야드니의 대답을 상상할 수 있을 것이다.

"이봐, 나도 현금 인출기를 갖고 싶네."

누가 그것을 마다하겠는가?

당시에는 다소 터무니없는 허황된 꿈처럼 들렸지만 시간이 흘러 야드니는 바로 그 현금 인출기를 만들었다. 대규모의 자산 투자 포트폴리오를 설계한 것이다.

이러한 현금 인출기 덕분에 그는 해마다 가족과 함께하는 휴가를 전보다 두 배로 즐기고, 일을 해야 해서가 아니라 하고 싶어서 할 수 있게 됐고, 공동체와 자선 단체에 기부하고, 가족을 위해 돈을 쓸 수 있는 기회를 얻었다.

당신도 현금 인출기를 원할 것이다. 그렇지 않은가? 왜 아니겠는가? 꾸준하게 현명한 투자를 한다면 상당한 자산 기반을 쌓을 수 있고, 그것이 당신의 현금 인출기가 될 것이다.

이때 시간과 노력이 필요하다. 안전지대를 벗어나 약간의 위험을 감수해야 할 수도 있다. 이러한 투자는 현재 본업으로 얼마를 버는지와 전혀 상관없다. 우리가 만난 사람들 중에는 한 해 수십만 달러를 벌어들이지만 호화로운 생활을 하며 번 돈을 거의 써버려 부자가 되지 못한 경우가 많다.

하지만 그와 반대의 경우도 봤다. 남들이 하찮게 여기는 일을 하며 적은 돈을 벌어도 막대한 금액으로 자산 투자를 하고 주식 포트폴리오를 구성한 성공적인 투자자들도 있다. 마침내 해야 하는 일이 아니라 스스로 하기로 선택한 일이 그들의 직업이 됐고, 그것이 주요 수입원이 됐다. 그렇다. 자신의 현금 인출기를 만든 것이다.

이 단계에서 가장 중요한 레버리지는 자기 자신에 대한 투자에 있다. 금융 지식을 쌓고, 경제적 미래를 더 나아지게 할 수 있는 튼튼한 재정 기반과 투자 기술을 키우고, 여정을 함께 할 인적 네트워크를 만들기 시작해야 한다.

또한 최초 투자 수단을 선택할 때는 당신이 열정적인 학생이 되어 대가가 되기 위해 몰입할 수 있는 것을 골라야 한다. 그렇게 자신에게 알맞은 투자 수단을 골랐다면 그것에 대해 가능한 모든 것을 배워야 한다. 야드니는 투자를 처음 시작하는 사람에게 최고 투자 수단은 주거용 부동산이라는 명확한 시각을 가지고 있다.

당신이 추구하는 투자 수단을 결정하려면 다른 '멋진 기회'나 투자 방법이 시선을 끌어도 거부하는 훈련을 해야 한다. 나는 평범한 투자 기회에 대해서는 거기에 응하지 않고 단호히 '노'라고 말함으로써 더 많은 돈을 벌었다.

그다음 누구와 함께 공부할 것인지 매우 신중하게 선택해야 한다. 일반적인 생각과 달리 가장 비싼 교육은 MBA 같은 대학원 교육이 아니다. 잘못된 선례와 부정확한 정보를 전달하는 교육이 가장 호되게 대가를 치르는 교육이다. 가장 어려운 학습 형태는 자격 없는 교사에게서 '배운' 온갖 오류를 바로잡는 것이다. 따라서 최고의 교사를 선택하라. 그러면 잘못된 모델을 본받아 몇 년 동안 엉뚱한 길에서 헤매지 않게 될 것이다.

2단계: 경제적으로 안전한 미래 확보

충분한 자산을 모아 소극적 소득(passive income, 노동을 하지 않아도 창출되는 소득 – 옮긴이)을 창출시켜 그것으로 기본적인 비용을 충당한다면 경제적으로 안전한 미래를 확보한 것이다. 기본적인 비용에는 다음의 것들이 있다.

- 공과금과 이자, 세금 등 주택 융자 및 집과 관련된 비용
- 각종 세금과 대출 이자

- 자동차 유지비
- 식료품 비용과 최소 생계비
- 의료 보험, 종신 보험, 상해 보험, 화재 보험 등의 보험료

이 단계에 도달하면 일을 그만둬도 단순하고 기본적인 라이프스타일을 유지할 수 있다. 하지만 당연히 당신은 그 이상을 원할 것이다.

2단계에서는 가치가 오르는 자산을 소유해 순자산을 늘리는 데 초점을 맞추는 투자를 해야 한다. 당신이 2단계에서 상위에 있다면 자본 이익을 얻는 투자에서 소극적 소득을 통한 현금 흐름을 발생시키는 투자로 옮겨가기 시작해야 한다. 이는 완전히 새로운 기술을 연마해야 한다는 뜻이다.

또한 조언가 및 동료 네트워크를 철저하게 발전시켜야 한다. 더이상 우물 안의 개구리로 머물러 있어서는 안 된다. 이제는 자신보다 더 뛰어난 사람과 관계를 맺어야 한다.

3단계: 경제적 자유

상당히 많은 자산을 축적하고 소극적 소득을 창출시켜 의무적으로 일할 필요 없이 자신이 원하는 라이프스타일(꼭 현재 라이프스타

일이 아니라도)을 유지하며 모든 생활비를 충당할 수 있다면 경제적 자유를 얻은 것이다.

부동산이나 주식, 사업 등으로 막대한 자산 기반을 쌓았다면 그 다음에는 자산을 활용해 현금 흐름을 창조할 수 있다. 그렇다고 더 이상 일할 필요가 없다는 뜻이 아니다. 이제는 자유를 얻었기 때문에 자신이 원하는 일을 선택할 수 있다는 것이다.

3단계에서는 소극적 소득이 안정적으로 창출되게 만들고 재산 권 및 자산을 보호하기 위해 면밀한 관리를 하는 데 초점을 맞춰 야 한다. 한편 이때는 세상에 대한 기여를 확장할 방법을 찾아 봉 사하는 위대한 시기이기도 하다.

3단계는 '은퇴'하는 단계가 아니다. 부흥과 기여의 시기다.

4단계: 경제적 풍요

전 세계적으로 아주 소수의 사람들만 그들이 투자로 만들어낸 현 금 인출기가 밤낮없이 작동해 경제적 풍요를 달성한다. 경제적 압 박에서 자유로운 것은 물론 수준 높은 라이프스타일을 유지하고, 필요한 경비를 충당하며, 공동체에 기부를 한 후에도 많은 돈이 남아 자산이 점점 불어난다.

부의 피라미드에 대해 마지막으로 몇 가지를 더 생각해보자. 사실 이러한 부의 계층이 새로운 것은 아니다. 부의 계층은 언제나 존재했고 우리 모두는 그 계층 중 어딘가에 속한다. 자신의 위치에 대해 불만을 터뜨리는 것은 도움이 안 된다. 하지만 부의 피라미드에서 당신의 단계는 당신이 선택한 것이다. 그럼에도 불구하고 대부분의 사람은 특정 단계에서 벗어나지 못하고 결코 투자 성공을 이루지 못한다.

이러한 중요한 질문을 스스로에게 던져야 한다. '나는 부자 습관을 길러 부자가 될 계획을 세우는가, 아니면 가난한 자가 될 계획을 세우는가? 우리가 왜 당신이 부자가 되기를 바라는지 더 깊이 이해하길 바란다. 부자가 되면 당신에게 다양한 선택지가 생긴다. 더 나은 삶, 더 성취감이 있는 삶을 살게 된다. 모든 면에서 부유해지는 것이다.

Michael Yardney

HOW TO DEVELOP
A RICH MINDSET

당신은 부자에 대해 얼마나 알고 있는가

마이클 야드니

2

자신의 경제적 운명을 통제하라

진정한 부는 은행에 저금한 돈이나 소유한 부동산 이상의 것이 관련돼 있다는 사실을 우리는 잘 알고 있다. 그렇다 해도 돈에 대한 이야기를 좀 해볼까 한다.

글로벌 투자 은행 크레디트스위스(Credit Suisse)는 매년 세계의 자본 분배 상황을 보여주는 〈세계 부 보고서(Global Wealth Report)〉를 발표한다. 2015년 보고에 따르면 오스트레일리아는 부의 중위값이 세계에서 두 번째로 높고 빈곤층 비율은 매우 낮았다. 크레디트스위스가 보고한 흥미로운 다른 수치도 살펴보자.

- 집 가치를 포함해 순자산 3,210달러가 있다면 자산 순위가 세계에서 상위 50퍼센트 안에 든다.
- 보통 사람은 5만 2,400달러의 자산을 가지고 있다.

- 상위 10퍼센트의 사람(조건은 6만 8,800달러)의 자산이 전 세계 부의 87.7퍼센트를 차지한다.
- 세계 부자의 상위권에 들어가려면 75만 9,900달러가 필요하다. 이 특별한 집단이 전 세계 자산의 절반을 차지한다.
- 종합해보면 세계에서 자산 순위 하위 50퍼센트가 소유한 부는 전 세계 부의 1퍼센트도 안 된다.
- 2020년 세계 부는 2015년보다 38퍼센트 증가할 것으로 예측된다.
- 5년 동안 백만장자의 수는 3,300만에서 4,900만으로 거의 50퍼센트 증가할 것이다.
- 중국과 인도의 연간 성장률은 각각 향후 몇 년 동안 9퍼센트 이상을 기록할 것으로 보인다.

다음은 오스트레일리아와 관련한 통계 수치다.

- 성인 재산 평균값: 36만 4,900달러
- 성인 재산 중위값: 16만 8,300달러
- 총자산: 6조 2,000억 달러(오스트레일리아 달러)
- 백만장자 수: 96만 1,000명
- 세계 상위 10퍼센트 부자: 1,285만 명
- 세계 상위 1퍼센트 부자: 148만 5,000명

오스트레일리아 사람들의 재산은 부동산과 많은 관련이 있다. 실제로 오스트레일리아의 부는 부동산으로 심하게 편향돼 있다. 평범한 오스트레일리아 사람은 부를 증식하기 위해 다른 자산군보다 부동산에 점점 더 많이 투자한다.

믿을 수 없을 정도로 많은 사람이 그저 10년 이상 자기 집을 갖고만 있어도 돈을 벌었다. 이 기간 동안 집값이 두 배로 뛰었다. 많은 주택 소유자가 가계 자산이 크게 증가하는 것을 경험한 것이다. 이런 현상은 세계의 여러 주요 도시에서도 매우 유사하게 나타났다.

한편 어떤 집단의 사람들은 자기 집 소유에 더해 다른 방법으로도 이윤을 창출하는 방법을 발견했다. 그들은 전문적인 부동산 투자자가 돼 자산을 추가로 매입했다. 경제적 미래에 대한 통제권을 행사하기 시작한 것이다.

부자는 보통 사람과 어떻게 다른가

부자가 어떻게 경제적 자유를 달성했는지 연구해본다면 그것이 그들의 수입과는 거의 관련이 없고 부에 대한 사고방식 및 습관(행동방식)과 밀접한 관련이 있다는 사실을 깨닫게 될 것이다. 돈을 버는 방법과 관련해 우리 모두는 다음 네 가지 범주 중 하나에 포함된

수익 창출 방식에 따른 네 가지 분류

- 사업주
- 투자자
- 자영업자
- 고용인

다. 즉 고용인, 자영업자, 투자자, 사업주의 위치에서 돈을 번다.

《부자 아빠 가난한 아빠》에서 저자 로버트 기요사키(Robert Ki-yosaki)는 수입을 올리는 방법과 관련해 누구나 네 가지 범주 중 하나에 들어간다고 설명한다.

1. 고용인

직장이 있고 고용주로부터 월급을 받는다. 자신의 시간을 돈과 맞바꾸는 사람들이다. 하지만 그들이 돈을 만져보기도 전에 정부는 자기 몫을 세금으로 가져간다(정부가 그렇게 영리하다). 아마 당신은 이렇게 생각할 수도 있다. '당연하지, 누구나 그렇잖아?' 누구나 그렇지는 않다. 투자자와 사업주 중에는 자신의 비용을 계산하고 남은 금액에 대한 세금만 납부하는 사람도 있다.

2. 자영업자

자기 직업을 가지고 있다. 일반적으로 작은 사업장을 운영하거나 전문직에 종사하는 사람들로 열심히 일하고 노력한 만큼의 수입을 기대한다. 하지만 현실적으로 그들은 한 명의 사장을 수백 명의 고객으로 바꾼 것이다. 소비자나 의뢰인 한 명 한 명이 그들의 사장인 셈이다. 또한 그들도 자신의 시간을 돈과 맞바꾼다. 휴가를 보내거나 아파서 일을 못하면 수입이 없다.

3. 투자자

돈이 이들을 위해 일을 해준다. 시간을 돈과 교환하는 고용인이나 자영업자와는 달리 투자자는 돈으로 돈을 번다. 어떤 투자자는 상당히 많은 금액으로 투자 포트폴리오를 구성해놓아 일할 필요가 없다. 돈이 그들을 대신해 일하기 때문이다.

현재 얼마를 벌든 미래에 부자가 되고 싶다면 결국에는 투자자가 돼야 한다. 당장 전문적인 투자자가 되지 않더라도 자산 투자를 해보면서 투자자의 길을 가기 시작할 수 있다. 잘만 하면 수익용 주거 부동산이 쳇바퀴 경쟁에서 벗어나는 수단이 될 수 있다.

또한 오스트레일리아에는 부동산 투자자에게 유용한 세제 혜택이 많다. 부자가 더 부유해지는 한 가지 이유가 여기에 있다. 경우에 따라 어떤 투자자는 수백만 달러를 벌어들이지만 합법적으로 세금을 거의 안 내는 일도 있다. 정부 당국은 그들이 수입을 올렸다기보다 자산 기반을 세운 것으로 보기 때문이다.

가령 당신이 백만 달러 가치의 투자 자산 포트폴리오를 소유하고 있다고 해보자. 그런데 그 자산 가치가 7퍼센트 상승해 당신의 자산 기반이 7만 달러 증가하더라도 오스트레일리아에서는 이 자본 이득에 대해 세금을 내지 않는다. 그리고 증가된 자산 가치를 담보로 돈을 빌려 그 돈으로 재투자하거나 생활비로 쓸 수 있다.

4. 사업주

시스템을 가지고 있고 자신 대신 직원들이 일을 한다. 진정한 사업주는 일할 필요도 없을뿐더러 매일 회사에 갈 필요도 없다. 왜 그럴까? 사업주는 시스템을 가지고 있고 조직 내에서 일할 직원을 고용한다. 그리고 유능한 관리자를 고용해 팀을 관리하게 한다. 진정한 사업주는 "직원을 고용해 일하게 할 수 있는데 왜 직접 하는가?" 하고 말한다.

돈은 더 많이 벌고 일은 더 적게 하는 최상의 방법 중 한 가지가 사업체의 주인이 되는 것이다. 조세 제도가 금융과 세제, 법을 이해하는 사업주에게 유리하기 때문이다. 당신은 경영자가 되어 맥도날드(McDonald's) 프랜차이즈를 운영하며 직원을 고용해 햄버

거를 만들게 하거나 당신을 위해 열심히 돈을 벌어주는 투자 포트
폴리오를 구성할 수 있다.

차이를 이해하겠는가? 고용인은 새 차 같은 삶의 즐거움을 주
는 물건을 세후 수입으로 구입하는 반면 사업주는 차가 사업 용도
로 쓰이고 특정 요구 조건에 충족하면 세전 수입으로 구입할 수
있다. 사업주는 영화 티켓 비용이나 휴가비까지, 합법적 사업 경
비로 처리가 가능하다면 세전 수입으로 지출한다.

사업을 시작해야 한다는 의미인가

나는 당신이 아무 사업이나 일단 시작해야 한다고 주장하는 것이
아니다. 대부분의 소상공업은 개업 후 5년 내에 문을 닫는 경우가
많기 때문에 그런 방식으로는 돈을 벌기 매우 어렵다.

내가 만난 일부 투자자들은 수백만 달러의 부동산 포트폴리오
를 구성해 그것을 사업처럼 운영하면서 큰 부자가 됐다. 그들은
합법적인 방법으로 자금을 얻고, 정당한 소유권을 확립하고, 자산
을 보호하는 구조를 구축한다. 또한 세금 제도를 자신에게 유리한
방향으로 활용하는 법을 알고 있다.

임대 수익을 얻을 수 있는 주거용 부동산을 소유하고 있다면 사
실상 사업체를 가지고 있는 것이나 마찬가지다. 임차인이 직장에

가거나 자신의 사업을 운영해 돈을 벌고 그것으로 임대료를 지불하기 때문이다. 임대인은 다른 사람의 노력으로 수익을 낼 수 있는 지위를 얻는 것이다. 한번 생각해보라.

임차인들은 알아서 아침에 일어나 출근 준비를 하고 일터로 간다. 그들을 감독할 필요도 없고 고용 보험료를 지급할 필요도 없다. 휴가비나 병가 때문에 걱정하지도 않는다. 아무런 노력을 들이지 않아도 임대인은 임차인이 부동산을 사용해 지급하는 임대료 형태로 임차인의 수입 중 일정 부분을 매달 받는다. 임대인이 '고용하는' 임차인이 많을수록 수입은 더 많아진다.

성인군자처럼 굴 필요 없다. 임차인에 대해 진실한 관심을 갖고 정직하게 임대를 하면 임대업이 나쁜 것이 아니다. 임차인에게 합리적 가치를 제공해주고 있다면 임차인의 노력과 수입을 통해 이익을 취하는 위치에 있다고 해서 죄책감을 느껴서는 안 된다.

일단 고용인으로 계속 근무하면서 부동산 투자 사업을 시작해보라. 나도 그렇게 했고 내가 아는 부유한 자산 투자자들도 모두 그렇게 하고 있다. 그들은 자신의 주업으로 생활비를 충당하면서 부동산을 한 번에 한 개씩 구입해 부동산 포트폴리오를 만들었다.

그들은 처음에는 한 개의 부동산으로 시작했지만 그 부동산의 자산 가치가 상승하면서 그것을 레버리지로 활용해 점차 다른 부동산들에 투자를 해나갔다. 그러다 어느 날 경제적 자유를 얻은 진정한 자산 투자자가 된 것이다.

하지만 대부분의 사람은 그들처럼 행동하지 않는다. 이제 사람들이 어떻게 부자가 되는지, 무엇이 효과적이고 무엇이 그렇지 않은지 살펴보자.

소득이 선형적인가, 지속적인가

고용인과 자영업자는 자신의 시간과 노동력을 돈과 교환하는 반면 투자자와 사업가는 자신의 돈을 사용해 일자리를 만든다. 당신도 알겠지만 모든 소득이 똑같이 창출되지 않는다. 선형적으로 발생하는 소득이 있는가 하면 지속적으로 발생하는 소득도 있다. 자신의 소득이 선형적인지 지속적인지 확인하는 질문은 '시간당 급여를 몇 번 받는가'다.

시간당 한 번의 급여를 받는다면 선형적 소득(linear income)이다. 대표적으로 월급을 통해 얻는 소득이 선형적 소득이다. 노력의 대가로 한 번만 돈을 받는 것이다. 하지만 소득이 지속적으로 발생하면 한 번 노력하고 그 노력의 대가로 지속적으로 돈을 받는다. 지속적 소득(recurring income)이 발생하면 여러 달 동안, 심지어 몇 년 동안 수입이 꾸준히 생긴다.

이것이 자산 투자자가 소득을 얻는 방법이기도 하다. 그들은 열심히 일하고 자본을 모아 부동산에 투자한다. 그러면 그 부동산이 임대료 창출과 가치 상승을 통해 투자자를 대신해 계속 소득을 올린다.

고용인과 자영업자는 돈을 얻기 위해 일하기 때문에 경제적 여유가 없다. 돈 때문에 일할 때의 문제는 더 열심히, 더 오래 일해야 하고 임금을 올려 달라는 요구를 해야 한다는 점이다. 그리고 우리 모두의 시간과 에너지에는 한계가 있다는 점 역시 문제다.

부자가 점점 더 부유해지는 한 가지 이유는 더 많은 자산을 얻기 위해 돈이 일을 하게 만들기 때문이다. 막대한 자산 기반을 쌓음으로써 마침내 그들은 자신이 필요한 소득을 창출한다.

부동산 투자 사업에 뛰어들거나 투자 소득을 창출하면 그때부터는 단지 경제적 필요만 채우는 것이 아니라 재정적으로 다양한 선택을 하기 시작할 수 있다. 본업을 당장 그만둘 수 없더라도 투자 소득이 증가하면 본업에 대한 의존도는 서서히 줄어들 것이다. 그러면 투자 소득 덕분에 일해야 하는 의무에서 벗어나 마침내 완전히 자유롭게 될 수 있다.

소득이 아닌 자산이 부를 창출한다

월급만으로는 부자가 되기 어렵다. 자본 경제 시대에서 시간당 급여를 받고 있다면 최대한 벌 수 있는 금액은 시간에 제약을 받을 수밖에 없다. 하루에 일할 수 있는 시간도 한정돼 있다. 얼마나 열심히 일하든 얼마나 돈을 많이 받든 그렇게 해서는 큰돈을 벌기 어렵다.

대부분의 백만장자는 투자자나 사업체 주인이지 고용인이 아니라는 것이 현실이다. 그들은 소득(현금 흐름)도 중요하지만 진짜 부를 만드는 것은 자산이라고 생각한다. 현명하게 투자하면 자산이 늘어나고 그러면 소득은 자동적으로 창출되기 때문이다.

부동산을 살 때 목돈이 들어간다. 이 돈은 자본 또는 자산이다. 부동산의 가치가 오르면 대출금이 그대로 남아 있어도 자산(자본)의 가치가 상승한다. 이를 자본 이득 또는 자산 성장이라 한다. 자본 이득이 매력적인 것은 그 이득이 당신 몫이기 때문이다. 즉 부동산을 매도하지 않는다면 세금을 낼 필요가 없다는 뜻이다(오스트레일리아에서는 양도소득세만 납부한다).

안타깝게도 대부분의 사람은 소득으로만 부를 얻는 수준을 벗어나지 못한다. 그들은 돈이 점점 불어나 자신을 대신해 일을 하게 하는 수준까지 가지 못한다. 자신의 경제적 운명은 바로 자신 손에 달렸다는 사실을 당신이 이해하길 바란다. 앞으로 경제적 운명을 통제하는 방법에 대해 설명할 것이다. 우선 몇 가지 중요한 부의 개념을 검토해보자.

현재보다 더 나아지기 위해 필요한 투자의 기본

지금부터는 부자가 어떻게 경제적 자유를 얻는 길로 가는지 설명하기 위해 내가 고안한 모형 두 가지를 보여줄 것이다. 앞서 간략하게 설명한 부의 피라미드와 함께 이 모형들은 당신이 재정 면에서 어느 방향으로 가고 있는지 알려준다. 또한 현재 당신의 경제적 위치와 부를 얻는 여정에서 속도를 높이기 위해 활용할 수 있는 핵심 영역과 레버리지 포인트도 보여준다.

이를 통해 원하는 지점에 도달하려면 무엇을 배워야 하는지, 무엇을 해야 하는지, 어떤 사고방식을 지녀야 하는지 이해할 수 있을 것이다. 이러한 내용을 본격적으로 살펴보기 전에 마지막으로 부의 피라미드에 대해 조금 더 언급하고 넘어가겠다.

자기 사업을 시작하기를 꿈꾸지만 직장에서 벗어나지 못하는 사람이 얼마나 많은지 알고 있는가? 직장인으로서는 뛰어났지만 자기 사업을 하면서 돈을 벌지 못하고 심지어 휴가를 즐길 여유도 없게 된 사람을 본 적 있는가?

그들이 성공하지 못하는 것은 아무리 열심히 노력해도 한계에 부딪힐 수밖에 없는 여정을 따라가기 때문이다. 부의 단계에서 무작정 다음 단계로 올라갈 수 있는 것이 아니다. 다른 전략을 사용하지 않고 열심히 노력만 한다면 자동차를 2단 기어에 놓고 달리는 것과 비슷하다. 액셀을 아무리 밟아도 더 빨리 달리지 못한다. 엔진 소리만 더 요란해질 뿐이다.

다음 단계로 이동하려면 다른 행동이 필요하다. 콜리는 이전과는 다른 습관을 길러야 한다고 말한다. 그리고 다르게 행동하려면 먼저 다르게 생각하는 것이 필요하다. 좋은 소식은 누구나 부의 피라미드에서 위로 올라갈 수 있다는 것이다. 먼저 자신의 현재 위치를 파악해야 한다. 그러면 다음 단계로 올라가기 위해 필요한 행동을 할 수 있다. 하지만 이는 결코 우연히 되지 않는다. 자기계발을 하고 더 나은 사고방식을 길러 다음 단계로 올라갈 자격을 갖춰야 한다.

유산을 상속받거나 복권(확률을 계산하지 못하는 사람에게는 말 그대로 세금이다)에 당첨되는 등 잡는 기회마다 운 좋게 결실을 맺고 자신의 성장 수준보다 더 많은 돈이 생긴다고 해보자. 통계에 따르면 그럴 경우 자기계발에 힘쓰거나 재정 조절 장치(financial thermostat, 재정 조절 장치는 저자가 만든 말이다. 온도 조절 장치에서 온도를 높게 설정하면 높은 온도가 유지되고 낮게 설정하면 낮은 온도가 유지되는 것처럼 개인의 재정 수준도 자신이 어떤 수준으로 정하느냐에 따라 재정이 커지기도 하고 줄어들기도 한다는 뜻 – 옮긴이)의 단계를 높이지 않는다면 몇 년 안에 그 돈을 모조리 잃을 수 있다.

부의 피라미드 정상에 있는 사람들은 경제적 여유가 있다고 해서 사치스럽게 살지 않는다. 정상을 향한 여정에서 나타냈던 일상의 선택과 습관 때문에 그들은 지금의 경제적 여유를 누리는 것이다. 부의 피라미드를 더 잘 이해하게 됐으니 이제 부의 사분면에 대해 살펴보자.

부의 사분면

주변을 둘러보면 부를 즐기는 사람이 있는 반면 매달 대출금을 갚느라 허리가 휘는 사람도 있다. 마음 아픈 일이지만 어떤 사람은 많은 현금(소득)을 보유하고 있지만 또 어떤 사람은 그렇지 않다. 또한 막대한 자산을 가진 사람도 있고, 그렇지 않은 사람도 있다. 그리고 그 모든 것을 다 가진 것처럼 보이는 사람도 있다. 소득도 부러움을 살 만큼 높은데다 막대한 자산까지 있는 것이다.

경제적으로 자유로워지려면 소득과 자산 중 무엇을 더 얻으려 해야 하는가? 그리고 소득과 자산의 균형을 어떻게 맞춰야 하는

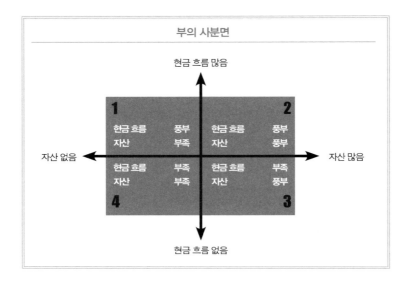

부의 사분면

현금 흐름 많음

1 현금 흐름 풍부 / 자산 부족	2 현금 흐름 풍부 / 자산 풍부
자산 없음	자산 많음
4 현금 흐름 부족 / 자산 부족	3 현금 흐름 부족 / 자산 풍부

현금 흐름 없음

가? 부와 관련해 우리 모두는 기본적으로 다음 사분면 중 한 분면에 포함된다.

틀림없이 자산도 없고 현금도 없는 4분면에 있고 싶은 사람은 없을 것이다. 하지만 안타깝게도 많은 사람이 4분면에 속한다. 그들은 갚을 여력이 안 되는 대출을 떠안고 있으며 아등바등 돈을 겨우 벌어 하루하루 살아간다. 부의 피라미드 0단계에 있는 사람들이다.

3분면에 있는 사람은 자기 집은 갖고 있지만(대출이 전혀 없는 사람도 있다) 삶을 즐길 만한 현금이 부족하다. 3분면에 있는 일부 사람은 빚을 내 자산 투자에 돌입한다. 그들은 재정적 완충 수단을 적절히 준비해놓지 않아 근근이 살아가는 경우가 많다. 이런 투자자들이 대출을 받아 부족한 투자 대금을 메웠다면 남아 있는 현금이 거의 없을 것이다. 그들은 점점 높아지는 이자율을 생각하며 공포의 나날을 보내는 경향이 있으며, 높은 이자율은 안 그래도 나쁜 현금 사정을 더욱 악화시킬 수 있다.

1분면에 있는 사람은 소득은 높지만 가치가 상승하는 자산을 소유하지 않았다. 고급 차를 타고 호화로운 집에 살기 때문에 부자처럼 보이지만 자산이 거의 없는 경우가 많기 때문에 라이프스타일을 유지하려면 보수가 높은 직장에 전적으로 의지해야 한다.

당신은 이 사분면에서 당연히 2분면에 있고 싶을 것이다. 2분면에 있는 사람은 막대한 자산 기반을 통해 현금을 창출한다. 하지만 2분면에 속한 사람을 제외한 대다수 사람이 현금을 창출하기 위해 힘겹게 노력한다. 현금을 증가시키려는 노력으로 별도의 직장을 구하거나 다단계 마케팅에서 성공하려 노력한다. 또는 열심히 투자에 나서 부동산을 교환하고, 플리핑(flipping, 시세보다 싸게 부동산을 구입한 후 리모델링을 해서 비싸게 파는 부동산 투자 전략 – 옮긴이) 투자를 하고, 방 하나하나를 임대하는 등 다양한 전략을 시도한다.

잘못된 소득을 만들고 있다

부의 비밀이 꼭 돈을 더 많이 가져야 하는 것은 아니다. 그보다는 소극적 소득이 지속적으로 창출되는 자산을 더 많이 소유하는 것이 핵심이다. 이자 수익, 투자를 통해 얻는 배당금이 대표적이다. 그런 자산은 자유로운 시간을 제공한다. 노동이 필요 없고 지속적으로 생기는 소득 덕분에 자신이 원하는 일에 시간을 쓸 수 있다.

소극적 소득의 지속적 창출이라는 렌즈를 통해 사람들의 삶을 관찰하면 많은 사람이 보이는 것만큼 부유하지 않다는 것을 알게 된다. 예를 들어 의사는 진료를 통해서는 지속적 소득을 얻지 못한다. 그들이 벌어들일 수 있는 소득은 진료할 수 있는 환자 수에 의해 한도가 정해진다. 그리고 환자 한 명 한 명을 진료하려면 진료실에 있어야 한다. 그들의 소득은 선형적 소득이다.

고소득을 올리는 전문직 종사자도 마찬가지다. 그들 역시 지속적 소득의 혜택을 누리지 못한다. 돈이 많아 보일 수 있지만 그들도 다른 노동자와 비슷하게 쳇바퀴 삶에서 벗어나지 못한다. 당신의 소득 중 몇 퍼센트가 지속적으로 발생하는가?

현명한 사람이라면 소극적 소득이 지속적으로 발생하는 수단을 만들기 시작할 것이다. 궁극적으로 이 지속적 소득은 원하는 일을 원하는 시간에 할 수 있는 자유 시간을 준다.

이를 위한 한 가지 방법이 투자용 자산을 매입하는 것이다. 그러면 일을 하든 그렇지 않든 임대 소득이 지속적으로 발생하고 시간이 흐르면서 부동산 가치도 상승한다.

부의 피라미드에서 3단계로 올라가고 지속적 소득이 충분히 발생하면 모든 부채를 갚아나가는 동시에 자신이 원하는 라이프스타일을 즐길 수 있다. 그렇게 하기 위해서는 분명히 부동산 한 개로는 부족할 것이다. 자산 투자 사업에 착수할 필요가 있다. 수백만 달러의 자산 포트폴리오를 운용하는 것인데 그렇게 할 때 소극적 소득의 규모가 매우 커진다.

근본적으로 경제적 자유를 얻기 위해서는 또 하나의 일자리를 찾아야 한다. 하지만 당신이 직접 하는 일은 곤란하다. 돈이 움직일 투자처를 찾아 거기서 돈이 돈을 벌며 소극적 소득이 창출되게 해야 한다.

소득이 아닌 자산이 부를 창출한다

소극적 소득이 경제적 자유를 얻는 데 중요한 것은 분명하다. 하지만 이제 내가 설명하려는 것은 진정한 부를 창출하는 것은 바로 자산이라는 사실이다. 현명한 투자를 한다면 자산이 점점 불어나 소득을 발생시키기 때문이다.

하지만 안타깝게도 대부분의 사람은 소득으로만 부를 얻는 수준을 벗어나지 못한다. 그들은 자신들 대신 돈이 돈을 벌게 만들지 못한다. 하지만 한마디로 말하면 소득으로는 부의 길을 안전하게 지킬 수 없다. 부자가 되려면 다음 4단계가 필요하다.

- 자기 교육
- 자산 기반을 세움(대출을 받아 부동산이나 주식 보유)
- 부채 규모를 줄이고 투자 수단이 현금 흐름을 발생시키는 단계로 전환
- 현금 인출기로 생활비 충당

대부분의 사람이 부자가 되지 못하는 이유 중 한 가지는 자산(자본) 성장이 아닌 현금 흐름에 투자를 하기 때문이다. 이 메시지는 당신이 다른 사람에게서 듣던 말과 완전히 다를 것이다. 하지만 자산 투자야말로 전 세계 부자들의 투자 방법이다. 투자자 대부분이 부의 피라미드 2단계에 묶여 있는 이유가 현금 흐름에만 투자하기 때문이다.

현금 흐름은 당신이 그럭저럭 살아가게 해주지만 자산 성장은 당신을 쳇바퀴 경쟁에서 구해준다. 이 책 전반에 걸쳐 이러한 주제를 다룰 것이다. 받아들이기 힘든 사람도 있겠지만 결과가 모든 것을 말해준다. 이제 다른 모형을 하나 더 살펴보자.

투자의 5단계

투자의 5단계가 부의 피라미드 단계를 그대로 보여주는 것은 아

니지만 이 모형의 설명을 들으면 투자 단계와 부의 단계 간의 관계를 더욱 명확하게 알게 될 것이다. 기억하라. 이 단계 역시 소득 수준과는 전혀 관련이 없다.

일 년에 수십만 달러를 벌지만 호화스러운 생활을 하며 번 돈을 거의 다 써 피라미드 정상으로 올라가지 못하는 사람을 많이 봤다. 그런가 하면 남들이 하찮게 여기는 일을 하며 아주 적은 월급을 받으면서도 수익성이 좋은 자산 투자를 하거나 주식 포트폴리오를 구성한 성공적인 투자자도 있다. 마침내 이들에게는 해야 하는 일이 아니라 하기로 선택한 일이 주요 수입원을 제공하는 직업이 된다.

앞서 나는 당신이 부자가 되고 싶다면 사업가나 투자자가 돼야 한다고 설명했다. 실제로 내가 알고 있는 부자는 모두 투자자다. 이제 내가 발견한 투자의 5단계에 대해 검토해보자.

0단계: 낭비자

0단계의 사람은 투자를 전혀 하지 않는다. 그들은 낭비자이며 채무자인 경우가 많다. 결국 많은 빚을 지게 된다. 번 돈을 모조리 써버리며 번 돈보다 더 쓰는 일도 흔히 있다. 한 달이 채 끝나기도 전에 그달 생활비가 바닥난다. 대개 그들은 한 달 한 달 월급을 받으며 근근이 살아가고 신용카드와 상점 할부 상환을 이용한다.

그들은 부의 피라미드에서 0단계에 있는 사람들이다. 0단계의 투자자는 오늘을 위한 삶을 산다. 돈이 있으면 그 돈을 쓰고, 없으면 빌린다. 그들은 현금이 필요하면 현금 자동 입출금기에서 수수료를 내고 돈을 빌린다. 그리고 빌린 돈에 대한 이자를 지급한다. 돈 문제가 발생할 때의 해결책은 그 상황에서 달아나려 하든지, 아니면 빚을 더 지는 것이다.

0단계의 투자자를 아는가? 성인 인구 중 상당 부분이 이 범주에 포함된다. 완전히 다른 방식으로 행동하지 않으면 그들은 절대로 부자가 되지 못한다.

1단계: 저축자

낭비자를 제외한 대다수는 내가 저축자라 부르는 범주에 포함된다. 그들의 주요 투자처는 집이며 목표는 몇 년에 걸쳐 주택 담보 대출을 갚아나가는 것이다. 간혹 그들은 세금을 지급한 후 남은 돈을 모아두며 조금씩 저축을 한다. 하지만 보통 나중에 쓰려고 돈을 모으는 것이지 투자를 위한 저축은 하지 않는다.

저축자는 재정적 문제를 두려워하는 경향이 있으며 일반적으로 위험을 감수하려 하지 않는다. 그들은 부모나 조부모가 세웠던 재정 계획을 그대로 따라 세운다. 안정적인 직장을 얻고, 집을 사고, 대출금을 갚고, 노후 자금을 저축한다. 하지만 저축해도, 심지어 대출 없이 집을 소유해도 그것으로 부자가 되지 않는다는 것이 문제다.

그들의 일반적인 삶은 열심히 일하고, 부지런히 저축하고, 대출금을 갚는 것이다. 그렇게 평생 살다가 오래되고 낡은 집 같은 대단치 않은 재산을 남긴다.

나는 저축자를 '금융 문맹'이라 부른다. 그들은 안정적인 재정 기반을 만들고 투자 기술을 습득하기 위해 집중적으로 노력해야 한다. 그래야 그것을 기반으로 미래의 재정 상황을 밝게 만들 수 있다. 자기 자신에게 투자하고, 수준 높은 재정 교육을 받고, 투자 여정을 함께 할 인적 네트워크를 만들기 시작함으로써 최상의 레버리지를 얻을 수 있다.

2단계: 소극적 투자자

2단계 투자자들은 투자가 필요하다는 사실을 인식하고 있다. 그들은 퇴직 연금으로 노후 생활을 할 수 없다는 것을 잘 알기 때문에 투자를 배우고 자산을 모으기 시작한다.

대개 그들은 교육 수준이 높지만 그래도 금융 문맹이다. 그들은 돈의 규칙을 전혀 이해하지 못한다. 하지만 기억하라. 그것은 그들의 잘못이 아니다. 아무도 그들에게 돈의 규칙을 가르쳐주지 않았다. 그들이 돈에 대해 배운 것이 있다면 부모에게서 시대에 뒤떨어진 쓸모없는 개념만 배웠을 것이다.

투자에 성공하려면 책임감을 가지고 재정 교육을 직접 받아야 하는데 2단계 투자자는 그렇게 하지 않고, 전문가 조언을 통해 투자에 대한 답변을 찾는 경향이 있다. 그러면 그들은 잡지에서 광고하는 새로운 벼락부자 비법이나 텔레마케터가 쏟아내는 현란한 투자 전략의 손쉬운 먹잇감이 될 뿐이다.

그들은 자신의 금융 및 투자 교육을 점검하고 개선해야 한다. 그리고 자신이 능수능란하게 운용할 수 있는 자산 수단을 구체적으로 선택하는 데 초점을 맞춰야 한다. 돈과 부에 대해 자격이 없는 교사에게 배운 해롭고, 부정확하고, 잘못된 교훈을 잊어야 한다.

3단계: 적극적 투자자

3단계 투자자는 미래의 경제적 상황에 대한 책임감을 가져야 된다는 사실을 깨닫고 투자에 적극적으로 뛰어든다. 그들은 투자 전략과 기법에 대한 지식을 쌓았다는 점에서 금융 이해력을 갖춘 사람이다. 3단계 투자자는 돈이 돈을 벌게 하는 일을 시작한다. 그들은 자신의 투자 관리에 적극적으로 참여하고 순자산을 모으는 데 집중한다. 그들의 주요 관심사는 자산 기반을 증가시키는 것이다.

이는 투자 주기에서 자산 축적 단계에 해당하며 일반적으로 투자자는 부의 증식을 위해 수익이 낮더라도 고성장 전망이 있는 투자처로 이동한다. 주거용 부동산이 제대로 빛을 발하는 곳이 이런 투자처다. 내가 아는 한 주거용 부동산이야말로 자산을 안정적으로 늘릴 수 있는 최상의 자산군이다.

일반적으로 3단계 투자자는 혼자서 모든 걸 할 수 없다는 것을 알기 때문에 전문가 네트워크를 통해 전문 지식과 시간을 레버리지한다. 또한 조언가 및 동료 네트워크를 발전시키기 위해 비슷한 사고방식을 지닌 사람들이 모인 마스터마인드 그룹에 참여하는 경우가 많다(이후 좀 더 설명하겠다).

4단계: 전문 투자자

투자자 중 아주 소수 집단만 사다리의 맨 위 칸으로 올라가 4단계의 전문 투자자가 된다. 그들은 제대로 된 투자 사업에 착수했고 이제는 투자 사업체를 경영한다.

4단계 투자자는 막대한 자산 기반을 토대로 자산 투자 사업을 함으로써 충분한 액수의 소극적 소득을 지속적으로 창출시킨다.

이로 인해 그들은 일을 하든 그렇지 않든 라이프스타일을 유지하고 그에 더해 투자 포트폴리오의 규모를 계속 키워나갈 수 있다.

그들은 수준 높은 금융 교육을 받아 재정적으로 매우 탁월한 식견을 갖고 있고 돈의 언어에 능숙하며 머니 게임이 어떻게 움직이는지 이해한다. 또한 금융과 세금, 법 시스템을 잘 알고 있어 그것을 자신에게 유리하게 활용한다.

4단계 투자자는 자산 수익 구조를 최적화하는 데 집중하고 그와 동시에 위험을 최소화하는 경향이 있다. 그들은 자산을 계속 축적하며, 최상의 삶을 누릴 수 있게 해주는 현금 흐름에도 관심을 두기 시작한다.

그들은 쓰고 남은 돈으로 투자를 하는 것이 아니다. 투자하고 남은 돈을 쓴다. 우선 적절한 세금 구조를 만들어 수익용 투자 자산에서 발생한 현금을 미래 투자 자금으로 확보한다. 그렇게 한 후 남은 돈을 소비한다.

또한 그들은 재정 전략을 세우고 있고 재정적 완충 수단을 통해 시간을 벌 수 있기 때문에 불경기나 부동산 하락기에도 잘 헤쳐나간다. 부동산 관련 법을 잘 파악하고 있어 초보 투자자가 많이 하는 실수를 하지 않는다.

이 전문 투자자들은 투자 권한을 다른 사람에게 위임하지 않는다. 회계사, 금융 중개인, 자산관리사, 변호사, 자산 전략가로 구성된 유능한 팀을 고용하고 그 팀이 뛰어난 시스템을 통해 신뢰하고 예측할 수 있는 성과를 반복적이고 일관적으로 달성하지만 투자에 대한 통제권은 자신이 계속 갖고 있다. 경제 상황이나 부동산 주기가 전문 투자자에게는 영향을 미치지 못하는 것 같다. 그들은 경기가 좋든 나쁘든 돈을 번다.

4단계 투자자는 자기 교육을 중단하는 법이 없다. 여전히 그들은 책을 읽고, 세미나에 참석하고, 고문 팀과 멘토들을 곁에 둔다. 그리고 부를 증식시키기 위한 목적 때문만이 아니라 기회주의적인 가족이나 소송, 정부로부터 자산을 지키기 위해 믿을 수 있는 조언에 기꺼이 비용을 지불한다.

4단계 투자자가 자신의 명의로 자산을 소유하는 일은 극히 드물다. 그들이 아무것도 소유하지 않더라도 회사와 신탁을 통해 모든 것을 통제한다. 자산을 소유한 법인체를 통제함으로써 그들은 상당한 세제 혜택을 얻고 자산을 보호한다.

마지막으로 4단계 투자자는 자신의 금융 지식을 자녀들에게 가르치며 자신이 사망한 후에도 회사와 신탁이 지속되도록 집안의 부를 미래 세대에게 전달한다.

자산 성장이 먼저다

경제적으로 자유로워지는 첫 번째 단계는 자기 교육이다. 그다음 단계는 자산 축적이다. 당신이 3단계 투자자라면 먼저 해야 할 일이 상당한 자산 기반을 쌓아 현금 인출기의 전원을 켜는 것이다.

그렇게 자산 기반을 충분히 만들어놓은 후에야 4단계 투자자가 되어 현금 흐름을 창출하는 데 더 집중할 수 있다. 물론 3단계 투자자도 대출을 갚을 소득(현금 흐름)이 필요할 것이다. 하지만 소득 증가보다 먼저 자산 증가에 초점을 맞춰야 한다.

당신은 몇 단계에 있는가

이제 몇 가지 뼈아픈 진실을 들여다볼 시간이다. 부의 피라미드에서 당신은 어디까지 올라왔는가? 투자의 5단계에서는 몇 단계에 있는가?

대다수 사람이 제일 밑바닥인 0단계에서 출발한다. 하지만 그들 모두가 4단계까지 올라가는 것은 아니다. 사실 정상까지 올라가는 사람은 극히 드물다. 하지만 부자가 왜 점점 더 부유해지는지 이해한다면 4단계까지 올라가는 것이 불가능하지 않다.

다시 한 번 상기하기 바란다. 현재 부의 단계에 대한 평가는 소득과 전혀 관련 없다. 본업을 통해서는 '낮은 소득'을 얻지만 3단계 투자자가 되어 경제적 안정을 확보했을 수도 있다. 아니면 소득 표준에 따라 '부자'에 해당하는 소득을 벌어들이지만 버는 돈을 모조리 써버려 부의 피라미드에서 계속 0단계에 머물지 모른다.

당신이 이해해야 하는 것은 매일 일하고 받는 월급과 부의 단계는 전혀 관련이 없다는 사실이다. 오히려 부를 평가하는 데 월급은 최악의 예측 변수다.

내가 만난 의뢰인 중에는 소득이 매우 높지만 '가진 것'이 전혀 없는 사람이 많다. 나의 주치의 밥(Bob)은 지난 35년 동안 매년 수십만 달러를 벌었다. 현재 60세가 넘은 그는 아직까지 임대료를 내며 살고, 오래되고 낡은 차를 몰며, 지금도 쳇바퀴 경쟁에서 벗어나지 못하고 있다고 스스로 생각한다. 날마다 그는 환자를 진료하러 병원으로 출근하며 월말이면 각종 청구서 대금을 지급하는데 급급하다(0단계의 사상자가 떠오르는가?).

나는 그에게 그런 문제에 대해 여러 번 말했다. 그가 돈을 벌 때마다 그것을 다 소비하는 것처럼 보였다. 그는 저축이나 투자를 하지 않았고, 심지어 돌발 사태를 대비해 돈을 따로 모아두지 않았다. 얼마 전 그는 자동차가 고장 나 큰 수리를 해야 하는데 그것 때문에 재정적으로 다소 어려워졌다고 했다.

일 년에 30만 달러 이상의 소득을 벌어들이는 밥이 경제적 어려움에 처했다는 이야기가 낯설게 들릴 수 있다. 하지만 대부분의 사람이 40년 동안 열심히 일해 평생 수백만 달러까지 벌었다 해도 경제적으로 자유로워지는 사람은 극히 드물다. 사실 대부분의 은퇴자는 파산을 겨우 면하는 수준이다.

따라서 문제는 수백만 달러를 벌 수 있느냐가 아니라 수백만 달러를 '지킬 수 있느냐'다. 당신이 밥과 같다면, 아니 더 정확히 말해서 당신이 다수의 사람과 비슷하다면 절약은 어렵고, 소비는 쉬울 것이다.

나는 밥에게 왜 지금까지 남의 집에서 세를 내며 살고 있냐고 물었다. 그렇게 소득이 높은데 어째서 집을 살 돈을 모으지 못했냐고 말이다. 그는 새해가 되면 항상 새롭게 다짐하고 아내에게 이렇게 말한다고 했다. "올해는 매주 주급에서 1,000달러씩 떼어 미래를 위해 모아둡시다(일주일에 1,000달러라는 금액이 너무 커서 당신 월급에서 그 정도 돈을 저축한다는 것은 생각도 못 할 수 있다. 하지만 괜찮다. 다음 내용을 읽으면 내 말의 핵심을 알게 될 것이다)."

그는 이 돈을 은행에 저금해 집을 구입할 자금을 만들 수 있기를 바랐다. 그런데 왜 집을 사지 못했냐고 묻자 그는 대답했다. "인생이 계속 꼬이더군요." 누군가 아팠고, 새 TV도 필요했고, 자동차도 고장 났다는 것이다. 무슨 말인지 알겠는가? 예상치 못한 지출은 늘 생기게 마련이다.

그는 내게 물었다. "어떻게 하죠? 내가 어떻게 하면 됩니까? 뭐가 잘못된 거죠?" 저축을 하고 싶지만 자기 자신에게 먼저 지불하겠다는 단호한 결심을 하지 않으면 저축을 할 수 없다고 나는 설명했다. 그리고 정부가 하는 대로 해보라고 제안했다. "그게 무슨 말입니까?"

그의 질문에 이런 설명을 해줬다. 우리가 월급을 받을 때마다 정부에서 세금 형태로 일정 금액을 원천징수해간다. 정부는 그런 식으로 처음에 세금을 징수하지 않으면 나중에는 세금을 걷기가 매우 어려울 것이라는 걸 알고 있기 때문에 그렇게 하는 것 같다. 따라서 밥도 그와 유사하게 월급을 받을 때마다 미리 정해둔 소액의 금액을 먼저 떼어놔야 한다. 적어도 월급의 10퍼센트는 저금의 형태로 떼어두고 남은 돈을 다른 데 써야 한다.

밥은 이미 오래전에 이 말을 들었지만 오래된 습관을 바꾸고 새로 시작하기 위해 그런 조언을 신속하게 적용하지 않았다. 어쩌면 당신도 밥이 그 조언을 듣고 했던 생각을 할지 모른다. '월급의 10퍼센트가 얼마나 큰 차이를 만들 수 있을까?' '그렇게 해서 얼마나 많이 모을 수 있을까?'

티끌 모아 태산이라는 말을 누구나 들어봤을 것이다. 안정적인 미래를 위해 차곡차곡 저축을 해야 하는데 어째서 많은 사람이 그렇게 하지 못하는 걸까? 우리는 자신에게 먼저 지급해야 한다는 말을 듣지만 대부분 그렇게 하지 않는다. 많은 사람이 만일의 사태에 대비해 얼마의 돈을 모아두거나 투자하길 원하고, 또 그렇게 하려고 시도하지만 왜 계획대로 되지 않을까?

나는 저축이 계획대로 안 된다고 말하는 사람들에게 그러면 아무리 열심히 해봤자 절대로 성공하지 못할 것이라 말한다. 월말이 되기 전에 그달의 생활비를 다 써버리기 때문이다. 돈을 얼마나 많이 벌든 그들은 겨우 청구서 대금을 납부할 정도의 돈만 갖고 근근이 살아가는 것처럼 보인다.

1년에 20만 달러 이상 버는 사람이나 4만 5,000달러를 버는 사람이나 똑같은 이야기를 한다는 사실에 경각심을 가져야 한다. 내 친구 밥을 생각해보라. 그는 1년에 30만 달러 이상 소득을 올리는데도 여전히 빈털터리다. '어떻게 그런 일이 있을 수 있지? 내가 그 정도로 돈을 번다면 지금쯤 부자일 텐데' 하는 생각이 들 수 있다.

당신은 돈을 잘 모으는가? 아니면 돈을 더 많이 쓰는가? 문제는 간단하다. 밥은 대부분의 사람처럼 버는 돈을 모두 또는 그 이상 쓰며 투자를 하지 않고, 돌발 사태에 대비한 돈을 모으지 않기 때문에 성공하려는 노력이 물거품이 되고 말았다.

부의 피라미드 정상으로 올라가는 성공의 기본은 수입보다 덜 쓰면서 생활해 돈을 남겨야 한다. 그리고 그 돈을 소극적 소득이 창출되는 자산으로 전환해야 한다. 돈은 언제나 낭비될 수 있기 때문에 돈을 관리하는 것이 부를 쌓는 데 필수적이다.

이 점과 관련해 더 확실한 교훈을 얻기 위해 지금부터 한 가지 주제를 살펴보자. 내가 깊은 관심을 두고 글도 여러 번 쓴 적이 있는 주제인데, 부자 사고방식을 기르는 방법이다.

부자의 사고방식 기르기

몇 년 전 자녀 중 두 아이가 내 일에 흥미를 보이며 물었다. "아빠, 어떻게 부자가 되는 거예요? 아빠가 만나는 성공한 기업가나 투자자와 평범한 사람의 가장 큰 차이는 뭐죠?"

내가 상당한 부동산 포트폴리오를 운용하며, 의뢰인이 부자가 되도록 돕는 자산 투자 컨설팅 회사를 이끌고 있었기 때문에 아이들은 "부자는 자산과 주식, 사업체를 가지고 있단다"라는 말을 할 것이라 기대한 것 같다.

하지만 나는 부자와 가난한 자의 중요한 차이는 사고방식과 관련 있다고 설명했다. 물론 부자는 대다수 사람에 비해 더 많은 부와 번영, 행복을 누리는 데 도움이 되는 재테크 노하우를 알고 있다. 하지만 그 이면에 있는 것은 사고방식이다. 생각이 감정을 낳고, 감정이 행동을 낳으며, 행동이 결과를 낳는다.

성공과 부를 달성하려면 '사고방식'이 중요하다는 말을 당신도 많이 들었을 것이다. 나는 책과 블로그, 세미나에서 그 중요성에 대해 여러 번 강조했다. 하지만 내가 말하는 사고방식과 다른 사람이 말하는 사고방식은 흔히 두 가지 면에서 차이가 있다.

대부분의 사람은 사고방식이 '긍정적 태도를 갖는 것'과 관련 있다고 생각한다. 물론 틀린 생각은 아니지만 긍정적인 태도만으로는 부와 성공을 달성할 수 없다. 열심히 노력한다 해서 부와 성공이 당신이 원하는 대로 이뤄지는 것은 아니다.

내가 말하는 사고방식은 진정한 부자를 만들어줄 수 있는 구체적 믿음과 태도다. 이론과 현실 사이에는 차이가 있다. 일반적인 '부자 사고방식'을 지니면 기분은 좋다. 하지만 그것만으로는 전보다 형편이 나아지지 않는다는 사실을 깨닫게 된다. 내가 말하는 사고방식은 경제적 자유를 얻도록 도와준다. 그렇다면 부자와 가난한 자의 중요한 차이는 무엇일까?

많은 사람은 금융 지식이라 생각하겠지만 내가 금방 설명한 것처럼 그것은 아니다. 물론 평범한 자와 달리 부자는 뛰어난 금융 지식을 지니고 있지만 단지 지식이 투자 성공을 보장하지는 않는다. 그보다는 생각하는 방식, 즉 사고방식이 중요하다. 돈을 벌거나 거래할 때 그 배후에서 돈의 '외부' 법칙이 작용하는 것처럼 우리의 정신에서 돈의 '내부' 법칙이 작용한다. 이 내부 법칙의 요소는 돈과 부에 대한 믿음이다.

10년 넘게 수많은 사람들을 대상으로 멘토링을 하고 수백 명의 백만장자들에게 투자 조언을 하면서 나는 대부분의 부자는 비슷한 방식으로 생각한다는 결론을 내리게 됐다. 그들은 가난한 사람이나 중산층의 사람과 대단히 다른 방식으로 생각한다.

또한 나는 대다수 사람이 가지고 있는 돈에 대한 태도 및 사고방식은 부의 다음 단계로 도약하는 데 전혀 도움이 안 된다는 사실도 알게 됐다. 그들이 경제적 자유를 얻는 여정에서 가장 큰 걸림돌은, 바로 생각하는 방식이었다. 이 점이 시사하는 바는 당신이 내적 대화를 재정립해 부자가 생각하는 대로 생각한다면 경제적 성공을 달성하는 올바른 방향으로 갈 수 있다는 것이다.

하지만 걱정하지 마라. 철학적인 말을 쏟아내지는 않을 테니까. 다만 나의 제안을 열린 마음으로 고려해주길 부탁한다. 당신의 생각을 부자 사고방식으로 재정립해야 한다는 개념이 이 책의 바탕이다.

이제 부자가 되는 사고방식을 알아보자. 그에 더해 당신이 하는 행동과 하지 않기로 결정한 행동에 대해서도 검토할 것이다. 흥미롭게도 일상적 활동의 40퍼센트는 습관이다. 즉 당신은 날마다 40퍼센트의 시간을 자동 조종 장치로 움직인다는 뜻이다. 그리고 이러한 습관, 즉 삶을 살아가는 방식이 부자가 되거나 가난한 사람, 또는 중산층에서 벗어나지 못하는 사람이 되는 원인이다. 꿈에 그리던 집에 살든, 돼지우리 같은 집에 살든 그 원인은 습관 때문이다. 부 피라미드의 현재 위치에서 정상을 향해 올라가고 싶다면 부자처럼 생각하고 행동해야 한다. 이는 곧 부에 대해 사고방식을 바꿔야 한다는 뜻이다.

무엇이 부에 대한 사고방식을 결정하는가

우리의 마음에는 재정 조절 장치로 부의 단계를 설정하는 내부 프로그래밍이 설정돼 있다. 내부 프로그래밍이 조절 장치를 작동시켜 우리가 어떤 수준의 부를 갈망하며 어느 정도의 부를 지닐 것인지 결정한다.

당신의 재정 조절 장치는 몇 단계를 설정했는가? 수백만 달러의 부를 설정한 사람도 있는가 하면 수천 달러를 설정한 사람도 있다. 평범한 사람은 재정 단계를 매우 낮게 설정한다는 점에 당신도 동의할 것이다.

문제는 그렇게 낮은 단계를 설정하면 사고방식과 행동 방식이 가난을 유지하는 방식으로 지속된다는 것이다. 그러면 온갖 정보를 손에 쥐고 있고 부를 창출하는 데 필요한 모든 단계를 알고 있더라도 두려움과 의심이 발목을 잡는다.

돈에 대한 오해는 부를 쌓는 데 걸림돌이 되는 무의식적 반응과 부정적 감정, 자기 훼방 행동을 유발한다. '부자는 탐욕스럽다'라거나 '돈은 일만 악의 뿌리'라는 믿음을 갖고 있다면 어떻게 부를 쌓겠다는 동기가 생기겠는가? 그런 동기가 거의 생기지 않을 것이다.

문제는 주변에 만연한 특정 믿음을 자신도 고수하고 있다는 것을 스스로 잘 모른다는 것이다. 그래서 우리는 한쪽 발은 액셀(경제적 목표를 향해)에, 한쪽 발은 브레이크(경제적 안전지대에 머물기 위해)에 놓고 달리고 있다. 복권에 당첨된 사람처럼 벼락부자가 된 사람이 돈을 잘 관리하지 못해 흥청망청 낭비했다는 이야기를 들어봤을 것이다. 이는 그들이 설정해놓은 재정 조절 장치에 따라 관리할 수 있는 수준으로 부가 다시 줄어드는 것이다.

이 세상의 모든 돈을 모아 모든 사람에게 똑같이 나눠준다고 해보자. 그러면 장담하건대 돈은 곧 원래 있던 자리로 되돌아간다. 결국 자신의 발전을 통해 부를 얻은 것이 아니라면 그것을 계속 유지하기란 대단히 어렵다.

따라서 많은 사람은 결코 부자가 될 수 없다. 어린 시절에 설정된 재정 조절 장치의 낮은 단계가 계속 방해를 하기 때문에 그들이 마땅히 누려야 하는 부를 절대로 얻지 못한다.

당신의 재정 조절 장치는 어떻게 설정됐나

당신의 재정 조절 장치가 몇 단계로 설정됐는지 정말로 알고 싶다면 말해주겠다. 당신이 현재 보유한 부의 수준이 당신이 설정한 바로 그 단계다. 더 높은 단계를 설정했다면 이미 그 부를 지니고 있을 것이다.

어쩌면 이런 생각이 들지 모른다. '야드니, 그건 맞지 않아. 나는 좋은 교육을 받지 못했기 때문에 부자가 못 된 거라고. 수준 높은 교육을 받았다면 더 나은 직업을 구해 부자가 됐겠지' 또는 '야드니, 당신 말은 타당하지 않다. 나는 아이가 둘이나 있어. 양육비나 수업료가 얼마나 드는지 당신은 모를 거야', '당신 말은 공평하게 들리지 않아. 나는 이제 이십 대야. 부자가 될 시간이 없었다고'.

이런 핑계에 모두 당장이라도 답변할 수 있다. 하지만 그보다 당신의 재정 조절 장치가 현재 가진 부의 수준으로 설정됐다는 개념을 먼저 고려해보자.

태어날 때부터 '돈을 다루는' 방법을 아는 것은 아니다. 우리 모두는 부모, 교사, 문화, 종교, 또래 집단에 의해 길들여진다. 이는 곧 일반적으로 우리 생각이 부유하지 않은 사람에 의해 프로그래밍됐다는 뜻이다. 사람들은 돈에 대해 강력한 믿음과 생각을 지니기 때문에 그 생각을 우리에게 가르치고 그로 인해 우리도 돈과 관련해 강력한 내부 법칙을 세우게 된다. 하지만 그런 믿음이 아무리 강력해도 바꿀 수 있다.

어릴 때 배운 행동 패턴은 잘 깨지지 않는다. 그러한 패턴을 이해하고, 바꾸기로 결심하고, 새로운 행동 패턴을 만들기 위해 의도적인 노력을 해야 비로소 어린 시절의 패턴을 바꿀 수 있다. 현재 우리가 지닌 믿음은 세 가지 방법으로 생겼다. 들은 것과 본 것, 그리고 어린 시절 경험한 특별한 사건을 통해 믿음이 세워졌다.

잠시 시간을 내어 당신이 돈과 관련해 배운 것을 떠올려보라. 현재의 사고방식을 먼저 인정해야만 더 나은 방향으로 발전할 수 있다.

돈과 부자에 대해 무엇을 배웠는가

당신의 부모는 "돈이 나무에서 열리기라도 하는 줄 아니?" 하는 식의 표현을 즐겨 사용했는가? 그렇다면 부자는 탐욕스럽고 이기적이라거나, 돈으로 행복해질 수 없으며, 돈은 중요하지 않다고 부모는 이야기했을 것이다. 그런 말을 많이 들어봤는가?

이렇게 말한 어른은 좋은 의도를 갖고 우리에게 '부를 가르치는 교사'였다. 하지만 그들이 부자 사고방식을 지닌 부유한 교사가 아니었다는 점에 주목해야 한다. 그들이 부자였다면 분명히 돈을 그런 식으로 말하지 않았을 것이다.

한편 우리는 부모의 행동 방식을 그대로 따라 하며 삶의 모든 영역에서 어떤 식으로 행동해야 하는지 배운다. 그렇다면 당신의 부모는 돈과 관련해 어떻게 행동했는가? 나의 부모처럼 돈 때문에 다퉜는가? 부모 중 한 명이 돈을 절약하려 노력했는가, 아니면 부모 모두 돈을 쉽게 소비했는가? 돈을 효율적으로 관리했는가, 아니면 부모 중 한 명 또는 모두가 쇼핑을 과도하게 즐겼는가?

많은 사람이 돈과 관련된 영역에서 부모 중 한 명이나 모두를 많이 닮게 된다는 것은 흥미로운 사실이다. 하지만 일부 사람은 내가 그랬던 것처럼 부모의 태도를 거부하고 그와 반대의 행동을 하는 경향이 있다. 대개 그들은 분노와 좌절에 휩싸인 고달픈 유년 시절을 보냈기 때문이다.

어린 시절 돈과 관련된 경험 역시 당신의 생각을 프로그래밍하는 데 영향을 미친다. 기억을 떠올려보라. 돈 때문에 가정이 행복했는가, 아니면 돈이 불쾌한 싸움과 갈등의 원인이었는가? 부모는 돈으로 사랑이 담긴 선물을 줬는가, 아니면 돈으로 모든 것을 해결하려 했는가?

어린 시절에 프로그래밍된 잠재의식 때문에 우리는 부에 대해 스스로 권한을 행사하지 못하며 그 잠재의식은 지속적으로 힘을 발휘하고 있다. 보고 듣고 경험한 것들로 인해 성공을 제약하는 믿음이 우리 생각에 서서히 스며들었던 것이다. 당시에는 옳게 보일 수 있지만 그런 믿음은 이제 더 이상 유용하지 않다.

내 경험에 비춰보면 우리에게 돈에 대해 가르쳐주는 사람은 선의를 갖고 있다. 그들은 우리가 경제적으로 성공하기를 바란다. 하지만 안타깝게도 그들은 돈이 돈을 벌게 하는 방법을 배운 적이 없기 때문에 가르쳐줄 수 있는 것이라고는 고작 자신의 믿음뿐이다. 대개 그런 믿음은 진정한 부자라 느끼며 부자가 되는 데 필요한 풍요 사고(자기에게 돌아올 몫이 항상 충분하다는 생각 – 옮긴이)가 아니라 결핍 사고(자기에게 돌아올 몫이 정해져 있거나 부족하다는 생각 – 옮긴이)에 기초한 것이다.

그러한 가르침을 받다 보면 결국 우리의 잠재의식에 돈과 부, 부자와 관련해 스스로의 권한을 앗아가는 믿음이 많이 생긴다. 믿음은 성공을 향한 동력이 될 수도 있고 당신의 권한을 행사하지 못하게 하는 걸림돌이 될 수도 있다.

부정적이고 부를 제약하는 믿음은 당신의 잠재력을 펼치는 데 방해가 된다. 따라서 삶을 전환시키고 부자가 되기 위해서는 먼저 자신에게 있는 그런 믿음을 자각하고 인정해야 한다. 그다음 그 믿음을 바꾸는 일을 시작해야 한다.

믿음이 당신을 언제 훼방하는지 어떻게 아는가

특정 믿음이 문제나 불만 등으로 표현되기 전에는 우리가 그런 믿음을 지니고 있다는 사실 자체를 잘 모를 때도 있다. 다양한 양상을 좀 들여다보자. 은행 잔고가 일정 액수 이상으로 절대 늘지 않는 것처럼 보여 짜증이 나는가? 투자나 사업이 난관에 부딪히거나 주기적으로 교착 상태에 빠지는가? 투자를 위해 돈을 모아야 한다는 것을 알고 있으면서도 그렇게 하지 못하는가?

돈에 대한 잘못된 믿음은 부를 쌓는 데 방해가 되는 무의식적 반응과 부정적 감정, 자기 훼방 행동을 유발한다. 심리학자들은 '지각은 투영된다'고 한다. 즉 행동은 의식의 직접적 투영이라는 것이다.

하지만 다르게 생각하기로 선택할 수 있으며 바로 지금 그 선택을 할 수 있다. 부의 피라미드에서 4단계의 사람은 자신 내부에 프로그래밍된 믿음을 바꾸는 방법을 배운 사람들이다.

돈에 대한 당신의 생각과 믿음이 어디서부터 시작됐는지 깨달아야 한다. 그래야 경제적 자유를 얻는 과정에서 문제가 생겼을 때 그것이 전적으로 당신 잘못이 아니라는 사실을 받아들일 수 있다. 하지만 일단 그런 믿음의 기원을 알게 됐다면 그때부터 사고 방식과 믿음을 새로 프로그래밍하는 것은 당신 책임이 된다. 그것은 당신 자신에게 진 빚이다.

가장 먼저 당신 자신에 대한 생각을 바꿔야 한다. 스스로를 부를 창출하고 많은 자산을 모은 부자라 생각하기 시작하라. 이는 뿌리 깊이 밴 내면 대화를 바꾸는 일이다. 또한 과거 경험의 결과로 생긴 부정적인 '자기 대화'를 극복하는 일이기도 하다.

그다음 미래에 대해 생각하는 방식을 바꿔야 한다. 자신의 삶과 운명을 스스로 통제하고 있다고 진심으로 믿어야 한다. 승객이 아니라 조종사로서 삶의 운명을 조종하고 있다는 것을 인식해야 한다. 이는 지금 내리는 결정과 취하는 행동이 직접적으로 자신의 미래를 결정한다는 의미다.

이제 부정적 사고방식을 포함해 현재 당신의 사고방식을 모두 점검해보고, 그 사고방식들이 어떻게 생기게 됐는지 생각해볼 적절한 시간이 된 것 같다.

스스로에게 이렇게 물어라. '나는 돈과 관련해 어떤 믿음이 있는가?' 이 질문은 다소 갈등을 유발할 수도 있다. 하지만 안전지대 밖으로 발걸음을 옮겨야 한다. 당신을 방해하는 내부 목소리에 귀를 기울이지 마라. '예전의 당신'이 더 부정적인 생각과 믿음을 가지고 소리 높여 항의하는 것은 당연한 일이다.

이것이 중요한 과정인 이유는 당신이 이 책에서 제시하는 생각과 개념을 배우더라도 미래 성공 수준을 결정하는 절대적 요소는 바로 당신 자신의 생각과 믿음이기 때문이다. 사고방식은 부의 피라미드 정상에 도달할지 여부를 결정하는 최종 요인이다.

그러면 당신은 누구인가? 어떤 방식으로 생각하는가? 당신의 믿음은 무엇이며 습관과 특성은 무엇인가? 당신 자신에 대해 어떻게 느끼는가? 스스로를 얼마나 확신하는가? 타인을 얼마나 신뢰하는가? 당신은 부자가 될 자격이 있다고 진심으로 믿는가?

복권에 당첨된 사람들 대부분은 당첨 금액이 얼마가 됐든 결국 원래의 재정 상태로 돌아갔다. 그들이 편안하게 관리할 정도의 자산 상태로 돌아간 것이다. 이는 대다수 사람이 큰돈을 벌어서 유지할 내적 역량이 없다는 사실을 증명한다.

반면 자수성가한 백만장자들은 사업에 실패하거나 운이 나빠 돈을 잃어도 대개 잃은 것을 곧 만회한다. 도널드 트럼프(Donald Trump)를 생각해보자. 그는 수십억 달러의 재산을 갖고 있다가 1990년대 초 모든 것을 잃었다. 실제로 은행에 막대한 빚을 지기까지 했다. 하지만 불과 몇 년 안에 그는 잃은 것을 모두, 아니 그 이상 벌어들였다.

어떻게 이런 일이 생길까? 자수성가한 백만장자가 사업 성공이나 실패와 상관없이 결코 돈을 잃지 않는 중요한 요인이 있다. 그것은 바로 백만장자 사고방식이다. 핵심은 부자가 되고 싶다면 올바른 사고방식이 필요하다는 것이다. 근본적으로 '번영 의식'을 발전시켜야 한다. 현실에서 성공을 이루기 훨씬 전에 정신 속에서 먼저 경제적으로 성공해야 한다. 정신 속에 있는 '돈과 관련된 파일'을 수정하는 것이 부자로 가는 길의 결정적인 첫걸음이다.

돈에 대한 당신의 믿음

돈에 대한 생각, 아니 모든 것에 대한 생각은 우리 정신의 정보 저장소에 있는 '정보 파일'에서 비롯된다. 이 정보들은 과거 경험과

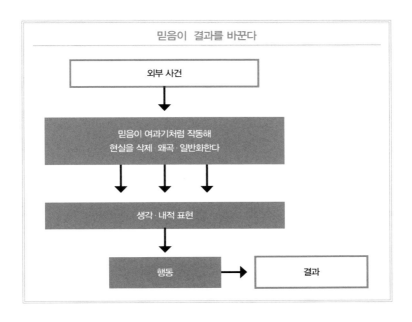

믿음이 결과를 바꾼다

외부 사건

↓

믿음이 여과기처럼 작동해
현실을 삭제 · 왜곡 · 일반화한다

↓   ↓   ↓

생각 · 내적 표현

↓

행동 → 결과

프로그래밍 등에 의해 저장됐다. 이는 곧 과거 경험이 현재 생각을 결정한다는 뜻이다.

당신의 믿음은 꼭 옳은 것일까? 반드시 그렇지는 않다. 그런 믿음은 삶에 대한 관점의 한 양상이며 과거 경험만을 토대로 세워진다.

하지만 믿음이 모든 관점에 영향을 미친다는 것이 진실이다. 믿음은 당신에게 발생한 모든 사건을 여과한다. 시간이 흐르면서 믿음의 여과 기능에 익숙해져서 그런 기능이 있는지도 잊게 되는 것이 문제다. 그렇게 되면 자신이 사물을 보는 방식대로 실제로 그것이 존재한다고 믿게 된다.

다시 말해 믿음 체계는 개인적인 색안경인 셈이다. 모든 사람이 내적 믿음의 여과 기능에 따라 명암이 달라지는 색안경을 끼고 살아간다. 이 색안경은 세상을 보는 방식에 영향을 미치며 언제든 현실을 자기 식대로 해석하게 한다. 그래서 어떤 사람은 장밋빛 안경을 통해 기회와 행운을 보는 반면 또 어떤 사람은 탁한 잿빛 안경을 통해 불행과 다가올 시련을 본다.

누구도 세상을 있는 그대로 볼 수 없다. 우리는 쓰고 있는지조차 잘 모르는 색안경을 통해 세상을 본다. 따라서 돈에 대한 우리의 믿음은 성공에 도움이 될 수도 있고, 그렇지 않을 수도 있다. 믿음은 우리가 성취하고 성공하는 일과 관련해 우리의 권한을 강화하거나 약화시킨다.

우리 모두는 정신 속에 파일을 가지고 살아간다. 그 파일에는 태도와 믿음이 들어 있어 지금까지 우리가 달성한 일들을 이루게 지원하고 도와줬으며 우리의 생존을 도왔다. 한편 그 파일에는 부와 행복을 추구하는 행동을 방해하는 태도와 믿음도 몇 가지 들어 있다. 우리 모두는 많든 적든 그런 생각을 어느 정도 갖고 있다.

안타깝게도 우리 대부분의 정신은 전반적으로 돈과 부에 대한 혼합된 메시지에 주의를 집중한다. 혼합된 메시지의 근본적 문제는 그것이 혼합된 결과를 낳는 경향이 있으며 그래서 일부 사람들이 어려움을 겪게 된다는 것이다. 내부에서 이런 목소리가 들렸다 저런 목소리가 들렸다 하기 때문에 많은 사람은 혼란에 빠져 한

걸음 전진했다가 결국 두 걸음 후퇴하고, 뒤이어 두 걸음 전진했다가 한 걸음 후퇴한다.

또 다른 문제는 우리 대부분은 돈과 부에 대한 사고방식을 절대로 점검하지 않는다는 것이다. 사람들은 성장하면서 배운 믿음에 의문을 제기하지 않고 살아간다. 현재 자신이 누구인지, 미래에 어떤 모습이 되고 싶은지 반영하는 인생의 지도를 좀처럼 수정하지 않는다.

하지만 돈에 대한 믿음은 세상을 보는 방식과 경험을 좌우한다. 자기 충족적 예언처럼 돈과 관련된 믿음이 당신이 처한 상황의 원인이 된다. 가령 당신이 돈은 오직 열심히 일해야 벌 수 있다고 믿는다면 돈을 벌고 싶을 때 무슨 일을 하겠는가? 분명 열심히 일할 것이다. 이는 당신에게 돈은 열심히 일해야만 얻게 되는 것을 의미하며 당신의 믿음을 입증하는 것이다.

우리는 늘 지배적 믿음에 따라 행동한다(또는 행동하지 않는다). 그리고 이런 행동이 결과를 만든다. 당신이 사업 경험을 갖지 못할 것이라 믿으면 당신은 결코 사업을 시작하지 못한다. 이는 앞으로도 사업을 할 경험을 절대 얻지 못한다는 말이다. 믿음이 어떻게 작동하는지 이해되는가?

예를 들어 부동산이 좋은 투자 대상이라 믿지 않으면 당신은 부동산 투자를 시도하지 않을 것이고, 그러면 부동산을 통한 수익을 만들지 못한다. 이는 앞으로도 부동산이 당신에게 좋은 투자 대상이 되지 않을 것이라는 뜻이다.

　믿음이 당신이 활용할 수 있는 전부다. 나는 어떤 건물을 보며 탁월한 투자 기회라 생각하지만 당신은 위험과 돈을 잃을 가능성만 볼 수 있다. 그래서 그런 인식에 따라 '고맙습니다만 사양하겠습니다'라는 반응을 나타내는 것이 당신 입장에서는 가장 타당하게 보일 수 있다. 당연히 그런 반응이 내게는 타당하지 않다. 나는 다른 믿음 체계를 구축했기 때문이다. 4단계 투자자가 되기 위해 수년 동안 경력을 쌓아나가면서 나는 믿음을 더 나은 방향으로 발전시켰다.

　사람들은 믿음을 발전시키지 않았기 때문에 지금까지 정신에 저장한 파일로 인해 심각한 제약을 받는다. 4단계에 도달하기 위해 돈과 부에 대한 다른 사고방식을 배워야 하는 것이 그 때문이다. 아직도 확신이 안 서는가? 더 살펴보기로 하자.

믿음의 중요성

잠재의식이 정신의 6분의 5를 차지한다고 한다. 잠재의식은 결코 잠드는 법이 없이 날마다 신체 기능을 조절한다. 우리가 의식적인 노력을 전혀 기울이지 않아도 호흡과 혈류, 신진대사를 비롯한 다양한 기능을 수행한다. 또한 잠재의식에는 우리의 감정과 기억이 있다.

우리 뇌에는 끊임없이 수백만 개가 넘는 정보들이 들어온다. 하지만 잠재의식에는 정보 여과 장치 역할을 하는 망상 활성계(Reticular Activating System, RAS)라는 영역이 있다. 이것은 밤에 잠을 자는 동안 소음을 여과하고 아기 엄마에게는 아기가 뒤척이는 소리가 들리게 한다. 또한 의자에 앉았을 때 엉덩이가 의자에 닿는 느낌은 여과하지만 내가 그것을 언급한 지금 이 순간 당신은 그 느낌을 자각하게 된다. 지금까지 호흡의 흐름을 인지하지 못했다가 그것을 언급하는 순간 자각하게 되는 것도 마찬가지다.

이게 부자가 되는 것과 무슨 상관이 있을까? 믿음은 잠재의식을 조정해 우리가 생각하고 믿는 것이 실현되게 한다. 조금도 의심하지 않고 자신이 부자가 되고 성공할 것이라 믿으면 잠재의식은 그 일이 실현되게 만든다.

부자와 가난한 자는 매우 다른 믿음을 지니고 있다. 이런 믿음이 부나 가난을 만드는 주요 요인이다. RAS가 잠재의식에 받아들이기로 프로그래밍된 정보만 받아들이기 때문이다. 이러한 프로그래밍 중 일부는 오래된 것도 있다. 수백만 년의 진화 과정을 통해 우리 뇌에 프로그래밍된 것이 있다. 그런가 하면 부모나 환경, 자기 대화를 통해 프로그래밍되기도 한다.

끌어당김의 법칙

믿음에 관한 이런 내용이 동기부여 영역에서 자주 언급되는 끌어당김의 법칙과 관련 있을까? 전혀 그렇지 않다. 끌어당김의 법칙은 생각이 끌어당기는 힘이 있다는 개념이다. 간절히 바라는 대로 된다는 것이다. 하지만 '생각하라, 그러면 이뤄진다'라는 개념은 완전히 쓸모없는 소리다.

돈에 대해 그렇게 오랫동안 생각하지 않아도 돈은 양동이에 가득 차서 당신의 문을 통해 들어올 것이다. 하지만 단순히 좋아하는 일을 하고, 좋은 생각을 하고, 부자가 되겠다고 말만 해서는 안 된다. 나는 가만히 앉아서 부를 얻겠다고 말만 하는 사람에게 돈다발이 떨어지는 일을 본 적이 없다.

그렇게 해서는 안 된다. 성공하고 부자가 되는 진정한 비밀(내 생각에 이것은 비밀도 아니다)은 부를 얻는 방법에 대해 생각만 하는 것이 아니라 행동을 취하는 것이다. 사람들에게 더 많은 가치를 전해줄 상품이나 서비스를 제공해야 한다.

많은 동기부여 강사들이 빠뜨리는 결정적인 내용은 행동의 중요성이다. 어떤 사람이 무언가를 이루기 위해 실제로 어떤 행동을 해야 하는데 그에게 간절하게 생각만 하면 이뤄진다고 말하면 그 말이 얼마나 호소력 있을까? 물론 부자는 평범한 사람과 다른 생각을 한다. 하지만 생각만으로 돈을 끌어모으지는 않는다. 그들이 행동하는 방식, 즉 행동 때문에 돈을 모으는 것이다.

당연히 생각은 중요하다. 세상을 바라보는 시각과 자기 자신, 돈, 가족 관계, 건강 등에 대한 태도가 당신의 경험에 영향을 미친다는 사실을 보여주는 증거는 많다. 하지만 행동으로 옮겨야 한다. 당신이 간절히 생각해야 하는 것이 있다면 그것은 행동으로 옮겨야 한다는 생각이다. 그러면 그 한 가지 생각이 모든 행동과 행위를 촉발하고 가난한 자의 습관과 구별되는 부자 습관으로 이끈다.

3장에서는 콜리가 부자와 가난한 자에 대한 5년 동안의 연구 결과를 설명하고 부자 습관 프로그램을 소개할 것이다. 매우 놀라운 이 내용이 부유한 삶과 빈곤한 삶의 차이를 만들 것이다. 그 전에 내가 왜 대부분의 사람이 결코 부자가 될 수 없다고 생각하는지 밝히려 한다.

대부분의 사람은
왜 부자가 될 수 없는가

단순한 진리를 하나 소개하겠다. 부자가 되고 싶다면 대부분의 사람이 어떤 행동을 하는지 관찰하고 그와 반대로 행동하라. 앞서 설명한 것처럼 슬픈 현실은 대다수가 절대로 경제적 자유를 얻지 못한다는 사실이다. 그들은 삶의 대부분을 다람쥐 쳇바퀴에서 계속 달려야 할 것이다. 그러다가 평생 아침부터 저녁까지 고단하게 일하며 바친 세금보다 더 적은 돈을 손에 쥐고 은퇴할 것이다.

대부분의 사람이 부자가 되지 못하는 주된 원인은 돈과 관련된 습관(돈과 관련해 평범한 사람이 하는 행동) 때문이다. 이 습관의 원인은 다음과 같다.

- 금융 지식이 많지 않다. 그들은 돈이 어떻게 작용하는지 이해하지 못한다.

- 어린 시절, 즉 뇌가 모든 정보를 스펀지처럼 빨아들이는 시기에 돈과 부, 부자에 대한 사고방식이 '프로그래밍'됐다.

우리 뇌는 돈과 부를 비롯해 다른 생각과 사건, 물체 등에 대해 특정한 방식으로 생각하고, 느끼고, 반응하도록 프로그래밍된다. 우리는 돈과 관련해 어떤 '행동'을 해야 하는지 알지 못한 채 태어났으며 불행히도 대부분은 부와 상관없는 방식으로 프로그래밍됐다.

다행히 우리 뇌는 다시 프로그래밍할 수 있다. 매일 아침 당신은 보통 어제 생각한 것 중 90퍼센트를 다시 생각한다. 놀랍지 않은가? 똑같은 표현을 사용하고 똑같은 행동을 반복하는 것이다. 하지만 틀림없이 당신은 새로운 결과를 원할 것이다. 같은 행동을 반복하면서 새로운 결과를 원한다면 그것이야말로 정신 나간 행동이다.

무엇을 생각하도록 프로그래밍됐는가

문제는 우리가 성공이 아닌 실수를 통해 더 많이 배운다는 것이다. 그것도 긍정적인 방식이 아니라 그릇된 방식으로 배운다. 아마 원시 시대의 삶과 관련이 있을 텐데 당시 인간 주변에는 언제든 신체적 해를 당할 위험이 도사리고 있었다. 날카로운 이빨을 지닌 호랑이가 으르렁거릴 때 도망가지 않으면 목숨을 잃었다. 이 것이 오늘날과 어떤 관련이 있는가?

우리는 나쁜 경험을 기억하는 경향이 있으며 긍정적인 것보다 부정적인 것에 행동이 좌우되는 경우가 훨씬 더 많다. 그래서 대부분의 사람은 위험을 회피하는 방식으로 자녀를 양육하며 자녀에게 엄격하고 안전한 전략을 가르친다.

당신의 부모도 당신을 이런 식으로 키웠을지 모른다. 학교에 가라, 좋은 성적을 받아라, 문제를 일으키지 마라, 대학에 가라, 안정적인 직장을 구해라, 결혼해라, 이혼하지 마라, 자녀를 낳아라, 주택 대출금을 갚아라, 세금을 납부해라. 한마디로 시키는 대로, 하라는 대로 하라는 것이다.

그래야 더 안전하지 않겠는가? 부모는 자녀를 사랑하고 자녀가 잘되기를 바라기 때문에 그렇게 가르친다. 그들은 잠재적으로 위험한 행동을 조심하는 것이 안전을 지키는 최상의 방법이라 굳게 믿었다. 아마 그들도 자신의 부모로부터 시대에 뒤떨어진 규칙을 똑같이 배우며 똑같은 방식으로 양육받았을 것이다. 하지만 부모의 부모 세대는 대공황 시절이라 돈이 부족했기 때문에 그런 규칙이 당연했다. 당시 사람들은 돈이 있어도 아주 조금밖에 없었기 때문에 위험을 감수하면서까지 돈을 굴리지 않았다.

그들의 조언을 따를 때 좋은 점은 대부분의 사람과 비슷한 평균적인 결과를 얻게 된다는 것이다. 운이 좋다면 중산층에 진입할 수도 있다. 나쁜 점은 중산층에 계속 머무르게 된다는 것이다.

당신은 많은 사람이 안정적이고 괜찮은 삶이라 믿는 삶을 살지 모른다. 평생 돈을 벌기 위해 열심히 일하고 번 돈 대부분을 세금으로 지급한다. 그렇게 일하다가 퇴직한다. 하지만 직장을 그만다니고 싶어도 그만두지 못하고 더 오래 다녀야 할 수 있다. 퇴직연금은 그렇게 많지 않을 것이며 점점 노후화되는 작은 집에서 살게 될 것이다. 정말 운이 좋다면 기본적인 생계비를 지출한 후 소소한 즐거움을 누릴 정도의 돈이 남아 있을 수 있다.

이런 시나리오에 무엇이 문제인가? 문제가 많다. 하지만 확연히 드러나는 한 가지 문제는 40년 이상 돈을 벌기 위해 일에 파묻혀 살다가 퇴직한 후에는 그저 그런 생활을 한다는 것이다.

유일하게 두려운 것은 두려움 그 자체다

인간으로 살아간다는 것은 인간 특유의 존재, 즉 감정을 지닌 존재로 살아간다는 뜻이다. 우리 모두는 두려움, 슬픔, 분노, 증오, 실망, 사랑, 기쁨을 느낀다. 우리가 한 명 한 명 독특한 존재가 되는 것은 그러한 감정에 각기 다른 반응을 나타내기 때문이다. 나는 사람들이 경제적 독립을 얻는 데 방해가 되는 가장 큰 장애물이 두려움이라는 것을 알게 됐다.

돈을 잃을 위험을 무릅쓰는 것에 대해 모든 사람은 두려움을 느낀다. 아무리 큰 성공을 거둔 사람이라도 그렇다. 차이점은 그 두려움에 어떻게 대처하느냐에 있다. 많은 사람은 두려움이 생기면 이런 생각을 한다. '위험을 감수하지 마. 안전하게 하는 거야.' 한편 어떤 사람은 돈을 잃을 수 있다는 두려움이 생기면 '위험을 관리하는 방법을 배워야 해. 현명하게 해보자'라고 생각한다.

흥미롭게도 같은 감정을 느끼지만 다른 사고를 할 때 다른 결과를 낳는다. 당신은 태어날 때부터 돈을 두려워한 것이 아니다. 그런 두려움은 부모와 사회를 통해 배웠다. 부모와 사회는 우리에게 조심하라고 가르친다. 위험을 감수하지 말고 안전하게 있으라고 한다. 안정적인 직장을 구하고 안정적인 소득을 올려 안정을 추구하라고 가르친다. 산에 올라가지 말고 안전한 골짜기에 머물러 있으라고 한다. '안전'이라는 단어는 어디서나 볼 수 있다. 하지만 한번 생각해보자. '행정안전부'라는 명칭을 들으면 정말 안전하다는 느낌이 드는가?

안전은 환상에 불과하며 신화일 뿐이다. 인생에 안전이란 없다. 다만 위험의 정도만 다르다. 안정적 삶에 대해 이야기할 때 사람들이 진심으로 두려워하는 것은 무엇일까? 실패다. 그런데 실패한다고 해서 뭐가 그렇게 나쁜지 제대로 생각해본 적이 있는가? 실패했을 때 어떤 사람은 죄책감을 느끼고 또 어떤 사람은 굴욕감을 느낀다.

이런 감정의 원인은 어린 시절로 거슬러 올라간다. 학교에서 실수할 때마다 선생님에게 혼이 나 나쁜 감정이 생긴 것이다. 공부를 잘하는 학생도 있고 그렇지 않은 학생도 있다. 그런데 실수를 하면 선생님이나 친구들에게 창피를 당했다. 그래서 질문을 하지 말고, 앞으로 나가지 말아야 한다는 것을 배우게 됐다. 당황하지 않으려면 산에 오르려는 시도를 해선 안 되는 것이었다.

공포는 비용이 든다

경제적 독립이라는 산에 오르기 위해서는 두려움을 극복해야 한다. 하지만 일단 두려움을 극복하면 성공은 눈앞에 있다. 물론 문제들이 생길 수 있다. 산 정상을 향해 올라가다 보면 위험 요소를 만나게 마련이다. 하지만 그것을 실패로 보지 마라. 성공을 이루는 과정에서 추억이 될 수 있다. 부자와 가난한 자의 가장 큰 차이점 한 가지는 돈을 잃는 두려움에 대처하는 방법이다. 사실 돈을 잃을 수 있다는 두려움 때문에 대부분의 사람은 투자를 하지 않거나 수익이 낮은 안전한 자산에 투자한다.

많은 사람이 투자는 위험하다고 생각하는 것은 우연이 아니다. 그렇게 생각하는 한 가지 원인은 대중에게 두려움을 일으키려는 속셈을 가진 사람들 때문이다. 실제로 재무 설계 업계가 생긴 배경에는 투자와 관련된 두려움이 있다.

이런 말이 거북하게 들릴 수 있겠지만 자산관리사를 찾아가는 대다수는 결국 가난해지는 재무 설계를 하게 된다. 대부분의 자산 관리사는 정기적으로 돈을 저축해 뮤추얼 펀드에 투자하라고 제안한다. 시간이 흐르면서 어느 정도 돈이 모이면 65세부터 퇴직 전보다는 적은 소득이지만 그런대로 은퇴 생활할 돈이 모인다는 것이다.

대부분의 사람이 가난해지는 계획을 세운다는 내 말이 이해되는가? 사람들은 퇴직하면 소득이 줄어든다는 것에 대해 문제를 제기하지 않고 받아들인다. 이것은 곧 평생 열심히 일하고 일을 그만두면 가난해지는 계획을 세우는 셈이다.

그들은 이렇게 말한다. "퇴직 후에는 많은 돈이 필요하지 않습니다. 그쯤 되면 주택 대출금을 다 갚았을 테고 그러면 생활비가 줄어드니까요." 하지만 어느 누가 퇴직하고 나서 전보다 경제적으로 쪼들리는 생활을 하고 싶겠는가?

대출 비용은 줄어들겠지만 의료 비용이나 여가 비용은 늘어날 것이다. 평생 열심히 일해 지금의 삶을 이뤄놓고 어째서 퇴직 후에는 적은 것에 만족하려 하는가? 자산관리사는 고객에게 빚을 없애라고 말하지만 경제적으로 자유로워진 사람은 대출을 유리하게 활용해 고단하게 출퇴근하면서 돈을 벌 때보다 훨씬 더 여유 있는 라이프스타일을 누린다.

솔직히 말하면 당신은 빚을 없애려 노력하지만 자산관리사는 당신이 은행에 맡긴 돈으로 더 많은 대출을 받는다. 그들은 투자로 더 많은 돈을 벌기 위해 은행에서 대출을 받는, 즉 당신 돈을 이용하는 셈이다.

자산관리사에 대해 당신에게 말해주지 않는 것

학교에서 재정을 관리하는 방법을 배우지 않았기 때문에 사람들은 '자격증 있는' 자산관리사를 찾아가 은퇴 계획과 부의 창출에 대해 상담받는다. 그들은 자산관리사가 자격증이 있기 때문에 어느 정도 신뢰할 수 있는 재정 전문가로서의 교육을 받았다고 믿는다. 하지만 자산 관리 서비스업은 많은 경우 돈에 대한 고객의 무지로 돈을 번다.

한 가지 질문을 하겠다. 재무 상담가로서 자격증을 얻기 위해 먼저 성공적인 투자자가 돼야 한다고 생각하는가? 그렇지 않다. 재무 상담가가 되어 자산 관리 회사에서 일하려면 금융 상품에 대해 배우고 관련된 문서 업무를 익히면 된다.

오스트레일리아에 있는 대부분의 자산 관리 회사가 은행이나 보험사의 지배나 통제를 받고 있다는 사실을 알게 되면 자산관리사들이 왜 관리 운용 펀드 판매에 지나치게 집중하는지 이해할 것이다. 상품을 홍보해 고객이 관리 운용 펀드나 보험 상품에 가입하면 그들이 수수료를 받기 때문이다. 개인적인 주식이나 자산 거래에 대해서는 대개 수수료를 받지 못하기 때문에 자산관리사가 주식이나 자산에 대한 개인 소유를 권하는 일은 극히 드물다.

내 말을 오해하지 말길 바란다. 대부분의 자산관리사는 좋은 의도를 가지고 고객에게 일반적인 저축 및 투자 전략을 소개한다. 당신이 평범한 수준의 자산 관리를 원한다면 그런 전략이 바람직하다.

당연히 우리 주변에는 고객의 부를 크게 키워주는 탁월한 자산관리사도 있다. 내가 운영하는 메트로폴에도 있고 콜리도 투자 기술이 탁월한 자산관리사다. 하지만 철저히 조사하지 않으면 그런 뛰어난 자산관리사를 찾을 수 없다는 것이 문제다.

경제적 성공에 위험이 되는 요소가 하나 더 있다.

전문가를 조심하라

오늘날은 '전문가' 시대가 된 것처럼 보인다. 이메일을 열어보거나 TV를 켜보라. 수많은 전문가가 있다.

- 국가는커녕 사업체 하나 운영해본 적 없는 정치 전문가

- 경기 한 번 뛰어본 적 없는 축구 전문가
- 직접 노래를 하거나 춤을 추지 않는 연예인 전문가
- 부동산 경기가 좋을 때마다 새롭게 등장하는 부동산 전문가

그렇다. 우리는 이른바 '전문가'라 하는 사람들로 둘러싸여 있다. 그들 가운데는 의견은 있지만 전문 지식은 거의 없는 사람들이 많다. 그들은 어떤 의견을 말하는가? 그들의 의견은 마치 배꼽과 같다. 누구나 하나씩 가지고 있지만 대부분 쓸모가 없다.

조심해야 하는 것이 또 있다. 당신 주변에는 선의를 갖고 다양한 의견을 제시하는 친구나 가족이 있을 것이다. 그들도 조심해야 한다. '이론적으로만 아는 체하는 전문가'는 경제적 자유를 추구하는 일에서 당신보다 앞선 사람이 아닐 수 있다. 그런데도 그들은 자신의 현명한 조언을 당신이 마음에 새기기를 기대한다. 그렇지 않은가?

선의를 지닌 친구들은 돈 관리를 위해 예금 계좌를 개설하는 것 말고 다른 것은 해보지 않았을 것이다. 비전문가의 투자 조언을 기꺼이 따르는 사람이 지금까지 많다는 사실이 놀라울 따름이다. 그런 사람들은 친구나 가족, 동료가 열정적으로 추천한 최근의 투자 유행이 확실한 수익을 보장한다고 확신하며 한 치의 망설임도 없이 즉각 투자에 뛰어든다.

하지만 이 책에서 제시하는 정보는 부자 습관에 대한 내용이다.

부자가 알고 있고, 생각하고, 행동하는 것과 관련된 것이다. 당신은 부자의 생각과 행동이 평범한 사람과 얼마나 큰 차이가 있는지 알게 될 것이다. 그러면 내용을 잘 이해하기 위해 대부분의 사람이 부자가 되지 못하는 9가지 이유를 살펴보자.

1. 그들은 부자가 되기로 결심하지 않는다

그뿐만 아니라 부가 자신에게 어떤 의미인지 구체적으로 정의하지도 않는다. 문제는 대다수가 부유하지 않은 가정에서 자란다는 데 있다. 그들은 학교에 가서 부유하지 않은 사람들과 사회적 관계를 맺는다. 또한 부유하지 않은 사람들과 함께 일한다. 그들의 친구들은 부자가 아니다.

그래서 많은 사람은 부자가 되기로 결심하지 않는다. 부자인 롤모델이 없기 때문에 그들이 부자가 되는 일은 절대로 일어나지 않는다. 이런 이유 때문에 부유한 가정에서 자란 사람이 성인이 됐을 때 가난한 가정에서 자란 사람보다 부자가 될 가능성이 큰 것이다. 부자가 되는 것이 자신에게 어떤 의미인지 확실하게 규정하지 않고, 부자가 될 계획을 세우지 않는다면 부자가 될 수 없다.

2. 많은 사람은 너무 나태해 부자가 되지 못한다

누군가에게 부자가 되고 싶은지 물으면 십중팔구 그렇다고 말할 것이다. 하지만 더 깊이 들여다보면 그들은 부자가 되기 위해 필요한 것을 할 준비가 안 돼 있다. 그들은 언제든 복권을 살 준비가 되어 있다. 하지만 부자가 되기 위해 근면하게 노력하며 공부하고 희생할 각오는 하지 않는다.

성공 습관을 포함해 이 점에 대해서도 앞으로 더 자세히 설명할 것이다. 하지만 이 장을 통해 나는 부자가 쉽게 되는 것도 아니고, 순식간에 될 수도 없다는 사실을 빨리 강조해야겠다는 생각이 들었다.

우선 부자가 되기 위해 따라 하고 싶은 롤모델을 선택하라. 그들이 어느 업계에서 일했든 열심히 노력해 성공을 이뤘다는 점을 알게 될 것이다. 구글(Google)이나 페이스북(Facebook)을 만든 컴퓨터 천재든 TV에 등장하는 팝 스타든, 그들의 삶이 지금은 안락해 보이지만 그들은 모두 열심히 노력하며 부의 여정을 시작했다.

부자가 되고 싶다면 당신도 그들이 한 것처럼 해야 한다. 그들은 자신의 일에 전념하고 집중했다. 그리고 야심이 있었다. 가만히 앉아 부가 찾아오기만을 기다리지 않았다. 당신도 그렇게 해야 한다. 간단히 설명하자면 열심히 일하지 않아도 될 만큼 부자가 되려면 열심히 일해야 한다.

3. 그들은 대가를 치를 각오가 안 되어 있다

대다수는 만족을 지연시키는 능력이 없다(이 점에 대해서는 이후 더 설명하겠다). 그들은 번 돈을 모조리 쓰고, 빌릴 수 있는 돈까지 끌어모아 소비하며, 신용카드로 물건을 구매하는 것이 당연하다고 생각한다.

만족을 지연시켜 수입보다 적게 쓰고, 남은 돈을 저축해 투자를 할 수 없다면 당신은 부자가 될 수 없다. 워런 버핏(Warren Buffet)은 이렇게 말했다. "부란, 돈이 인내심 없는 사람에게서 인내심 있는 사람에게로 이동한 것이다."

4. 대부분의 사람은 시작은 하지 않고 기다리고만 있다

사람들은 성공을 잘 기다리지 못한다. 하지만 경제적 성공의 길로 들어서는 일에는 기꺼이 참을성을 가지고 기다린다. 그들은 경제적으로 안정된 미래를 위해 투자를 해야 한다는 것은 알고 있지만 투자를 하기 전에 모든 조건이 '완벽해질 때까지' 기다린다. 최적의 시기, 알맞은 부동산, 상승할 주식, 활발한 경기, 적절한 이자율을 기다리고 있다. 이는 그들이 결코 투자를 시작하지 못한다는 뜻이다.

투자를 시작할 타이밍을 오래 기다릴수록 당신이 원하는 돈과 성공, 경제적 자유도 오래 기다려야 한다. 진정한 부가 쌓이려면 시간이 걸린다. 자산 포트폴리오가 힘을 발휘해 마법을 부리려면 시간이 필요하다.

투자 시기는 절대로 완벽해지지 않으며 자신이 원하는 정보도 모두 얻을 수 없다는 점을 인정해야 한다. 이미 알고 있는 정보를 근거로, 그리고 투자 과정에서 더 많은 것을 배울 수 있다는 인식을 토대로 투자 결정을 내릴 수 있는 확신을 키워야 한다.

5. 두려움이 방해가 된다

우리 중 많은 사람이 두려움 때문에 원하는 것을 얻지 못한다. 특히 돈 문제에서 그렇다. 두려움 때문에 행동에 옮기지 못하고 그래서 수익을 올릴 기회를 놓친 일이 얼마나 있는지 솔직하게 횟수를 세어보라.

부자는 두려움에 초점을 맞추기보다 오히려 그 부정적 감정을 활용하는 법을 배운다. 두려움을 이용해 억지로라도 긍정적인 행동을 할 수밖에 없도록 상황을 만드는 것이다. 가령 남은 평생 지금의 직장에 파묻혀 벗어날 수 없고 자신이 갈망하는 경제적 독립을 이룰 수 없다는 두려움이 생긴다고 해보자. 부자는 그런 두려움을 활용해 투자에 전념하도록 자신에게 동기를 부여한다.

강 같은 두려움에도 다리를 놓을 수 있다. 두려움의 강은 당신이 허락하는 만큼만 깊고 넓어진다. 두려움의 강을 건너 성공을 일단 경험하게 되면 온 길을 되돌아보며 왜 그렇게 두려워했는지 의문이 생길 것이다.

하지만 유의해야 할 점이 있다. 강을 건너서 건너편에 서본 적이 있어야 이 점을 제대로 깨닫게 된다는 것이다. 돈과 성공은 두려움의 건너편에 존재한다.

6. 다 알 때까지 기다린다

일부 사람은 충분히 알지 못한다는 두려움 때문에 투자를 시작하지 못한다. 하지만 역설적이게도 배우면 배울수록 자신이 모르는 것이 많다는 것을 알게 된다. 기본적인 투자 개념을 몇 가지 배우기 시작하면 자신이 이해하지 못하는 투자 수단과 자산이 아주 많다는 것을 깨닫게 된다.

그것이 지식의 역설이다. 배우면 배울수록 자신이 모르는 것이 많다는 것을 알게 된다. 많은 투자자는 이 역설을 피하는 방법이 훨씬 더 많이 배우는 것이라 생각해 더 많은 책을 읽고, 세미나에 참석하고, 팟캐스트를 듣고, DVD를 시청하지만 그게 오히려 함정이 된다.

더 많이 배울수록 아직도 모르는 것이 많다는 것을 알게 될 뿐이다. 이를 해결하는 방법은 모든 것을 알지 못하고 앞으로도 결코 다 알지 못하겠지만 투자를 시작할 정도의 지식은 충분히 있다는 것을 깨닫는 것이다. 그리고 지식을 현실에 적용하고 실수와 난관을 헤쳐나가면서 더 많이 배울 수 있다는 사실을 인식해야 한다.

7. 소극적 소득이 아니라 선형적 소득에 초점을 맞춘다

모든 소득이 똑같이 창출되는 것이 아니라는 사실을 깨달아야 한다. 앞서 설명했듯 어떤 소득은 노동에 비례해 증가하는 반면 어떤 소득은 노동과 상관없이 발생한다.

선형적 소득은 직장을 통해 버는 수입이다. 일하는 시간에 따라 급여를 받는 돈을 말한다. 일하러 가지 않으면 돈을 받지 못한다. 소극적 소득은 한 번 노력을 쏟으면 더 이상 노동력을 들이지 않아도 끊임없이 수입이 발생한다. 부자가 되는 방법은 당신이 일을 하든 그렇지 않든 지속적으로 발생하는 소극적 소득을 만드는 것이다.

시간당 수백 번의 급여를 받을 수 있다는 것은 생각만 해도 정말 근사하지 않은가? 투자자에게는 그런 일이 생긴다. 처음에 그들은 오랜 시간 일해서 투자 대금을 모은 후 주식이나 부동산을 매입한다. 그다음에는 돈이 그들 대신 일하기 시작해 자본 성장이나 수익 형태로 '노동하지 않고 얻는' 높은 투자 수익을 계속 발생시킨다.

부자는 다른 직업을 하나 더 구하기보다 돈을 투자해 돈이 돈을 벌게 해야 한다는 것을 알고 있다. 간단하게 말하자면 '부자가 되려면 잠을 자는 동안에도 돈을 벌어야 한다'.

8. 책임을 자신이 아닌 남(전문가)에게 돌린다

자신의 재정 문제 책임을 다른 사람에게 떠넘기는 것은 나태함의 대표적 형태다. "그 일을 다른 사람에게 맡기면 그들이 잘 관리해주겠지"라고 말해서는 안 된다.

전문가에게 투자를 맡기기 전에 어떤 종류의 투자가 진행되는지 어느 정도 이해하고 있어야 한다. 그리고 투자 절차는 맡겨도 괜찮다. 투자가 실제로 어떻게 진행되고 있는지도 알고 있어야 한다. 어떤 위험이 따르는지, 수익은 얼마나 생길지도 파악해야 한다.

9. 난관을 만나면 포기한다

난관은 늘 존재하기 마련이다. 따라서 난관에 익숙해져야 한다. 난관 때문에 포기하지 말고 그것을 헤쳐나갈 때 부자가 된다. 기꺼이 난관을 마주하면 가고자 하는 곳에 마침내 도달하게 된다. 거친 모습을 하고 있을 뿐 난관은 기회다.

부자가 되지 못하는 9가지 행동에 대해 살펴봤다. 이제 당신은 이와 반대가 되는 행동 9가지를 실천하기로 결심해야 한다. 그러면 성공하고 부자가 될 가능성이 훨씬 더 커진다. 부자처럼 행동하지 않는다면 대다수의 사람처럼 당신도 결코 부자가 되지 못할 것이다.

이제 이 주제를 더 확장해 부자가 남다르게 생각하는 방법 39가지에 대해 살펴볼 것이다. 이 방법을 배우면 당신도 부자처럼 생각하고 성취해 부자와 똑같은 결과를 내기 시작할 수 있을 것이다.

부자의 남다른 사고방식 39가지

《생각하라 그러면 부자가 되리라》라는 나폴레온 힐(Napoleon Hill)의 고전이 있다. 약 100년 전에 나온 책이지만 성공한 투자자의 서재에는 거의 그 책이 꽂혀 있다. 아주 중요한 책이라 당신도 꼭 읽어봐야 한다.

책 제목이 '직장을 구하라, 열심히 일해서 성공하라'가 아니라 '생각하라 그러면 부자가 되리라'가 된 데는 타당한 이유가 있다. 부자는 대다수의 사람과 다르게 생각하기 때문이다. 직장에서 열심히 일만 하는 사람은 부자가 되지 못한다.

나는 사고방식을 가장 잘 평가할 수 있는 수단이 부의 단계(어느 정도의 부자인지)라 생각한다. 일시적 실패나 상속 또는 행운으로 인한 막대한 돈은 제외하고 사람들의 계좌만 들여다봐도 그 사람이 돈에 대해 어떻게 생각하는지 알 수 있다.

사람들이 돈과의 관계에 얽매인 감정이 많고 돈에 대해 예민하게 구는 배후에 사고방식과 부의 관련성이 있을 것이다. 돈 문제를 해결하려면 정신부터 차려야 한다고 이야기하는 것도 그 때문인 듯하다.

내가 생각하기에, 오랫동안 전 세계적으로 이어져 내려온 편견이자 부자가 되려는 노력을 꺾는 덫은 바로 부는 나쁘다는 뿌리 깊은 믿음이다. 돈은 그릇된 것이고 돈이 많은 사람은 원래부터 나쁘고, 부정직하고, 이기적이라는 생각은 부자가 되는 길에 걸림돌이다. 당연히 그런 믿음은 옳지 않다. 이러한 잘못된 믿음은 어린 시절로 거슬러 올라가는데 부모를 비롯한 여러 사람이 자신의 경제적 실패를 정당화하려는 생각으로 부에 대해 잘못된 내용을 가르쳤다.

돈은 좋은 것이라는 게 진실이다. 병원과 교회, 피난처를 지으려면 돈이 필요하다. 또한 집, 자동차, 옷, 음식을 사고 휴가를 보내고 삶의 멋진 경험을 누리기 위해서도 돈이 있어야 한다. 돈을 획득하는 것이 다른 사람의 돈을 빼앗는 것이 아니다. 돈은 가치 있는 재화와 서비스를 만들어 돈을 가장 생산적인 방식으로 사용하는 사람에게 흘러들어가는 경향이 있다. 또한 다른 사람에게 유익을 주는 고용과 기회를 창출하기 위해 투자하는 사람에게도 돈이 흘러들어간다.

한편 돈을 함부로 사용하거나 비생산적인 방식으로 소비하는 사람에게서는 돈이 빠져나온다. '물은 다시 제 높이로 돌아간다' 라는 말을 들어봤는가? 부의 피라미드에서 당신의 단계에 따라 다행일 수도 있고 불행일 수도 있지만 돈도 마찬가지다. 돈도 당신의 부의 단계에 맞게 당신에게 머문다.

이 점을 앞서 언급한 바 있지만 이 책의 가장 중요한 메시지 중 하나이므로 다시 상기시키고 싶다. 생각은 감정을 낳고, 감정은 행동을 낳으며, 행동은 결과를 낳는다. 다시 말해 당신의 내부 세계(생각과 감정)가 외부 세계(달성할 결과를 낳는 행동과 습관)에 직접적인 영향을 미친다는 것이다.

이 원칙의 힘을 과소평가하지 마라. 거의 100년 전에 쓰인 책 월러스 워틀스(Wallace Wattles)의 《부자가 되는 과학적 방법》에서 이 원칙에 대해 처음 읽었을 때 나는 그 점을 과소평가했다. 하지만 그 원칙의 힘을 이해한 후에는 그것이 터닝포인트가 되어 성공 가도를 빠르게 질주했다.

그 이후로 이 개념은 많은 책에서 언급됐으며 최근 하브 에커(T. Harv Eker)의 《백만장자 시크릿》과 스티브 시볼드(Steve Siebold)의 《부자가 남다르게 생각하는 100가지 방법(100 Ways the Rich Think Differently)》을 통해 널리 알려졌다(두 책 모두 나의 추천 도서 목록에 있다).

이어서 평범한 사람과 다른 부자의 사고방식 39가지를 설명할 것이다. 부자의 남다른 생각이 부자 습관을 결정짓고 대다수의 사람과 다른 행동을 하게 만든다. 다시 한 번 기억해보자. 부자가 되고 싶다면 많은 사람(가난한 사람)이 어떻게 행동하는지 연구하고 그와 반대로 행동하면 된다.

내가 '부자'와 '가난한 자'라는 표현을 사용하는 것에는 누군가의 기분을 상하게 하려는 의도가 전혀 없으며 가치 판단도 들어 있지 않음을 기억해주길 바란다. 단지 완전히 상반된 두 가지 사고방식을 대조하는 데 도움이 되는 표현이기 때문에 사용하는 것이다. 이제 부를 창출하는 생각과 빈곤을 일으키는 사고방식의 차이를 살펴보자.

	평범한 사람	부자
1	소비를 생각한다.	투자를 생각한다.
2	돈이 사라지는 것을 고민한다.	돈을 이용해 돈을 더 버는 방법을 고민한다.
3	열심히 일해야 부자가 된다고 믿는다.	레버리지가 부를 창출한다고 믿는다.
4	직장을 구해야 안정을 얻는다고 생각한다.	'안정된 직장' 같은 것은 없다는 걸 안다.
5	돈을 벌려면 일해야 한다고 믿는다.	성취를 위해 일을 한다고 믿는다.
6	부자가 되기를 원한다.	부자가 되는 일에 전념한다.
7	재정적 목표를 낮게 설정하기 때문에 실망하는 법이 없다.	재정적 목표를 높게 설정하기 때문에 언제나 활력이 넘친다.
8	장애물에 초점을 맞춘다.	주위에 있는 기회에 초점을 맞춘다.
9	인생은 그냥 흘러간다고 생각한다. 그들은 승객이다.	자신의 운명은 직접 창조해야 한다고 생각한다. 그들은 자기 삶의 조종사다.

10	돈이 있으면 더 행복해진다고 생각한다.	돈은 행복과 거의 관련 없지만 돈이 있으면 삶이 더 안락해지고 더 많은 것을 누릴 수 있다는 것을 안다.
11	부자가 될 자격이 없다고 생각한다.	부자가 될 자격이 있다고 생각한다.
12	부자는 운이 좋다고 생각한다.	운은 부자가 되는 것과 관련 없다는 것을 안다.
13	성공하고 돈이 많은 사람을 몹시 싫어한다.	부자와 성공한 사람을 존경한다.
14	돈을 감정적으로 생각한다.	돈을 논리적으로 생각한다.
15	소수 집단의 사람(1퍼센트)이 부의 대부분을 소유하는 것은 잘못됐다고 생각한다.	다수(99퍼센트)가 자신의 부의 단계에 합류하는 것을 환영한다.
16	부자는 정직하지 않다고 생각한다.	부자는 야망이 있다고 생각한다.
17	돈은 악의 뿌리라 믿는다.	가난은 악의 근원이라고 믿는다.
18	돈은 사람을 달라지게 한다고 생각한다.	돈은 사람의 본모습을 드러낸다고 생각한다.
19	부자가 되면 친구를 잃는다고 생각한다.	부는 인맥을 확장시킨다고 생각한다.
20	자선 단체에 기부를 할 여유가 없다고 생각한다.	관대해야 한다고 생각한다.
21	둘 중 하나를 선택해야 한다고 생각한다.	둘 다 선택할 수 있다는 것을 안다.
22	가난 대신 대가족을 택하든가, 아니면 사랑을 택해야 하며 둘 다 가질 수 없다고 생각한다.	둘 다 가능하거나 어느 쪽도 얻지 못한다는 것을 안다.
23	돈을 유한한 자원으로 본다.	돈을 무한한 자원으로 본다.
24	은퇴 생활을 위한 자금을 모으는 것이 꿈이다.	유산을 남길 정도의 자산을 모으는 것이 꿈이다.

25	생각이 좁다.	생각이 넓다.
26	부는 자신의 힘으로 쌓아야 한다고 생각한다.	부를 늘리는 데 인맥이 중요하다는 걸 안다.
27	사고방식과 순자산은 상관없다고 믿는다.	사고방식이 성과에 결정적 요소라는 것을 안다.
28	부자가 되려면 교육을 받고 똑똑해야 한다고 생각한다.	교육 수준은 부자가 되는 것과 거의 관련이 없음을 안다.
29	돈을 벌기 위해서는 돈이 있어야 한다고 생각한다.	다른 사람의 돈을 활용해 부자가 될 수 있다는 것을 안다.
30	부자는 가난한 자를 지원해야 한다고 생각한다.	자기 신뢰를 믿는다.
31	자녀에게 본을 보임으로써 돈에 대해 가르친다.	흥미롭게도 부자도 그렇게 한다.
32	자녀에게 돈과 관련해 제약을 만드는 믿음을 물려준다.	자녀에게 돈과 관련해 권한을 강화하는 믿음을 물려준다.
33	자녀에게 근근이 살아가는 방법을 가르친다.	자녀에게 부자가 되는 방법을 가르친다.
34	자녀에게 돈의 중요성을 축소해 가르친다.	자녀에게 돈의 중요성을 정확하게 가르친다.
35	가진 것으로 만족하라고 가르친다.	꿈을 좇고 최고가 되는 것을 목표로 삼으라고 가르친다.
36	자기계발을 믿지 않는다.	개인의 부가 개인의 성장보다 더 빨리 증가할 수 없다는 것을 안다.
37	졸업하면 교육이 끝난다고 생각하며 교육을 받는 것보다 즐거운 시간을 보내는 것이 더 낫다고 생각한다.	끊임없이 배우고 성장한다.
38	단기적으로 생각한다.	장기적으로 생각한다.
39	변화를 위협으로 생각한다.	변화를 받아들인다.

가난한 자는 소득과 관련해 편협한 생각을 키우고 자신의 빠듯한 재정 상황에 맞게 삶을 조정한다. 그들이 입는 옷, 운전하는 차, 찾아가는 식당에서 그 점이 나타난다. 그 모든 것이 사고방식과 관련이 있다.

변화에는 새로운 믿음이 필요하다

당신은 얼마나 자주 표 왼쪽에 있는 생각을 했는가? 그리고 어떻게 해야 오른쪽에 있는 사람과 더 비슷해질 수 있을까? 이런 생각들은 당신의 습관과 행동에 어떻게 영향을 미칠까?

당신의 현재 경제적 상황의 원인이 무엇이 됐든 상황을 악화시키지 않으려면 남다르게 생각하는 법을 배워야 한다. 부자가 끊임없이 읽고 배우는 이유 중 하나도 그 때문이다. 세미나에서 나는 청중에게 어린 시절 돈에 대해 어떻게 배웠는지 자주 물어본다. 답변은 보통 다음과 같다.

- 돈은 나무에서 열리는 것이 아니다.
- 부와 돈은 추악하고 더럽다.
- 우리는 부자가 될 자격이 없다.
- 돈을 벌지 말고 영성을 추구해야 한다.

- 부자는 탐욕스럽다.
- 부자가 되려면 열심히 일해야 한다.
- 돈에 대해 말하거나 부를 자랑하면 안 된다.

우리는 옳고 그름을 판단할 균형적 시각이 없던 어린 시절에 그런 내용을 들었다. 그리고 많은 사람은 그런 잘못된 믿음을 성인이 된 후에도 버리지 않는다. 하지만 오늘날과는 전혀 맞지 않는 이야기다.

39가지 사고방식의 목록을 보고 당신의 마음에 와 닿는 것이 있는지 검토해보라. 혹시 내가 놓친 것이 있다면 목록을 추가해보라. 그다음 그런 믿음을 가지게 된 이유를 생각해보라. 그런 믿음이 여전히 타당한가?

이제 의문이 생기거나 타당하지 않다고 깨달은 생각은 모두 없앨 시간이다. 옳지 않고, 당신의 성장을 가로막고, 부자가 되지 못하게 방해하는 생각을 버려야 한다. 무엇보다 잘못된 믿음을 버리고 그 자리를 당신의 권한을 강화하는 새로운 믿음으로 대체해야한다. 새로운 목록을 적어보면 좋을 것이다.

- 나는 부자가 될 자격이 있다.
- 부자가 되는 것은 좋은 일이다.
- 나는 부자가 될 것이다.

표의 오른쪽에 있는 믿음 중 전부는 아니더라도 많은 항목을 골라 돈과 관련된 당신의 새로운 믿음으로 삼으라. 이어지는 내용을 살펴보자.

부자는 정말 탐욕스러운가

많은 사람이 부자는 탐욕스럽다고 생각한다. 하지만 그렇지 않다. 탐욕스러운 부자도 있다. 그리고 가난한 자 중에도 탐욕스러운 사람은 있다. 내가 자주 만난 대부분의 부자는 기부의 중요성을 잘 알고 있다. 그리고 부자의 기부 덕분에 사회는 더 좋아진다. 부를 창출하면 사회에 환원할 책임이 있다는 것이 내 생각이다. 기부는 부자가 되는 데 필수적 단계다.

하지만 부자가 되기 전에도 기부를 실천해야 한다. 왜 그럴까? 뉴턴의 법칙대로 '모든 작용에는 반작용이 있기' 때문이다. 당신이 탐욕스러우면 사람들도 똑같이 대응한다. 따라서 돈을 얻으려면 주어야 한다. 기억하라. 주어라. 그러면 받을 것이다.

한 가지 더 살펴보자. 돈으로 행복을 살 수 없다. 이 말도 틀렸다. 이 책의 공동 저자 콜리는 부자와 가난한 자의 습관을 5년 동안 연구했고 다음의 결과를 찾았다.

- 부자 중 82퍼센트는 행복한 반면 가난한 자의 98퍼센트는 불행하다.
- 부자 중 87퍼센트는 행복한 결혼 생활을 하는 반면 가난한 자의 53퍼센트는 불행한 결혼 생활을 한다.
- 부자 중 93퍼센트는 자신의 직업을 좋아하거나 사랑하기 때문에 행복하고 가난한 자 중 85퍼센트는 그렇지 않기 때문에 불행하다.
- 재정 문제 때문에 불행한 사람이 부자는 0퍼센트인 반면 가난한 자는 98퍼센트다.

콜리는 또한 돈 문제는 삶에 파급 효과를 가져온다는 사실을 발견했다. 돈 때문에 전반적으로 불행하다는 생각이 들 수 있으며 돈은 결혼 생활을 불행하게 해 스트레스를 유발할 수 있다. 그런 스트레스는 건강 문제를 일으키기도 하며 자녀의 삶에도 부정적 영향을 미친다.

이와 대조적으로 콜리의 연구 결과에 따르면 부는 전반적으로 행복하다는 느낌을 가져다준다. 부부 사이를 좋아지게 하며 돈 문제와 관련된 스트레스가 없어 건강 상태도 나아진다. 자녀에게 우수한 교육을 받게 해 자녀의 삶에 성공을 위한 토대를 놓아준다. 자녀가 성공적인 삶을 살면 부모가 행복해지고 거꾸로 자녀가 하루하루 힘들게 버티며 살면 부모 역시 불행해진다. 부모라면 틀림없이 이 말에 동의할 것이다.

가난한 자는 '돈으로 행복을 살 수 없다'고 하지만 틀린 말이다. 이 말은 가난한 자가 생각하고 말하는 믿음, 즉 권한을 앗아가는 다른 믿음들처럼 틀렸다. 부자는 인생의 많은 영역에서 행복을 증가시킬 수 있다. 콜리는 연구를 통해 부나 가난이 삶의 모든 부면에서 도미노 효과를 일으킨다는 점을 알아냈다. 따라서 경제적 형편이 좋아지면 삶의 다른 부면에서도 행복이 증가한다. 인생 전반에서 행복을 증가시키고 싶다면 가난을 끝내야 한다.

더 많이 갖기 위해서는 더 많이 노력해야 한다

이 말은 단순한 조언이 아니다. 통찰이 담긴 진리이며 누군가에게는 냉혹한 현실이다. 나의 초기 멘토 중 한 명인 짐 론(Jim Rohn)은 이런 말을 했다. "상황이 마음에 들지 않으면 바꿔라. 당신은 나무가 아니지 않는가."

또한 그는 부자가 되는 길은 감사하는 태도에서 출발한다고 말했다. 그렇기 때문에 당신이 이미 가지고 있는 근사한 부의 목록을 모두 작성해보는 것이 좋다. 스스로에게 물어보라. '나의 삶에서 무엇에 감사한가?' 몇 분간 그 목록을 적어보라. 만약 세상의 많은 사람에게 그 목록을 보여준다면 그들은 당신을 부자라 부를 것이다.

사실 부는 관점과 맥락의 문제다. 관점과 맥락이 부자라는 느낌을 만드는 것이다. 당신이 가진 모든 것에 감사하라. 그러면 바로 부자라는 느낌이 들 것이다. 여기에 트릭이 있다. 일단 부자라고 느끼면 부자처럼 행동하게 된다. 그러면 그런 행동은 더 많은 부를 끌어모으는 자석 역할을 한다.

부자가 될 수 있고, 그럴 자격이 된다고 믿는 사람이 부자가 된다. 믿음과 일치하게 행동하기 때문이다. 부자가 되기로 결심하고 부자가 생각하는 것처럼 생각하기 때문에 부자가 되는 것이다. 부자는 자신의 믿음을 현실로 바꾸는 데 필요한 행동을 지속적으로 한다. 그렇기 때문에 지금 당신은 부자가 될 자격이 있다는 믿음을 가져야 한다. 그것이 더욱더 번영한 삶으로 가는 첫 단계다. 당신보다 더 많은 시련과 장애물에 부딪히고 더 심각한 제약이 있던 사람들도 믿을 수 없을 정도로 부유해졌다. 당신이라고 못할 이유가 있는가?

당신보다 더 가난하고, 교육 수준이 떨어지고, 더 힘든 어린 시절을 보내고, 아무런 도움도 받지 못한 사람들도 엄청난 재산을 쌓았다. 당신도 할 수 있다. 할 수 있다고 생각하면 할 수 있는 것이다. 당신의 태도가 운명을 결정한다. 부자는 살아 있음에 감사하는 태도를 나타낼 뿐 아니라 당신이 배워야 할 다양한 성공 습관을 갖고 있다.

부자의 성공 습관

안타깝게도 우리는 돈이 성공의 척도라 가르치는 사회에서 살고 있다. 하지만 다른 많은 것과 마찬가지로 돈은 하나의 수단이다. 나쁜 것은 분명히 아니지만 궁극적으로 돈은 또 하나의 자원일 뿐이다. 하지만 유감스럽게도 너무 많은 사람이 돈을 숭배한다.

30여 년 전 부자와 성공한 사람에 대한 연구를 시작할 때만 해도 나는 그 점을 이해하지 못했다. 마침내 내가 알게 된 것은 부자라 해서 모두 성공한 것은 아니며 성공한 사람이 모두 부자는 아니라는 사실이다. 하지만 당시 나는 지금보다 훨씬 어리고 순진했다. 그래서 부와 성공을 모두 원했다.

그래서 나는 어째서 어떤 사람은 부자인 반면 또 어떤 사람은 경제적 어려움에서 벗어나지 못하는지 알아내려 노력했다. 여러 해 동안 나는 성공을 주제로 다루는 많은 세미나에 참석하고, 멘토링을 받고, 가능한 많은 책을 읽었다. 그리고 성공한 사람을 롤 모델 삼아 그대로 따라 하면서 마침내 성공했다. 당연히 쉽지 않았다. 많은 난관(대부분 자초한 것이다)에 부딪히며 무너질 대로 무너졌다. 하지만 다시 일어나 실수에서 교훈을 얻고 전진했다.

주변을 한번 살펴보면 알 수 있을 것이다. 부자가 되는 것은 돈 그 자체와 크게 상관이 없다. 오히려 돈을 어떻게 생각하는지와 많은 관련이 있다.

따라서 부자가 되기 위한 첫 단계는 부자가 돈에 대해 어떻게 생각하는지 알아내고 그들처럼 생각하기 시작하는 것이다. 그다음 단계는 행동으로 옮기는 것이다. 부자처럼 생각하고 부자 습관을 길러 그 행동이 자연스러운 것이 되게 해야 한다. 부자 습관에 대해서는 뒤에서 콜리가 설명한다. 어쨌든 콜리의 연구 결과와 비슷하게 나 역시 가난한 자가 비슷한 습관을 지닌 것처럼 부자에게도 공통적인 습관이 있다는 것을 발견했다.

앞서 설명한 대로 부자와 가난한 자에 대해 언급할 때 나는 가치 판단을 하는 것이 아니다. 인구 중 1퍼센트의 사고방식과 다수의 사고방식 차이를 명확하게 구별하려 사용하는 용어일 뿐이다. 콜리가 자신의 연구 결과를 토대로 나중에 상세하게 설명하겠지만 먼저 간략하게 설명하고 싶다.

성공한 사람의 66가지 습관

1. 평범한 자는 소비를 생각하는 반면 부자는 투자 방법을 생각한다.

2. 가난한 자는 돈이 없어지는 것을 걱정하지만 부자는 돈을 활용해 더 많은 돈을 버는 방법을 고민한다. 빚을 지는 것을 두려워하지 않으며 다른 사람의 돈을 레버리지하는 것이 부를 증식시키는 가장 빠른 방법 중 하나라는 점을 인식한다.

3. 대부분의 사람이 근면한 노동이 부를 만든다고 생각하는 반면 부자는 레버리지가 부를 창출한다는 사실을 알고 있다.

4. 성공한 자는 늑장을 부리지 않는다. 그들은 '적기'를 기다리며, 또는 모든 정보를 알거나 모든 것을 파악할 때까지 기다리며 시간을 낭비하지 않는다.

5. 평범한 자는 직장을 구해야 안정적으로 살 수 있다고 생각하지만 부자는 안정적인 직장 같은 것은 없다는 사실을 알고 있다.

6. 대부분의 사람은 부자가 되고 싶어 하고 부자는 부자가 되는 일에 전념한다. 이 둘은 매우 다르다.

7. 뭔가 잘못됐을 때 대다수의 사람은 문제를 보지만 부자는 교훈을 찾는다.

8. 가난한 자는 재정적 목표가 낮아 실망하는 법이 없다. 이와

대조적으로 부자는 재정적 목표가 크기 때문에 늘 활력이 넘친다.

9. 성공한 자는 재정, 감정, 전문성, 심리 상태와 관련해 계산된 위험을 감수한다. 하지만 일단 부를 쌓고 나면 그들이 감수해야 할 위험은 좀처럼 생기지 않는다.

10. 평범한 자는 성공이 자신을 찾아오기를 바라지만 부자는 의식적이고 체계적으로 성공을 이룬다.

11. 사람들 대부분은 장애물을 보는 반면 부자는 기회를 찾고 발견한다.

12. 가난한 자와 중산층의 사람은 인생은 그냥 흘러간다고 생각한다. 그들은 삶의 여정에서 승객이다. 하지만 부자는 직접 운명을 만들어야 한다고 생각한다. 그들은 삶의 여정에서 조종사다.

13. 부자와 성공한 자는 비슷한 사고방식을 지닌 사람들과 어울린다. 그들은 한 팀의 일원이 되는 것이 중요하다는 점을 이해하고 상생 관계를 구축한다.

14. 가난한 자는 돈이 있으면 행복해진다고 믿는다. 하지만 부자는 돈은 행복과 거의 관련 없다는 것을 알고 있다. 다만 돈이 있으면 더 안락하고 즐거운 삶을 살 수 있다고 생각한다.

15. 부자는 다른 사람에게 이제 어떻게 할 거냐는 식으로 남 탓을 하지 않는다. 그들은 자신의 행동과 결과, 그로 인한 손실

에 책임을 진다. 부자는 자신이 다른 사람 때문에 피해를 입었다고 생각하지 않는다. 즉 부유한 피해자 같은 것은 없다는 걸 안다.

16. 가난한 자는 소수 집단의 사람(1퍼센트)이 부의 대부분을 소유하는 것은 잘못됐다고 생각하지만 부자는 다수(99퍼센트)가 자신의 부의 단계에 합류하는 것을 환영한다.

17. 성공한 자가 대다수의 사람보다 반드시 재능이 더 뛰어난 것은 아니다. 하지만 그들은 언제나 자신의 잠재력을 극대화시키는 방법을 찾는다. 자기 자신에게서 더 많은 것을 끌어내 효과적으로 활용한다.

18. 가난한 자는 무언가를 얻으려면 다른 무언가를 희생해야 한다고 생각한다. 가난 대신 대가족을 택하든가, 아니면 가난 대신 사랑을 택해야 하며 둘 다 가질 수 없다고 생각한다. 하지만 부자는 풍요 사고를 기른다면 모두 가질 수 있다는 것을 알고 있다.

19. 성공한 자는 문제점이나 장애물을 찾기보다 해결책에 집중한다.

20. 성공한 자도 다른 사람처럼 두려움을 느낀다. 하지만 그들은 두려움에 압도되거나 그것 때문에 제약을 받지 않는다. 오히려 두려움을 활용해 자신의 권한을 강화한다.

21. 부자는 일찍 일어난다. 부자가 되는 지름길이 없다는 것을 알

기 때문에 더는 일하지 않아도 될 정도로 충분한 자산을 축적할 때까지 열심히 일한다.

22. 부자는 올바른 질문을 한다. 그런 질문을 통해 그들은 생산적이고 창의적인 사고방식을 기르고 긍정적인 감정을 갖는다. 질문이 올바를수록 더 나은 답을 얻고 더 좋은 결과를 얻는다는 것을 잘 알고 있다.

23. 부자는 인생에서 무엇을 원하고 무엇을 원하지 않는지 명확하고 확실하게 안다. 많은 사람이 자신의 인생에서 구경꾼으로 머무는 것과 달리 그들은 미래를 머릿속에 생생하게 그리며 계획을 세운다.

24. 가난한 자는 부자가 운이 좋다고 생각하지만 부자는 운과 성공은 전혀 관련이 없다는 것을 알고 있다. 가난한 자는 복권에 당첨되기를 두 손 모아 기도하지만 부자는 행운의 여신이 찾아와주길 기대하지 않는다. 오히려 자신의 꿈을 적극적으로 좇는다.

25. 중산층의 사람은 학사나 석사 같은 정규 교육을 받아야 부자의 길로 들어설 수 있다고 생각한다. 하지만 부자 중 많은 사람이 고등학교도 마치지 않았다. 그들은 정규 교육보다 자기 분야의 전문 지식을 선호한다. 부자는 자신의 분야를 공부해 전문가가 되어 자신의 가치를 더욱 높인다.

26. 부자는 열렬한 평생 학습자다. 그들은 끊임없이 자기 교육을

한다. 정식 학문 과정을 통해 배우기도 하지만 주로 형식에 구애받지 않고 학습한다. 질문, 관찰, 독서, 청취를 통해 배우며, 시도하고 실패하고 다시 시도하는 식으로 경험을 통해서도 교훈을 얻는다. 어쨌든 부자가 배우는 통로가 정규 교육만은 아니라는 말이다.

27. 부자는 대개 자신이 얻은 구체적 지식을 활용해 돈을 벌기 때문에 부유해진다.

28. 부자는 실용적이고 현실적 견해를 지녔지만 물이 반쯤 담긴 컵을 보고 물이 반이나 남았다고 보는 긍정적인 사람들이다. 그들은 모든 상황에서 결함과 문제점, 걸림돌을 보는 것이 아니라 좋은 점을 찾아낼 줄 안다.

29. 달리 말하면 가난한 자는 장애물에 초점을 맞추고 부자는 기회에 초점을 맞춘다.

30. 많은 사람이 쾌락 중독자이며 무슨 수를 써서라도 고통과 불편을 피한다. 이와 대조적으로 부자는 대다수 사람이 회피하는 힘든 일의 가치와 유익을 이해한다.

31. 가난한 자는 부자가 이기적이라 생각한다. 하지만 부자는 세상에 더 많이 기여하기 위해 더 많은 돈을 버는 것이 자신의 의무라 믿는다. 훌륭한 본을 세움으로써, 무엇보다 자선 단체에 기부하고 공동체를 도움으로써 그들은 사회에 기여한다. 부자는 자신부터 돌보지 않으면 남을 돕는 위치에 있을 수

없다는 것을 안다.

32. 가난한 자는 스스로 부자가 될 자격이 없다고 생각하지만 부자는 자신이 마땅히 부자가 될 자격이 있다고 생각한다.

33. 대다수 사람은 편안함을 추구하고 습관대로 사는 존재인 반면 부자와 성공한 자는 새롭고 낯선 것을 어렵게 생각하지 않고 받아들인다. 그들은 변화를 받아들이고 거기에 적응한다.

34. 가난한 자는 흔히 부자와 성공한 자를 몹시 싫어한다(그러니까 내 말은, 가난한 사람들은 미래를 위해 열심히 투자하는 사람에게 부동산과 주식 시장 붕괴가 닥치기를 기다리고 있다는 뜻이다). 하지만 부자는 부자와 성공한 자를 존경한다.

35. 성공한 자는 운명이나 우연, 행운을 믿지도, 기다리지도 않는다. 그들은 그런 것이 자신의 미래를 설계하고 결정하게 하지 않는다. 성공한 자는 스스로 적극적이고 의식적으로 최상의 삶을 창조할 수 있다고 믿고, 그렇게 하는 데 전념한다.

36. 가난한 자는 돈을 감정적으로 생각하지만 부자는 돈을 논리적으로 생각한다.

37. 일반적으로 가난한 자의 삶은 예기치 않은 사건과 결과로 인해 실수의 연속이다. 하지만 그와 달리 성공한 자는 되고자 하는 사람이 되기 위해 계획을 세운다. 그들은 인생 계획을 세우고 그 계획이 현실이 되도록 체계적으로 노력한다.

38. 대개 가난한 자는 부자가 정직하지 않다고 생각하지만 성공

한 자는 부자가 야망이 크다고 생각한다.

39. 많은 사람은 돈이 세상의 모든 불공평의 원인이라는 생각에 길들여졌다. 하지만 돈은 하나의 재화일 뿐이다. 돈에 대한 사람의 인식에 따라 돈은 좋은 것도 되고 나쁜 것도 된다. 그래서 가난한 자는 돈이 일만 악의 뿌리라 믿고, 부자는 가난이 모든 악의 근원이라 생각한다.

40. 가난한 자는 돈이 사람을 변하게 한다고 믿지만 부자는 돈이 사람의 본모습을 드러낸다는 사실을 이해한다.

41. 가난한 자는 부자가 되면 친구를 잃을까봐 걱정한다. 부자는 부가 인맥을 확장시킨다고 생각한다.

42. 성공한 자는 회복 탄력성이 높다. 대다수 사람이 항복할 때 그들은 서서히 몸을 푼다.

43. 가난한 자는 사고방식과 순자산 사이에 관련이 없다고 생각한다. 성공한 자는 사고방식이 성과에 결정적 요소라는 것을 알고 있다.

44. 많은 사람은 교육을 받고 똑똑해야 부자가 된다고 생각한다. 성공한 자는 교육 수준과 부자가 되는 것은 거의 관련 없다는 점을 이해한다. 하지만 금융 지식이 많아야 한다는 것은 잘 알고 있다.

45. 가난한 자는 직접 본을 보임으로써 자녀에게 돈에 대해 가르친다. 흥미롭게도 부자도 그렇게 한다.

46. 성공한 자는 모방하기보다 혁신한다.

47. 가난한 자는 부자가 가난한 자를 도와야 한다고 생각한다. 부자는 자기 신뢰를 믿는다.

48. 성공한 자는 기분과 상관없이 해야 하는 일을 꾸준하게 한다. 그들은 무언가를 그만두거나 시작하면서 인생을 낭비하지 않는다.

49. 가난한 자는 돈을 벌려면 일단 돈이 있어야 한다고 생각한다. 부자는 다른 사람의 돈을 활용해 부자가 될 수 있다는 것을 알고 있다.

50. 성공한 자는 어려움과 난관을 신속하고 효과적으로 처리한다. 그들은 현실을 회피하지 않는다. 난관을 정면으로 마주하고 그것을 활용해 자신을 성장시킨다.

51. 가난한 자는 돈과 관련해 제약을 만드는 믿음을 자녀에게 물려준다. 반면에 부자는 자녀에게 돈에 대한 권한을 강화하는 믿음을 전달한다.

52. 가난한 자는 자녀에게 하루하루 근근이 살아가는 법을 가르친다. 부자는 자녀에게 부유해지는 법을 가르친다.

53. 가난한 자는 자녀에게 가진 것으로 만족하라고 가르친다. 부자는 자녀에게 꿈을 좇고 최고가 되는 것을 목표로 삼으라고 가르친다. 평범한 자는 실망하는 일을 피하기 위해 기대를 낮게 설정하는 반면 부자는 큰 목표를 설정한다.

54. 다른 사람에 비해 성공한 자는 감정을 더욱 효과적으로 관리한다. 그들 역시 다른 사람과 비슷한 감정을 느끼지만 감정의 노예가 되지 않는다.

55. 가난한 자는 자녀에게 돈의 중요성을 축소해 가르친다. 부자는 자녀에게 돈의 중요성을 정확하게 가르친다.

56. 성공한 자는 의사소통을 잘 하며 그렇게 하기 위해 의식적으로 노력한다.

57. 성공한 자는 불안해하지 않는다. 그들은 자신의 소유, 인맥, 사는 지역, 외모를 통해 자부심을 얻지 않는다.

58. 대부분의 사람은 졸업을 하면 교육이 끝난다고 생각하며 교육을 받는 것보다 즐거운 시간을 보내는 것이 더 낫다고 생각한다. 부자는 끊임없이 배우고 성장한다.

59. 성공한 자는 관대하다. 그들은 다른 사람이 성공하도록 도움으로써 기쁨을 얻는다.

60. 성공한 자는 겸손한 경향이 있고 기꺼이 실수를 인정하고 사과한다. 그들은 자신의 능력을 확신하지만 거만하지 않다. 다른 사람에게서 배우는 것을 좋아한다. 또한 자신의 개인적 영예를 추구하기보다 타인의 성공을 돕는 일에서 행복감을 느낀다.

61. 가난한 자는 자기계발을 믿지 않는다. 부자는 개인의 부가 개인의 성장보다 더 빨리 증가할 수 없다는 것을 알고 있다.

62. 성공한 자는 기꺼이 물살을 거슬러 헤엄친다. 그들은 대부분의 사람이 하지 않는 일은 한다. 성공한 자는 사람들의 비위를 맞추지 않으며 주변의 인정을 받으려고 애쓰지 않는다.

63. 뛰어난 사람이 되겠다는 갈망 때문에 성공한 자는 다른 사람이 하지 않는 일을 한다. 그들은 자신이 한 선택 때문에 뛰어난 사람이 된다. 우리 모두는 인생의 행로를 좌우하는 결정에 자주 직면한다. 성공한 자는 그런 결정을 내릴 때 대부분의 사람과는 다른 결정을 내린다.

64. 평범한 자는 변화를 위협적으로 생각하는 반면 성공한 자는 변화를 받아들인다.

65. 많은 사람이 상황에 대응하기 바쁜 데 반해 성공한 자는 상황을 앞서서 주도한다. 그들은 행동을 해야 하는 상황 전에 미리 행동한다.

66. 성공한 자는 삶의 균형을 맞춘다. 재정적으로 성공을 하더라도 '돈'이 곧 '성공'을 뜻하지 않는다는 사실을 잘 알고 있다. 그들은 재정적인 면으로만 성공한 자는 진정으로 성공한 게 아니라는 것을 이해한다.

부자의 습관 vs 가난한 자의 습관

우리 모두는 부자 습관을 몇 가지 지니고 있다. 그런가 하면 자신의 권한을 앗아가는 가난한 자의 습관도 어느 정도 가지고 있을 것이다. 이러한 시소 같은 상황에서 어느 쪽으로 기울어지는지 결정하는 중요한 요소는 어느 습관을 더 많이 가지고 있느냐다. 당신에게는 부자 습관이 더 많은가, 가난한 자의 습관이 더 많은가?

다행히 이 책을 통해 배우고 있는 것처럼 선택은 당신의 몫이다. 가진 자가 될 것인지, 가지지 못한 자가 될 것인지 당신이 선택할 수 있다. 이 책의 목적은 당신이 다음의 4단계를 익히도록 돕는 것이다.

- 이 책에서 제시하는 개념에 대한 인식을 발전시킨다.
- 자신의 권한을 앗아가는 가난한 자의 습관을 자각한다.
- 가난한 자의 습관을 버린다.
- 부자 습관를 익힌다.

이렇게 하면 당신은 부자 대열에 합류할 수 있다. 다음은 부자가 되고 성공하는 데 핵심적인 개념, 즉 '만족 지연'에 대해 살펴볼 것이다. 미래를 바꾸고 싶다면 어떻게 만족을 지연시킬 수 있는지 배워야 한다.

만족 지연의 비밀

우리는 소비지상주의 시대에 살고 있다. 사람들은 최신 기기나 제품이 출시되자마자 가장 멋진 상품을 구매해 즉각적인 만족을 얻으려 한다. 최신 아이폰을 사기 위해 애플스토어 앞에 긴 행렬을 이룬 어이없는 광경을 떠올려보라.

돈을 잘 관리해 부자가 되려면 무엇보다 인내심과 만족 지연이 가장 중요하다. 인내심 있는 사람은 '손쉽게'(하지만 비싸게) 카드를 긁어 물건을 사기보다 적은 돈이라도 한 푼 한 푼 잘 모으는 경향이 있다. 새 차나 대형 TV를 사기 위해 행복하게 기다릴 수 있기 때문이다. 그 모든 물건을 미리 가지고 있을 필요는 없다.

만족 지연의 힘

내가 성공한 사람들에게서 공통적으로 발견한 부자 습관 한 가지
는 만족을 뒤로 미룰 줄 아는 능력이다. 성공한 사람은 인내심이
더 강하며 노력의 기쁨을 미래에 얻으려는 성향이 있다. 그들은
오랫동안 달성하지 못한 목표를 이루기 위해 열심히 노력하는 능
력이 있다.

욕구를 바로 충족시키려 하기보다 만족을 지연시키는 방법을
배우는 것이 성공의 핵심이다. 특히 투자와 사업 등 돈을 버는 일
과 관련해 만족 지연은 대단히 중요하다. 당신이 신용카드를 사용
해 당장 할인된 가격으로 물건을 샀다면 오랜 기간에 걸쳐 훨씬
더 많은 비용을 지급하게 될 가능성이 있다.

모든 조건이 동일할 때 소비자 부채가 없는 사람과 있는 사람의
중요한 차이는 부채가 없는 사람은 만족 지연에 통달한 반면 부채
가 있는 사람은 그렇지 않다는 것이다.

가장 간단하게 설명하면, 당장 마시멜로 1개를 얻는 것이 아니
라 마시멜로 2개를 얻기 위해 15분을 기다리는 능력이 만족 지연
이다. 이 점에 대해서는 조금 후에 더 살펴보자.

어떤 물건을 가지고 싶다는 생각이 들자마자 충동적으로 구입하
기보다 절약하고 돈을 모은 후 사기 위해 기다리는 능력이 만족 지
연이다. 퇴직 후 노후 자금을 확보하기 위해 지금 투자하는 능력이

만족 지연이다. 진짜 문제는 만족 지연을 어떻게 배우느냐다.

앞서 말한 것처럼 만족 지연을 배우는 것은 쉽지 않다. 하지만 몇 가지 간단한 팁을 따른다면 만족 지연이라는 도구가 당신의 부자 습관 도구함에 들어갈 것이다.

먼저, 돈 관련 목표를 목록으로 만들어 매일 볼 수 있는 장소에 두어라. 또 하나의 좋은 방법은 그 목표를 다른 사람에게 알리는 것이다. 아마 멘토에게 말하는 것이 좋을 텐데 멘토는 당신이 목표에 대한 책임감을 가지도록 도울 것이다.

그리고 무언가를 사고 싶다는 유혹을 받을 때마다 그것이 필요한 것인지, 아니면 그냥 가지고 싶은 것인지 생각하라. 사고 싶은 것이 새 양복이나 핸드백 같은 것이라면 적어도 24시간을 기다렸다가 살지 말지 결정하라. 대부분의 경우 24시간 정도면 그 물건이 전혀 필요하지 않다는 것을 알기에 충분한 시간이다. 가격이 더 비싼 물건인 경우 구매 결정을 훨씬 더 오래 지연시켜야 한다. 온라인으로 물건을 산다면 쇼핑 카트에 담았다가 결제 버튼은 누르지 않는 방법은 어떤가? 그리고 24시간 뒤에 다시 쇼핑 카트를 열어 그 물건이 여전히 필요하다면 그때 구입하라. 아마 당신은 구매 충동이 쉽게 사라지는 것에 놀랄 것이다.

또 다른 전략은 당신보다 나이가 훨씬 많은 사람에게 조언을 구하는 것이다. 그들이 당신 나이로 돌아간다면 돈과 관련해 어떻게 달리 행동하고 싶은지 물어보라. 당신이 전혀 생각하지 못한 아이디어를 알려줄 가능성이 있다. 내 경험에 비춰보면 아마 그들은 젊은 시절로 돌아간다면 필요하다고 생각한 물건에 돈을 쓰지 않고 좀 더 일찍 저축과 투자를 시작하겠다고 말할 것이다.

만족 지연의 과학

더 자세히 알아보자. 많은 사람은 만족 지연이 성공의 비밀이라 생각한다. 나 역시 그것이 많은 비밀 중 하나라고 확신한다. 오래전부터 만족 지연에 관한 연구가 많이 있었다. 만족 지연이 어떤 식으로 작용하는지 알아보기 위해 두 가지 연구 내용을 살펴보겠다.

1972년 어린이의 만족 지연 능력을 시험하는 실험이 있었다. 이 실험에서 연구자는 어린아이에게 선택권을 줬다. 아이들은 당장 마시멜로 1개를 먹거나 15분을 기다렸다가 2개를 먹을 수 있었다. 연구자는 방 안 접시에 마시멜로 1개를 놓은 채 아이를 혼자 남겨두고 나왔다.

숨겨진 카메라로 아이의 모습이 촬영됐다. 대부분의 아이는 기다리지 못하고 즉시 접시에 놓인 마시멜로 1개를 먹었다. 하지만 실험에 참가한 약 30퍼센트의 아이는 만족을 지연시켜 두 번째 마시멜로를 받았다. 흥미롭게도 연구자들은 이 실험에 참가한 아이들을 30년 동안 추적 관찰했다. 어떤 일이 생겼을까?

두 번째 마시멜로를 얻기 위해 기다린 아이들은 나중에 더 크게 성공했다. 그들은 학교에서 더 높은 성적을 받았고, 약물 남용에 시달리지 않았으며, 대학을 간 경우가 훨씬 많았다. 체지방률이 낮았으며 성인이 되어 더 많은 돈을 벌었다.

연구자에 따르면 실험에 참가한 어린이는 만족을 지연시키고 자신을 통제하기 위해 얼마의 기법을 사용했다. 접시나 마시멜로를 보지 않기 위해 뒤돌아 있던 아이도 있었고 마시멜로를 아예 볼 수 없게 눈을 가려버린 아이도 있었다. 그런가 하면 마시멜로를 생각하지 않기 위해 책상을 발로 차거나 머리카락을 잡아당긴 아이까지 있었다. 어떤 아이는 마시멜로를 인형처럼 쓰다듬었다.

이런 행동들이 모두 생각을 통제하기 위한 기법이었다. 물론 어린이다운 발상이었지만 효과가 있었다. 이 실험에서 명백한 것은 30퍼센트의 어린이는 운 좋게 아주 어린 나이부터 자제력을 키웠다는 것이다. 하지만 어른이 돼서도 훈련을 통해 자제력을 키울 수 있다. 자제력이 있으면 성공하고 목표에 도달할 가능성이 더 커진다.

한마디로 이런 실험은 만족을 지연시키는 능력은 성공적인 인생의 결정적 요소라는 점을 증명한다. 한번 생각해보자. 어디서든 만족을 지연시키는 능력이 성공에 영향을 미치는 것을 볼 수 있다.

- TV를 보는 만족을 지연시키고 바로 숙제를 한다면 더 많은

것을 알게 되고 더 좋은 성적을 얻는다.

- 상점에서 달콤하고 바삭바삭한 과자를 사는 만족을 지연시키면 집에서 더 건강하게 먹어 건강해진다.
- 운동을 빨리 끝내고 싶은 만족을 지연시키고 근력 운동의 횟수를 몇 번 더 늘리면 더 건강하고 탄탄한 몸을 가지게 된다.

이제 이런 질문을 자신에게 해보라. '일부 어린이는 어떻게 자제력을 자연스럽게 나타내 성공할 운명이 됐을까?' 그 답을 찾기 위해 만족 지연에 대한 더 많은 연구가 수행됐다. 로체스터대학교 연구팀은 마시멜로 실험을 반복 검증해보기로 했다. 하지만 이번에는 중요한 변수가 있었다. 이번 실험에서 연구자는 어린이들을 두 그룹으로 나눴다.

첫 번째 그룹의 아이들에게는 신뢰를 잃는 경험을 하게 했다. 아이들에게 처음에는 조그만 크레용이나 스티커를 주고 나중에는 그것보다 더 큰 것을 주겠다고 약속하고 주지 않았다. 반대로 두 번째 그룹 아이들에게는 신뢰를 경험하게 했다. 약속대로 더 좋은 크레용과 스티커를 줬다. 실험에서 어떤 결과가 생겼는지 알아내기 위해 아인슈타인까지 동원할 필요는 없다.

지켜지지 않는 약속을 경험한 첫 번째 그룹은 연구자가 두 번째 마시멜로를 가져다줄 것이라는 말을 신뢰할 이유가 없었다. 그래서 자신들 앞에 놓인 마시멜로 1개를 바로 먹었다.

하지만 두 번째 그룹은 약속이 지켜졌기 때문에 만족 지연을 경험했다. 이들은 앞서 더 좋은 크레용과 스티커를 받아봤기 때문에 기다림은 가치가 있다는 것을 배웠다. 또한 더 오래 기다릴 수 있는 능력을 키웠다. 연구 결과에 따르면 두 번째 그룹은 첫 번째 그룹에 비해 평균 4배 더 오래 기다렸다.

연구팀은 어린이의 만족 지연 능력과 자제력이 타고난 특성이라기보다 주변 환경과 경험에 영향을 받는다는 점을 알아냈다. 실제로 환경의 영향은 거의 즉시 받는다. 단 몇 분 전의 신뢰를 잃는 경험이나 신뢰를 쌓는 경험은 각 어린이의 행동을 특정 방향으로 이끌기에 충분했다.

만족 지연의 기본 요소

수십 년 동안 이 마시멜로 실험은 매우 유명해졌다. 하지만 그 결과들은 만족 지연 퍼즐의 한 조각에 불과하다. 인간 행동과 일반적인 삶은 그보다 훨씬 더 복잡하다. 따라서 네 살 아이의 한 번의 선택이 그 아이의 남은 인생이나 부와 성공을 결정한다는 식으로 생각해서는 안 된다.

하지만 내가 볼 때 그 연구들은 매우 중요한 부자 습관을 강조한다. 두 번째 마시멜로나 더 좋은 크레용과 스티커를 얻기 위해 기다리는 것은 쉽지 않다. 특히 어린이라면 더욱 어렵다.

당신이 어린 시절부터 길들여진 생활 방식과 뿌리 깊은 습관을 바꾸는 것은 쉽지 않다. 하지만 일단 만족 지연의 중요성을 알게 되면 해볼 만한 일이다. 먼저 당신의 습관이 즉각적인 만족을 얻기 위한 것임을 인정하고 생각 패턴을 약간 수정하라. 기억하라. 생각 패턴을 한꺼번에 다 바꾸면 그만큼 변화가 한꺼번에 사라질 가능성이 있다. 좋은 것을 얻으려면 언제나 시간이 걸린다.

만족 지연은 무엇을 의미하는가

만족 지연 또는 만족 연기의 정의는 당장 보상을 받고 싶은 유혹을 물리치고 보상을 기다릴 수 있는 능력이다. 일반적으로 기다렸다가 나중에 얻는 보상은 당장 얻는 보상보다 훨씬 더 크다. 그래서 기다릴 가치가 있다.

만족 지연 능력에 대한 연구는 이 능력을 통해 얻는 긍정적 결과들이 많다는 것을 보여준다. 만족 지연을 통해 학문적 성공과 신체적 및 정신적 건강, 사교적 능력 향상 등의 결과를 얻을 수 있다.

이와 유사하게 만족 지연 능력은 인내심, 충동 억제, 자제력, 의지력 같은 특성과 관련 있는데, 이런 특성은 모두 자기 통제 행동과 연관된다. 부자와 성공한 사람이 가지고 있는 중요한 부자 습관 중 하나는 나중에 더 큰 보상을 얻기 위해 당장의 작은 보상을 미루는 능력이다. 하지만 기억해야 할 점은 이런 특성을 타고나는 사람이 별로 없다는 것이다.

원래 인간은 즉각적 만족을 좇게 돼 있다. 우리는 눈앞의 만족에 열광한다. 현대 사회 시스템이 등장하기 오래전부터 인간은 그런 방식으로 진화됐지만 불행히도 즉각적 만족에 대한 갈망은 부자가 되려는 노력에 도움이 안 된다. 오히려 해가 된다.

그것이 고소득을 올리는 많은 사람이 '부자'가 되지 못하는 한 가지 이유다. 그들은 돈을 벌면 벌수록 더 많이 써서 결국 쳇바퀴 삶에서 벗어나지 못한다. 가치 없는 라이프스타일을 유지하면서 높은 고정 비용을 지속적으로 지출하기 때문에 버는 것보다 더 많은 돈을 쓰는 경향이 있다. 대표적인 예로 그들은 큰 집과 고급 차를 구입하고 호화로운 휴가를 즐기는 데 돈을 쓴다.

그들은 즉각적 만족을 주는 생활을 한다. 자신처럼 돈을 펑펑 쓰는 사람들과 어울리며 라이프스타일을 유지하기 위해 더욱더 고단하게 일을 해야 한다. 그들은 더 이상 그런 생활을 즐길 시간과 에너지가 없다고 생각하면서도 그 생활을 포기하지 않는다. 이것이 전형적인 다람쥐 쳇바퀴의 삶이다.

만족 지연과 돈

최신 기기나 유행과 관련해 대부분의 사람은 자제력을 나타내지 못한다. 현재 우리가 살고 있는 테크놀로지 세계에서는 언제든 돈을 진짜 돈으로든 다른 형태로든 바로 구할 수 있기 때문에 자제력을 나타내지 못하는 문제는 더욱 심각해진다.

상당히 많은 사람이 신용카드를 사용해 충동구매를 하지만 현실적으로 그 돈을 금방 갚을 방법이 없다. 안타깝게도 이런 사고 방식은 순식간에 재정 파산을 낳을 수 있다. 이제 자신을 솔직하게 들여다보자. 당신은 즉각적 만족의 노예인가? 그렇다면 그런 습관을 깰 수 있는 전략이 많다. 하지만 우선 그 습관이 가난한 자의 습관이라는 사실을 자각해야 한다.

분명히 밝혀두겠다. 소비자 부채는 절대 좋지 않다. 충동구매를 하려고 신용카드를 쓰거나, 자동차처럼 감가상각이 생기는 자산을 구입하기 위해 불필요한 대출을 받거나, 더군다나 여행을 가려고 개인 융자를 얻는 것은 결코 좋은 생각이 아니다.

너무 많은 사람이 신용카드 한도를 자기 돈으로 여긴다. 하지만 아니다. 소비자 부채는 미래에 벌 것이라고 기대하는 돈을 끌어다 당장 필요한 것에 흥청망청 쓰며 그 대가로 은행 이자를 지급하는 것이다.

따라서 우리가 배워야 하는 교훈은 이렇다. 기분 전환을 하며 뭔가 쉽게 하려는 생각을 버리고 정신을 단련시켜 행동을 취할 수 있는 능력을 길러야 한다. 거의 모든 영역의 성공은 더 어려운 것을 해내기 위해 그보다 쉬운 일을 참는 것(만족을 지연시키는 일)과 관련 있다. 즉 우리는 만족을 지연시키고 좋은 것은 기다릴 가치가 있다는 점을 인식함으로써 부자 습관을 길러야 한다.

　3장에서는 콜리가 부자와 가난한 자에 대해 5년에 걸쳐 연구하면서 알아낸 30가지 부자 습관과 부자 습관 프로그램에 대해 설명할 것이다. 그의 연구는 부자 습관을 기를 때 어떤 유익을 얻는지 이해하도록 도움을 줄 것이다. 그에 더해 가난한 자의 습관을 피하는 방법에 대해 가르쳐줄 것이다.

Tom Corley

UNDERSTANDING RICH AND POOR HABITS

부자가 되기 위해
기억해야 할 습관 30가지

톰 콜리

3

부자 습관 프로그램

부자 습관 프로그램을 시작하기 전에 경제적 성공에 대한 몇 가지 통념에 있는 의혹을 풀고 넘어가겠다. 오랜 시간에 걸쳐 특정 미디어들이 그러한 통념을 지속적으로 쏟아냈고, 불행히도 그런 통념은 미디어 영향이 아니었다면 성공을 추구했을 많은 사람을 세뇌시키는 데 성공했다.

통념 1: 부자는 운이 좋고 가난한 사람은 운이 나쁘다

성공하지 못한 많은 사람은 자신에게는 '행운'이 찾아오지 않았다거나 '운'이 나쁘다고 말함으로써 자신의 실패를 정당화한다. 그들은 경제적으로 성공하려면 운이 좋아야 한다고 주장한다. 성공하는 데 운이 정말 중요할까? 분명히 '그렇다'. 성공한 사람은 모두 행운을 경험했다. 솔직히 운이 좋지 않다면 성공할 사람은 아무도 없을 것이다. 이 사실을 자세히 살펴보자.

운에는 네 가지 종류가 있다. 첫 번째는 '이유 없는 행운'이다. 복권 당첨이나 예상치 못한 상속 등 자신의 통제 밖에 있는 행운이 여기에 해당된다.

두 번째는 '이유 없는 불행'이다. 이유 없는 행운처럼 이 운 역시 우리가 통제하지 못한다. 이런 종류의 운을 유발하는 사건은 대부분 우리의 영향력 밖에 있다. 병에 걸리거나 벼락을 맞는 일, 돌발 사고를 당하거나 산사태로 집이 매몰되는 일 등이 이유 없는 불행이다.

세 번째는 '기회의 운'이다. 이 운은 좋은 습관의 결과로 생기는 행운이다. 기회의 운은 사과밭이라 생각하면 된다. 땅을 갈고, 사과 씨를 심고, 사과나무의 성장에 맞게 부지런히 영양분을 공급하면 어느 정도 시간이 흐른 후 사과나무는 꽃을 피우고 열매를 맺는다. 이 열매는 오랜 시간에 걸쳐 해야 할 일을 하면서 얻은 결과다. 이러한 사과들이 기회의 운이다.

성공한 사람들은 기회 운이 자신의 인생에 찾아오게 하기 위해 그에 필요한 행동을 오랫동안 한다. 그들은 날마다 부자 습관을 나타낸다. 부자 습관은 기회의 운을 끌어당기는 자석과 같다. 많은 기회들은 전혀 예상치 못하게 찾아온다. 이런 기회를 '끌어당김의 법칙'이라 말하는 사람도 있다. 부자 습관을 나타내는 사람에게는 끌어당김의 법칙에 따라 기회의 운이 따라온다.

네 번째는 '해로운 운'이다. 해로운 운은 기회의 운과 쌍둥이 악마다. 성공에 실패한 사람은 나쁜 습관을 가지고 있다. 부자 습관과 마찬가지로 나쁜 습관도 씨앗이라 할 수 있다. 나쁜 습관은 뿌리를 내리고 자라 열매를 맺는다. 불행히도 나쁜 습관이 뿌리를 내려 탄생한 나쁜 열매는 해로운 운을 안겨줘 성공하지 못한 삶으로 이끈다. 해로운 운은 실직, 투자 손실, 압류, 이혼, 질병, 그 외 유사한 나쁜 일일 수 있다.

인생을 성공시키려면 올바른 종류의 운을 끌어당겨야 한다. 부자 습관에 따라 살면 올바른 종류의 운을 끌어당기는 일이 보장된다. 평소 부자 습관을 나타내며 살다 보면 느닷없이 나타나는 것처럼 보이는 기회가 찾아온다. 이제 눈앞에 달린 과일을 따듯 손을 뻗어 기회를 잡기만 하면 된다.

통념 2: 부자는 많은 자산을 물려받은 사람이다

2013년 한 조사에 따르면 고액의 순자산을 지닌 미국인의 67퍼센트가 자수성가한 백만장자이며, 재산을 물려받은 경우는 8퍼센트에 불과했다. 즉 부자 중 많은 사람이 자수성가한 사람이라는 뜻이다. 이러한 백만장자는 빈곤층이나 중산층 출신이다. 대부분의 부자는 부를 물려받지 않았다는 것이다. 그들이 부를 창조했다.

통념 3: 부자는 열심히 일하지 않는다

부자는 누구보다 훨씬 더 많은 시간을 일한다. 특히 자수성가한 백만장자가 그렇다. 인구 조사국(Census Bureau)에 따르면 평균적으로 부유한 가정(미국 국세청은 미국에서 소득 상위 20퍼센트의 가정을 부유한 가정으로 분류한다)이 일하는 시간은 평균적으로 가난한 가정에 비해 5배 많다. 그러면 부자는 다른 사람보다 더 열심히 일하기만 할까? 더 열심히 일하는 것은 맞다. 하지만 무조건 열심히 일하는 것은 아니다. 그들은 더 훌륭한 노동관을 갖고 있다. 부자는 자신의 일을 좋아하고 사랑하며 그 일에 큰 열정이 있기 때문에 더 열심히 일한다. 그래서 더 많은 시간을 자신의 일에 전념한다. 안타깝게도 많은 사람은 자신의 일을 좋아하지 않는다. 그래서 일을 잃지 않을 정도로만 최소한의 일을 한다.

500만 달러 이상의 순자산을 가진 최고 부자들에게 일은 매우 특별한 의미를 지닌다. 리처드 브랜슨(Richard Branson)을 생각해보자. 그는 자수성가한 유명한 백만장자로 버진애틀랜틱과 버진항공을 비롯해 약 20개의 회사를 소유하고 있다. 브랜슨은 하루에

12~14시간 일하는 것으로 알려졌다. 브랜슨은 일을 계속해야 하는지 깊이 고려했느냐는 질문을 받고 이렇게 대답했다. "아니요. 나는 내가 하는 일과 함께 일하는 사람을 사랑합니다. 내가 하루에 12~14시간 놀고 있다 말해도 나를 일 중독자라 생각하시겠습니까?"

진짜 부자는 일하지 않는다. 적어도 사회적 정의로서의 일은 하지 않는다. 물론 그들은 엄청난 시간을 자신의 일에 쏟아붓지만 그 일이 좋아서 그렇게 하는 것이다. 자신의 직업을 사랑한다면 그 일은 더 이상 일이 아니다. 일이 놀이가 된다. 하루에 14시간 동안 재미있는 놀이를 하는 것을 누가 마다하겠는가?

통념 4: 부자는 더 똑똑하고 수준 높은 교육을 받았다

부자 인명록을 보면 그들 중 거의 50퍼센트는 대학을 졸업하지 않았다. 그리고 앤드루 카네기(Andrew Carnegie) 같은 일부 부자는 고등학교는커녕 초등학교도 나오지 않았다. 실제로 많은 부자가 다른 사람보다 더 똑똑하지도, 더 좋은 교육을 받지도 않은 상태에서 출발한다.

그들이 더 똑똑해지고 더 많은 지식을 얻게 되는 것은 지속적으로 배우고 능력을 발전시키려는 열망 때문이다. 그들은 지칠 줄 모르고 하루하루 자기 개선을 하며 날마다 성장하는 평생 학습자다. 그들은 가능한 많은 시간을 자신에게 투자한다. 그래서 성공이 찾아오게 하기 위해 자신이 원하는 성공과 걸맞은 사람이 된다.

습관의 두 가지 요소

습관은 무의식적 행동, 생각, 선택, 감정을 나타낸다. 습관은 뇌에서 뉴런(뇌세포)들이 서로 반복적으로 말을 주고받을 때 형성된다. 습관에는 목적이 있다. 신체의 다른 부위와 달리 뇌는 에너지를 저장할 수 없다. 다른 부위에 요청해 에너지를 가져다 써야 한다. 그래서 뇌는 에너지를 적게 쓰며 더 효율적으로 작동하기 위해 수백만 년에 걸쳐 습관이라는 것을 만들었다. 습관을 통해 뇌는 일을 덜 하고 에너지를 아낀다. 그래서 뇌가 자연스럽게 습관을 선호하는 것이다.

기저핵이라 하는 뇌의 작은 영역이 습관을 담당한다. 기저핵은 뇌의 안쪽과 밑면에 있는 대뇌변연계에 위치하는데 습관과 관련해 무의식적으로 명령하고 통제하는 중심 역할을 한다. 기저핵이 어떤 습관이 작용해야 한다고 판단하면 뇌에게 명령해 일련의 뇌세포를 작동시킨다. 그렇게 뇌가 작동을 시작하면 우리는 무의식적으로 어떤 행동과 생각을 하게 되거나 자신도 모르게 어떤 감정이 생긴다.

습관은 뇌 기능을 향상시킨다. 이러한 이유 때문에 뇌는 늘 습관을 만들려고 한다. 습관이 생기면 당신은 자율주행차에 탄 셈이다. 좋은 성공 습관이 있다면 이 자율주행차가 당신을 성공으로 데려다주고 나쁜 습관이 있다면 실패로 데려다준다. 한마디로 습관은 놀라운 발명품이다.

자신의 습관을 일부러 자각하려 하지 않는다면 습관적 행동, 생각, 결정, 감정을 절대로 바꾸지 못한다. 습관에 대한 자각이 없다면 습관은 의식이라는 레이더에 탐지되지 않은 채 밖으로 슬그머니 나오는 경향이 있다.

브라운대학교 연구팀은 2014년 〈미국의 가정 치유 저널(The American Journal of Family Therapy)〉에서 대부분의 습관이 9살까지 형성된다고 발표했다. 어린 시절 부모를 따라 하면서 많은 습관이 만들어지는 것이다. 우리 인생 초기에 부모가 습관 형성에 가장 큰 영향을 미치는 것이다. 이런 습관 대부분이 성인이 될 때까지 이어진다. 부모의 습관을 모방하는 한 가지 이유는 신경학적 현상에 있다. 뇌에는 '거울 뉴런'이라는 것이 있다. 거울 뉴런은 아기나 어린이가 부모의 행동이나 감정을 따라 하게 만든다. 이 뉴런은 인류 초기 진화의 유물로 인간 생존을 돕는 것이 최초 목적이었다.

아이가 자라 어른이 된 후에야 유년 시절에 생긴 습관에서 벗어날 수 있다. 새로운 환경, 직장의 멘토, 평생에 걸친 배움, 쓰라린 시련을 통해 새로운 습관을 길러나간다.

우리의 일상적인 행동의 절반 가까이는 습관의 결과다. 실제로 듀크대학교 연구팀은 2006년 〈심리학 저널(Psychological Science Journal)〉을 통해 일상적 행동의 40퍼센트는 습관이라고 발표했다. 이 말은 하루 중 40퍼센트의 시간은 자율주행차에 타고 있다는 뜻이다. 나쁜 습관보다 좋은 습관이 더 많다면 인생은 순조롭게 잘 풀리고 행복해진다. 반대로 부자 습관보다 가난한 자의 습관이 더 많다면 인생은 힘겨운 투쟁이 되고 불행해진다.

시소와 마찬가지다. 대부분의 경우 좋은 습관이 아니라 나쁜 습관 쪽이 더 무겁다. 그러면 잘못된 방향으로 시소가 기울어진다. 좋은 습관의 무게를 얼마 더 추가하면 시소가 올바른 방향으로 기울어져 인생을 영원히 바꿀 수 있다. 반대로 나쁜 습관 몇 가지를 제거해도 시소의 방향은 올바르게 바뀌어 우리의 삶에 긍정적인 영향을 미친다. 습관에는 일반 습관(ordinary habits)과 핵심 습관(keystone habits)이 있다.

일반 습관은 단순하고 기본적이고 독립적인 습관이다. 아침에 일어나는 시간이나 출근하는 경로, 포크 잡는 법 등이 일반 습관이다. 핵심 습관은 더 복잡한 습관이다. 이 습관은 일반 습관에 영향을 주기 때문에 매우 독특한 습관이다. 핵심 습관은 포식자와 비슷하다. 자신을 위협하거나 방해하는 일반 습관을 찾아 집어삼킨다.

한 가지 예를 살펴보자. 당신의 새해 목표 중 하나가 체중 감량이라 해보자. 당신은 표준 체중보다 약 23킬로그램 정도 체중이 더 나간다. 달리기 선수인 친한 친구가 가장 빨리 살을 빼는 방법은 달리기라고 알려준다. 그래서 당신은 달리기(부자 습관)를 시작하기로 결심한다. 달리기라면 질색이지만 한동안 달리기를 하고 나니 7킬로그램 정도가 빠졌다. 어느 날 밤 모임에 참석해 사람들과 어울리는데 한 지인이 당신 외모가 몰라보게 달라졌다며 살을 잘 뺐다고 칭찬한다. 그날 밤 당신은 집에 돌아와 구름 위를 걷는 듯한 행복을 느낀다. 그 칭찬이 당신의 의지를 더욱 불태운다.

다음 날 아침 당신은 인스턴트 음식(가난한 자의 습관)을 줄이고 과식(가난한 자의 습관)을 하지 않기로 결심한다. 체중을 더 줄이기 위해 달리기를 더 많이 하고 담배(가난한 자의 습관)를 끊기로 마음먹는다. 핵심 습관(달리기)을 기르니 일반 습관 세 가지(인스턴트 음식, 과식, 흡연)를 버리는 결과를 가져온 것이다.

그렇기 때문에 핵심 습관은 매우 중요하다. 그것은 해로운 일반 습관 한 개 이상을 자연스럽게 제거한다. 이러한 이유로 많은 부자 습관은 핵심 습관이 되도록 고안됐다. 이를 통해 습관을 더 쉽고 빠르게 바꿀 수 있다.

성공에 대해 내가 배운 것

이미 알고 있겠지만 나는 부자와 가난한 자에 대해 5년에 걸쳐 연구했다. 그리고 그 연구를 통해 성공에 대한 가장 중요한 교훈을 얻었다. 연구를 시작할 때 나는 한 가지 질문에 대한 답을 찾고 싶었다. 어째서 어떤 사람은 부유하고 또 어떤 사람은 가난할까?

5년 동안 350명과 인터뷰를 한 뒤에 연구를 마쳤다. 쉬운 작업이 아니었다. 144개의 질문을 20개의 카테고리로 분류했다. 그리고 350명이 넘는 백만장자와 가난한 자에게 그 질문들을 했다.

설문지를 대량으로 발송하는 식의 조사가 아니었기에 5년이 걸렸다. 설문 조사로 얻을 수 있는 정보는 매우 제한적이다. 그래서 나는 그들을 만나거나 전화로 대화를 나눴다. 그 결과 훨씬 더 많은 정보를 모을 수 있었다. 계산해보니 나는 부자와 가난한 자에게 5만 1,984개의 질문을 했다.

그만큼 가치가 있었다. 나는 실수와 실망에 대처하는 방법과 관련해 엄청나게 많은 교훈을 얻었다. 나는 성공을 좇는 사람이 모두 경험하는 걸림돌, 장애물, 거절, 감정적 어려움을 극복하려면 어떻게 해야 하는지에 대한 통찰을 얻었다. 무엇보다 성공과 실패에 대해 많은 것을 배웠다. 특히 왜 어떤 사람은 꿈을 절대로 포기하지 않는 반면 또 어떤 사람은 포기하는지 알게 됐다. 꿈을 포기하지 않는 사람은 다음과 같은 특징이 있었다.

- 열정 에너지가 넘친다: 그들은 인생의 주요 목적을 발견한 사람들이다. 당신도 인생의 주요 목적을 찾는다면 내가 열정 에너지라 부르는 것이 당신에게 스며들 것이다.

  열정 에너지는 의지력 에너지보다 100배는 더 강력하다. 이 에너지만 있으면 당신은 날마다 하루에 14시간씩 일할 수 있다. 그리고 일하는 동안 지치지 않고 강한 집중력을 유지하며 장시간 일하는 것이 가능해진다. 하고 있는 일이 몹시 재밌어 계속하고 싶은 마음이 들기 때문에 지치지 않는다. 열정 에너지가 있다면 하고 있는 일이 전혀 일로 느껴지지 않는다.

- 자발적 집중을 한다: 꿈을 포기하지 않는 사람은 특정한 유형의 집중을 하게 되는데 나는 그런 집중을 자발적 집중이라 부른다. 아마 당신은 자발적 집중이라는 말을 처음 들어봤을 것이다. 이런 종류의 집중은 앞에서 언급한 열정 에너지가 있을 때 생긴다. 어떤 사람은 이것을 '몰입하기'라 부른다. 어쨌든 자발적 집중은 쉬지 않고 5시간이나 6시간, 심지어 7시간 동안 일에 온전한 주의를 기울이고 초점을 맞추는 집중이다.

  이 집중의 형제 격인 강제적 집중은 의지력 에너지에서 나온다. 일반적으로 강제적 집중을 할 수 있는 시간은 2시간이나 3시간 정도로 한계가 있다. 좋아하지 않거나 열정이 없는 일을 할 때 이 집중을 사용한다.

꿈을 좇으면서 집중하는 데 어려움을 겪는다면 인생의 주요 목적을 찾지 못한 것이고, 그러면 꿈을 실현시키는 일에 성공하지 못한다.

- 분리할 수 있다: 내 연구에 등장하는 자수성가한 많은 백만장자는 꿈을 추구하는 동시에 직장도 다니고 또는 사업도 경영했다. 비결은 분리하는 것이다. 주소득원을 위한 시간을 분리해놓고 기본 소득을 벌기 위해 평균 이상으로 일하고 있어야 한다. 그렇게 하면 꿈이 이뤄져 큰 소득을 내기 전까지 직장을 계속 다닐 수 있거나 사업을 하며 빚을 지는 일이 없을 것이다.

  꿈을 실현시켜 금전적으로 수익을 올리기 시작하려면 오랜 시간이 걸린다. 즉 당신은 성공을 이루기 위해 오랫동안 노력해야 한다는 것이다. 따라서 기본 수입을 위한 일을 지속해야 한다. 이 개념에 대해 더 알고 싶다면 데이비드 맥컬로프(David McCullough)의 《라이트 형제(The Wright Brothers)》를 읽어보라.

- 인내심이 있다: 연구 결과를 보면 부자의 80퍼센트는 50세 이후 부자가 됐고, 52퍼센트는 56세 이후에 부자가 됐다. 부를 창출하려면 오랜 시간이 걸린다. 따라서 인내심이 있어야 결코 포기하지 않는다.

- 계산된 위험을 감수한다: 포기하지 않는 사람은 위험 관리의 대가다. 그들은 위험을 철두철미하게 계산하고 그것을 감수한다. 그들은 즉흥적으로 위험에 대처하거나 우연에 기대지 않는다. 자신에게 닥친 위험을 온전히 이해하고 모든 요소를 철저히 계산했기 때문에 성공을 좇으면서 생기는 굴곡을 잘 헤쳐나갈 수 있다.

- 생각과 감정을 통제한다: 부자의 81퍼센트는 생각과 감정을 통제하는 습관을 길렀다. 모든 생각을 입 밖으로 꺼낼 필요도 없고 모든 감정을 드러낼 필요도 없다. 생각과 감정을 다 표출하면 당신과 당신의 가족에게 중요한 기회의 문을 열어줄 수도 있는 인간관계에 해를 입는다.

  꿈을 결코 포기하지 않는 사람은 말에 세심한 주의를 기울이고 감정을 제어하기 때문에 성공 마인드를 지닌 사람들과 탄탄하고 강력한 관계를 만들 수 있다.

- 숙제를 한다: 성공한 사람은 숙제를 한다. 그들은 날마다 책을 읽고 배운다. 매일 지식과 기술을 연마해 완벽하게 만드는 것이다. 그들은 학습을 하면서 계속 발전하고 성장한다.

- 팀을 만든다: 포기를 모르는 사람은 일반적으로 모든 팀원에게 지속적으로 동기를 부여하는 팀을 꾸린다. 이상을 추구하면서 그들은 자신의 비전과 목적을 공유하고 헌신할 추종자를 찾는다.

성공하려면 다른 사람의 협력이 필요하다. 꿈을 포기하지 않는 사람은 함께 협력하고 원대한 꿈이나 목적을 추구하는 데 초점을 맞추는 팀을 만드는 일에 유능하다. 혼자서 성공을 이루는 사람은 없다.

- 실수를 통해 배운다: 실수는 계산된 위험을 감수하면서 생기는 결과다. 성공한 사람은 실수를 그저 경험이라 생각한다. 실수는 하지 말아야 할 것을 가르쳐준다.

- 열린 마음을 갖고 있다: 편협한 생각을 가지고 있으면 아무것도 배울 수 없다. 새로운 아이디어나 방법, 다른 사람의 의견에 마음을 여는 것이 성장에 결정적인 요소다.

  성공하려면 성장이 필요하다. 성공이 당신을 찾아오게 하려면 그에 걸맞은 사람으로 성장해야 한다. 마음을 열고 다른 사람의 의견에 관대함을 나타내라. 성공한 사람은 모든 의견과 생각에 열린 마음을 가지고 있다.

- 꿈을 절대로 포기하지 않는다: 포기하지 않는 사람은 기어코 성공할 때까지, 아니면 완전히 파산하거나 죽을 때까지 목표를 놓지 않는다. 성공을 추구하다 보면 모든 것이 잘 안 풀리는 날, 거절만 당하는 날, 모두에게 무시당하는 날, 궁지에 몰렸다는 기분이 드는 날, 실패와 실수의 무게를 버티지 못하고 꿈이 무너질 것 같다는 생각이 드는 날이 있게 마련이다. 아무리 큰 실의에 빠지더라도 목표를 향해 앞으로 나

아가려면 그러한 다섯 가지 날들을 경험해야 한다.

- 건강을 유지한다: "병원 침대에 누워서는 돈을 벌 수 없다." 내가 연구를 수행하는 동안 포기하지 않는 사람들이 했던 말 중 하나다. 그들은 매일 운동하고, 인스턴트 음식 섭취를 줄이며, 패스트푸드점을 피한다. 또한 알코올을 적당히 마시고 매일 치실을 사용한다. 그리고 대부분 담배를 피우지 않는다.

- 두려움에 굴복하지 않는다: 성공한 사람은 두려움을 극복하는 습관을 길렀다. 그들은 미신을 믿지 않고 성공에 방해가 되는 걸림돌을 극복할 수 있다고 믿는다.

- 끈기가 있다: 줄리 크론(Julie Crone)은 경마에서 총 3,704승을 거둬 여성 기수로서는 최초로 미국 경마 명예의 전당에 이름을 올리는 영광을 얻었다. 그녀의 모토는 계속 경기에 참가하고 날마다 최선을 다하는 것이었다. 꿈을 포기하지 않는 사람은 매일 맹렬한 기세로 목표를 향해 달린다.

  꿈을 추구하다 보면 언제나 문제가 생기게 마련이다. 그럴 때 성공한 사람은 문제를 잘 헤쳐나가고 그 과정에서 교훈을 얻는다. 그리고 다시 시도한다. 그들이 끈기 있는 이유는 자신의 일에 열정을 갖고 있기 때문이다. 그리고 그런 열정이 있는 이유는 인생의 주요 목적을 찾았기 때문이다. 인생의 주요 목적을 발견한다면 당신에게는 열정 에너지가 흘러

넘치게 되고 그로 인해 목표를 끈기 있게 추구하게 된다.

이제 반대의 경우를 살펴보자. 꿈을 포기하는 사람의 특성은 다음과 같다.

- 돈이 없다: 그들은 돈이 없기 때문에 꿈을 포기한다. 하지만 그것이 꿈을 포기하는 이유가 돼서는 안 된다. 돈은 언제 어디서든 구할 수 있기 때문이다. 특히 요즘에는 크라우드 소싱(crowd sourcing)이 활성화되고 있기 때문에 돈이 없다는 것은 문제가 안 된다.
  돈을 구하지 못하는 진짜 이유는 투자할 능력이 있는 사람과 인간관계를 맺지 못했기 때문이거나 자신의 꿈을 투자자에게 적절하게 홍보할 능력이 없기 때문이다.
- 가족 문제를 겪는다: 꿈을 추구하느라 모든 시간을 쏟아부으며 전념하다 보면 가족에게 당신의 존재는 사라진다. 이혼이라는 문제가 불거지기 시작할 수도 있다. 또는 부모 한쪽의 부재로 인해 자녀가 일탈 행동을 하거나 잘못된 선택을 하기 시작한다. 낙제나 약물 남용 같은 문제가 자녀에게 생길 수 있다.
- 팀을 잃는다: 어떤 사람은 같은 팀에서 중요한 사람이 목표를 중단하기 때문에 같이 중단한다. 꿈을 추구하는 과정에

서 당신이 가진 자원은 대개 매우 제한적이다. 따라서 팀의 모든 구성원이 중요하다. 어떤 사람은 다른 사람보다 더 중요하다.

하지만 특정 사람에게 더 의지하는 일이 있어서는 안 된다. 그런 일을 방지하려면 당신에게 필요한 기술을 소유한 모든 구성원과 튼튼한 관계를 맺어야 한다. 그렇게 하지 않으면 중요한 팀원을 잃게 될 때 당신의 꿈도 같이 잃게 될 수 있다.

- 열정이 없다: 열정을 잃어버리기 때문에 꿈을 포기하는 사람도 있다. 자신의 '왜(Why)'가 중요하지 않거나 인생의 주요 목적을 추구하지 않을 때 열정을 잃어버리는 일이 생긴다. 당신의 '왜'가 중요하다면 결코 포기하지 않을 것이다. 즉 인생의 주목적을 찾는다면 결코 포기하지 않는다.

- 건강 문제를 겪는다: 어떤 사람은 건강 문제로 중간에 포기한다. 이런 이유 때문에 앞서 나는 건강 유지의 중요성을 언급했다. 성공의 길은 긴 여정이다. 많은 세월이 걸릴 수 있다. 그사이 건강을 소홀히 하면 성공의 길을 벗어날 수 있다.

- 두려워한다: 두려움에 굴복해 꿈을 포기하는 사람이 많다. 금전적 손실에 대한 두려움, 파산에 대한 두려움, 채무에 대한 두려움, 가정불화에 대한 두려움, 곤란한 상황에 대한 두려움, 무능력에 대한 두려움 등 때문에 포기한다.

이것이 내가 5년의 연구를 통해 배운 점이다. 지금부터 내가 연구를 통해 밝혀낸 30가지 부자 습관을 살펴보자. 이제 당신은 성공과 부를 향한 여정을 시작할 수 있을 것이다.

좋은 습관이 성공의 토대다. 성공한 사람의 습관은 성공하지 못한 사람의 습관과 다르다. 그들에게는 좋은 습관이 많고 나쁜 습관은 거의 없다.

이와 반대로 성공에 실패한 사람에게는 나쁜 습관이 많고 좋은 습관은 거의 없다. 성공의 비밀이 비밀인 이유는 부자들조차 자신의 성공 원인이 습관에 있다는 사실을 모르기 때문이다. 그래서 성공 원인을 밝혀내는 일이 늘 어려웠던 것이다. 지금까지 그랬다.

누구나 진정한 성공을 이루기 위해서는 먼저 자신의 강점과 약점을 인식해야 한다. 자기 인식이 있어야만 자기 평가를 할 수 있다. 어떤 습관이 도움이 되고 어떤 습관이 해가 되는지 판단할 수 있으려면 먼저 자신의 습관을 인식해야 한다. 자신의 습관을 모두 파악한 후에야 그것이 좋은 습관인지 나쁜 습관인지 판단할 수 있다.

　근무를 하는 3일 동안 메모지를 들고 다니면서 습관적으로 하는 행동과 생각, 결정을 모두 적어보라. 이 방법을 통해 당신은 그런 행동과 생각, 결정이 습관이라는 것을 알게 될 것이다. 그 일이 매일 반복되기 때문이다. 전날에 적은 행동이라면 다시 추가해서 적을 필요는 없다. 모든 습관을 목록으로 완성했다면 그다음에는 각 습관 옆에 '플러스(+)'나 '마이너스(-)'를 기입한다. 플러스는 좋은 습관을, 마이너스는 나쁜 습관을 나타낸다. 습관을 분류했다면 다음 단계로 넘어가라. 나쁜 습관을 좋은 습관으로 바꾸는 단계다.

　종이 한 장을 두 개의 세로 칸으로 구분하라. 그리고 나쁜 습관을 한쪽 칸에 적어라. 그다음 각각의 나쁜 습관과 반대되는 행동을 옆 칸에 적어라. 이것이 당신이 길러야 할 새로운 좋은 습관이다.

나쁜 습관과 좋은 습관

TV를 너무 많이 본다. TV 시청 시간을 하루에 1시간으로 제한한다. 규칙적인 운동을 하지 않는다. 매일 30분씩 운동한다. 먹는 것을 참을 수 없다. 하루에 ○○○칼로리 미만으로 섭취한다. 업무 관련 도서를 읽지 않는다. 배움을 위한 독서를 매일 30분씩 한다.

할 일을 미룬다. 매일 해야 할 일 리스트를 완수한다. 시간을 많이 낭비한다. 시간을 낭비하지 않는다. 담배를 피운다. 담배를 피우지 않겠다. 회신 전화를 즉각 하지 않는다. 모든 전화에 회신하겠다. 이름을 기억하지 못한다. 이름을 적어놓고 기억한다. 중요한 날짜를 잊는다. 다른 사람의 중요한 날을 알고 있다.

30일 동안 새로운 습관을 따라 하라. 그리고 아침에 한 번, 점심에 한 번, 밤에 한 번씩 검토하라. 그러면 책임감이 생길 것이다. 이 훈련의 목적은 새로운 좋은 습관을 날마다 최대한 많이 따라 하는 것이다. 내 경험에 비춰보면 목록에 적은 좋은 습관 중 20~30퍼센트 정도만 따라 해도 잘한 것이다.

다음은 좋은 습관을 만들기 위한 일주일 체크 리스트의 예다.

- 오늘 나는 직업이나 사업을 위해, 또는 내가 추구하는 꿈과 목표를 위해 새로운 내용을 읽고 배웠다.
- 오늘 나는 30분간 운동을 했다.
- 오늘 나는 해야 할 일 리스트에서 80퍼센트를 완수했다.
- 오늘 나는 최소한 한 명의 잠재 고객에게 전화했다.
- 오늘 나는 시간을 낭비하지 않았다.
- 오늘 나는 하고 싶지 않은 일 한 가지를 했다.
- 오늘 나는 빈정대는 말을 하지 않았다.
- 오늘 나는 부적절한 말을 하지 않았다.

- 오늘 나는 말이 너무 많다는 것을 깨달았을 때는 말을 하지 않았다.
- 오늘 나는 2,000칼로리 미만으로 섭취했다.
- 오늘 나는 음주량을 맥주 두 잔으로 제한했다.
- 오늘 나는 평소보다 30분 더 일했다.
- 오늘 내가 전화해 안부를 물은 사람이 한 명은 있다.
- 오늘 나는 생일을 맞은 지인에게 모두 전화해 축하한다고 전했다.

마이클 야드니의 통찰 ———————— MICHAEL YARDNEY'S INSIGHT

부유해지고 성공하는 첫 번째 단계는 현재 상황을 평가하는 것이다. 당신의 상황은 어떤가? 무엇이 효과적인지, 당신이 지속시키고 싶은 생각과 행동, 습관이 무엇인지 인식하라. 그다음 가난한 자의 습관을 파악하라. 비생산적이고 권한을 앗아가는 습관이 가난한 자의 습관이다.

문제는 어쩌다 가난한 자의 습관을 보면 그것이 그렇게 나빠 보이지 않을 수 있다는 것이다. 하지만 가난한 자의 습관들이 혼합되어 미래의 결과로 이어지면 그 결과는 파괴적일 수 있다.

당신은 어떤 꿈을 꾸고 있는가

나는 꿈을 정의하고 꿈을 이뤄줄 목표들을 설정할 것이다.
매일 나는 꿈을 실현시키는 목표에 초점을 맞추겠다.

당신은 꿈 설정이라는 말을 처음 들어볼지 모른다. 꿈 설정은 꿈을 실현하기 위한 도약판이다. 꿈을 설정하지 않으면 꿈을 결코 실현할 수 없고, 따라서 꿈꾸던 삶을 살 수 없다. 인생은 건축 프로젝트와 매우 흡사하다. 건물을 세우는 것과 정말 비슷한 간단한 두 과정을 거친다.

- 이상적인 삶을 향한 청사진을 그린다.
- 삶을 건설한다.

상당히 비슷해 보이지 않는가? 인생의 청사진에 들어가는 요소에는 완벽한 삶을 만드는 모든 것이 포함된다. 거기에는 원하는 직업, 사랑하는 일, 살고 싶은 곳, 인생을 함께할 동반자, 여행하고 싶은 장소, 모으고 싶은 재산 등이 있다.

이런 것들을 꿈이라 한다. 이상적 삶을 건설하는 것은 모든 꿈을 정의하는 데서 출발한다. 이런 꿈들을 하나로 모으면 인생의 청사진이 된다. 목표들은 건설 팀인 셈이다. 꿈을 현실로 만들어주는 목표를 모두 정해야 한다. 각 꿈을 이뤄줄 목표를 설계하라. 한 가지의 꿈을 이루려면 한 개나 다섯 개, 또는 열 개의 목표를 달성해야 할 수 있다.

어떤 꿈을 실현시키는 데 필요한 일련의 목표들을 달성할 때 그 꿈은 현실이 된다. 꿈 설정은 목표를 설정하기 위한 토대를 놓는다. 꿈 설정 과정을 좀 더 자세하게 살펴보자.

- 1단계: 10년이나 15년, 20년 안에 이뤄지길 바라는 이상적 삶이 무엇인지 스스로에게 물어보라. 그다음 이상적인 미래의 삶을 한 가지도 빼놓지 말고 자세하게 적어라. 벌어들이는 수입, 살고 있는 집, 소유한 보트나 자동차, 모은 재산 등 세부적인 상황을 매우 구체적으로 적어야 한다.
- 2단계: 미래의 이상적 삶에 대해 자세하게 묘사한 기록을 각각의 항목으로 만들어 목록을 작성하라. 벌어들이는 수입, 살고 있는 집, 소유한 보트 등이 그런 항목이 될 것이다. 이 자세한 항목들이 각각의 꿈을 나타내는 것이다. 당신이 꿈꾸는 삶을 이루려면 많은 꿈이 실현돼야 한다. 각각의 꿈 한

개는 사다리의 계단 한 개와 같다. 꿈을 한 개 이루면 사다리를 한 칸 올라가는 것이다. 사다리의 꼭대기까지 올라갔을 때가 바로 꿈꾸던 삶을 살고 있다고 깨닫는 순간이다.

각각의 꿈을 정한 후에야 목표 설정 과정이 시작된다. 목표 설정 과정에서 당신은 각각의 꿈을 이루게 해주는 목표들을 설정해야 한다. 그렇게 하기 위해 스스로에게 다음 두 가지 질문을 해야 한다.

- 각각의 꿈을 실현시키려면 나는 무엇을 해야 하며 어떤 일에 전념해야 하는가?
- 나는 그 일을 수행할 수 있는가?

2번 질문에 대한 답변이 '그렇다'라면 그 일이 당신의 목표다. 목표는 애매모호해도, 포괄적이어도 안 된다. 많은 사람이 목표 달성에 실패하는 이유 중 한 가지가 그것이다. 사람들은 실제로는 꿈인데 그것이 목표라고 배워 애매모호하고 포괄적인 목표를 좇는다.

꿈은 포괄적이기 때문에 목표와는 매우 다르다. 목표는 그것이 신체적 행동을 수반하고 동시에 그 행동을 수행할 지식과 기술이 있을 때만 목표라고 할 수 있다. 필요한 지식과 기술이 없다면 그 목표를 달성할 수도 없고, 달성되지도 않을 것이다. 이것이 많은 사람이 목표를 달성하지 못하는 가장 큰 이유다. 목표 달성에 필요한 행동을 하기 위한 지식이나 기술이 부족하기 때문이다.

목표는 행동이 전제되어야 한다. 꿈은 포괄적인 목적을 뜻한다. 일 년에 10만 달러 벌기나 집 사기, 5만 달러 모으기 등의 포괄적인 목적이 모두 꿈이다. 목표는 각 꿈을 실현시키기 위해 취해야 하는 행동이다.

가령 당신의 꿈이 5만 달러 모으기라 해보자. 그러면 그 꿈을 이루게 해주는 목표는 무엇인가? 50개월 동안 한 달에 1,000달러씩 저금하는 것이 목표가 될 수 있다. 또한 5만 달러라는 꿈을 이루려면 또 다른 목표가 필요할 수 있다. 한 달에 1,000달러씩 소비를 줄이는 것이 또 하나의 목표가 될 수 있다. 그래야 1,000달러를 저금할 수 있기 때문이다.

목표가 무엇인지 이해했다면 당신의 목표를 100퍼센트 달성하는 것이 가능하다. 안타깝게도 많은 사람은 꿈을 목표로 착각해 목표 달성에 실패한다. 이 과정들을 정리해보자.

- 이상적 삶을 적어 그 모습을 생생하게 그려보라.
- 이상적 삶을 이루기 위해 실현돼야 하는 꿈을 하나하나 정의하라.
- 각각의 꿈을 이루게 해주는 구체적 목표를 설정하라.

- 행동으로 옮겨라. 각각의 꿈을 실현시켜줄 구체적인 목표를 실행하고 달성하라.

목표를 세우고, 계속 반복하라

꿈들을 실현시키기 위해 이 과정을 반복해야 한다. 꿈이 하나씩 실현될 때 당신의 이상적 미래는 현실이 될 것이다.

일일 목표

하루를 시작하기 전에 그날 해야 할 일 리스트를 작성하라. 이 리스트가 있으면 자동적으로 필요한 행동을 취하게 된다. 그러면 목표를 달성하는 데 도움이 되며 꿈에 더 가까이 갈 수 있다.

어떤 꿈을 이루기 위해서는 다섯 개 이상의 목표를 달성해야 할 수 있다. 그리고 어떤 목표는 다섯 개 이상의 행동을 해야 할 수 있다. 필요한 행동을 정하고 그 행동을 해야 할 일 리스트로 만들라. 그리고 행동 하나하나를 실행에 옮길 구체적인 시간을 정해야 한다.

성공한 사람은 하루 중 해야 할 일 리스트를 수행할 시간을 따로 떼어놓음으로써 목표에 초점을 맞추기를 좋아한다. 흔히 이른 아침 방해가 덜 되는 시간을 떼어놓는다. 하루를 보내는 동안 완수한 일은 하나씩 선을 그어 지워나가면서 자신을 칭찬하라. 하루를 마친 후 해야 할 일 리스트를 평가해야 한다. 그래야 책임감이 생긴다. 해야 할 일 리스트는 책임감을 주는 파트너 역할을 한다.

월간 목표

월간 목표는 한마디로 채점표다. 일일 목표가 효과적으로 달성됐는지 여부를 평가해주는 것이다. 예를 들어 50개월 동안 5만 달러를 모으려 한다면 월간 목표는 그달 말일까지 1,000달러를 모으는 것이다.

월간 목표가 달성됐나? 아니라고? 음, 괜찮다. 목표를 조정할 시간이 있다. 앞으로 경비를 더 줄여야 할 수도 있고, 수입을 늘리기 위해 더 많은 시간을 일해야 할 수도 있다. 이렇게 월간 목표는 일일 목표의 달성과 직접적인 관련이 있다.

연간 목표

연간 목표에도 월간 목표에 적용되는 원칙과 방식이 똑같이 적용된다. 연간 목표 역시 채점표다. 5만 달러의 꿈을 이루기 위해 올해 1만 2,000달러는 저축했는가? 그렇지 않다면 연간 목표에 문제가 있는 것이 아니다. 문제는 월간 목표를 달성하지 못한 데 있다. 그리고 월간 목표를 달성하지 못했다는 것은 일일 목표에 뭔가 문제가 생겼다는 경고등이 켜진 것이다. 일일 목표 단계의 해야 할 일 리스트를 조정하라는 경고 신호를 보내는 단계가 월간 목표 단계다. 연간 목표는 날마다 취하는 행동이 효과가 있는지 보여주는 거울이다.

꿈 설정과 목표 설정의 예를 한번 보자.

- 꿈: 올해 공인회계사 시험에 통과할 것이다.
- 일일 목표: 앞으로 6개월 동안 하루 90분씩 공부하겠다.
- 월간 목표: 월간 목표는 두 가지다. 150시간 공부하기. 이번 달 실전 테스트에서 80점 받기.

월말에 목표를 점검해보니 실전 테스트에서 80점 받겠다는 목표를 이루지 못했다. 이것은 무슨 의미인가? 목표를 조정하라는 경고등이 켜진 것이다. 평일 또는 주말에 공부하는 시간을 늘려야 할 수 있다. 월간 목표는 경고등이다. 그것은 올바른 경로로 가고 있는지 아니면 경로를 이탈했는지 알려준다.

장기 목표

장기 목표는 꿈의 다른 얼굴이다. 꿈은 달성할 수 있는 것이 아니다. 일일 목표와 월간 목표, 연간 목표를 달성할 때 이뤄지는 것이 꿈이다. 목표라는 문을 통과해야 꿈에 이를 수 있다. 목표는 꿈을 현실화하는 건설 팀과 같다. 목표 달성에 매번 실패하는 사람은 이런 말에 속상해할지 모른다. 하지만 당신은 아마 안도의 한숨을 쉬고 있을 것이다. 당신은 장기 목표를 달성하는 데 반복적으로 실패하는 패배자가 아니기 때문이다. 당신이 그동안 실패했던 이유는 목표에 대해 잘못된 정의를 배웠기 때문이다.

따라서 이제 나는 목표의 정의를 명확하게 밝히고자 한다. 목표는 두 가지 요소를 충족할 때만 목표다. 첫째, 신체적 활동을 수반한다. 둘째, 필요한 행동을 수행하기 위한 지식과 기술을 갖춘다면 100퍼센트 달성이 가능하다. 필요한 행동을 수행할 능력이 있는 사람에게 유일한 걸림돌이 있다면 그것은 행동을 시작하는 일이다.

꿈에 시선을 고정하게 해주는 유용한 기법으로 비전보드를 사용하는 방법이 있다. 비전보드는 당신이 꿈꾸는 대상의 실제 사진이다. 이것은 당신이 갈망하는 집의 사진일 수도 있고, 운영하고 싶은 기업체의 사진일 수도 있으며, 은퇴 생활을 하고 싶은 장소의 사진일 수도 있다.

영화배우 짐 캐리(Jim Carey)는 유명해지기 전에 스스로에게 줄 1,000만 달러짜리 가짜 수표를 만들어 날마다 볼 수 있는 장소에 그 수표를 두었다. 이 수표가 그에게 비전보드였다. 영화에 출연해 1,000만 달러를 벌겠다는 목표였던 것이다. 영화 주연을 맡을 기회가 찾아왔을 때 짐 캐리가 출연료로 얼마를 요구했을 것 같은

가? 1,000만 달러였다. 그리고 그 돈을 받았다.

성공한 사람은 꿈을 이루게 해주는 목표를 세운다. 그들은 장기적 관점으로 사고하고 끊임없이 미래의 이상적 삶을 바라본다. 목표를 달성하는 과정에서 자신이 어디쯤에 있는지 확인하려고 노력하는 것이다. 지속적인 조정을 하면서 특정 행동을 취하고 그래도 목표 달성에 가까워지지 않으면 그 행동을 수정한다.

반면 성공하지 못한 사람은 꿈을 명확하게 정의하지 않았거나 성공이 하루아침에 이뤄지지 않으면 꿈을 포기하고 만다. 꿈이 없는 사람은 목표 지향적이지 않다. 가을 낙엽처럼 목적도, 방향도 없이 떠돈다. 그들은 일상의 산만한 문제들 때문에 자신의 업무 수행 능력에 지장을 받아도 별다른 조처를 취하지 않는다. 또한 업무와 전혀 관련 없는 문제들로 인해 집중력을 쉽게 잃는다. 그들은 꿈이나 인생의 주요 목적을 추구하지 않기 때문에 온 정신을 쏟을 목표가 없다.

성공하지 못한 사람 중 일부는 꿈을 추구하기는 하지만 상황이 힘들어지면 금방 포기하고 만다. 그러면 그들은 시선을 끄는 다른 상황에 주의를 돌린다. 어떤 일을 시도해보다가 성공이 즉각 달성되지 않거나 돈 벌기가 어려워지면 갑자기 다른 일을 시도하는 것이다. 성공하지 못한 사람 중 이런 유형의 사람은 주변에 많다. 해마다 그들은 큰돈을 벌 수 있는 새로운 일, 예를 들어 출판 작가, 앱 개발자, 유튜브 크리에이터, 부동산 투자자, 비즈니스 코치 및

트레이너, 자산관리사, 투자자 등에 강박적으로 매달린다.

나는 그런 현상을 반짝반짝 빛나는 새로운 일로 관심을 쉽게 옮기는 '빛나는 물건 증후군(Bright Shiny Object Syndrome)'이라 부르고 싶다. 일부 사람이 성공하지 못하는 이유는 성공의 필수 조건인 세 가지 성공 습관, 집중력과 인내심, 끈기를 나타내지 못하기 때문이다. 이런 치명적인 태도로 인해 성공이 찾아올 만한 사람으로 성장하게 해주는 지식과 기술을 발전시키지 못한다.

마이클 야드니의 통찰 ——————— MICHAEL YARDNEY'S INSIGHT

여정이 끝나는 것도 좋지만 결국 중요한 것은 여정 그 자체다.

온전히 나에게 투자하는 시간을 만들어라

나는 지식을 늘리고 기술을 발전시키기 위해 최소한 매일 30분씩 투자할 것이다.

성공한 사람은 매일 자기계발에 전념한다. 대개 자기계발은 독서와 관련된다. 그들은 직업이나 사업과 관련된 책을 읽는다. 자신이 추구하고 있는 꿈이나 그 꿈을 이루기 위한 목표에 도움을 주는 내용이라면 무엇이든지 읽는다. 그들은 자신의 업계, 직종, 사업, 역할에 대해 늘 배우는 학생이 되며 변화에 뒤처지지 않는다. 또한 TV나 영화, 인터넷 등에 시간을 낭비하지 않는다.

성공한 사람은 특정 기술을 연마하는 등의 방식으로 자신의 발전에 도움이 되는 분야를 학습한다. 그렇게 그들은 더 나은 사람이 되기 위해 상당한 시간을 투자한다. 이런 습관이 결국 그들을 그들의 분야에서 전문가로 바꿔놓는다.

성공한 사람은 시간을 자신이 가진 가장 귀중한 자원이라 생각한다. 그들은 꿈과 목표에 맞게 매일 자기계발에 힘쓴다. 여기에는 추가적인 자격증과 학위 취득, 새로운 역할 개발 등이 수반된다. 그들은 지속적으로 건설적인 프로젝트에 참가해 기술을 발전시키고, 사업을 추진하거나 경력을 키우고, 예리한 생각을 유지하고, 지식을 확장한다.

지식과 배움은 성공을 향한 토대이자 도약판이다. 모든 것을 알고, 모든 분야에 전문가가 되는 것은 불가능하다. 그러므로 투자 시간 대비 최대 유익을 얻을 수 있는 구체적인 분야에 집중해 공부해야 한다. 다음과 같은 주요 분야에 접근해보자.

- 자신이 속한 업계와 직업에 대해 모든 것을 배워라.
- 열정을 느끼는 일과 관련된 모든 것을 배워라.
- 인생에서 중요한 사람들에 대해 모든 것을 배워라.
- 현재 발생하는 의미심장한 일들에 관해 모든 것을 배워라.
- 매일 적어도 한 개의 새로운 사실을 배워라.
- 매일 적어도 한 개의 새로운 정보를 배워라.
- 생각을 자극하는 기발한 것, 당신의 안전지대 밖에 있는 참신한 것을 매달 하나씩 배워라.

성공하지 않은 사람은 자신의 업계나 직업, 사업에 대해 배우지 않는다. 그들은 기술을 완벽하게 만들기 위한 연습을 하지 않는다. 자신의 업계의 변화를 발 빠르게 따라가지 않으며 자신의 분야를 다루는 정기 간행물을 정기적으로 읽지 않는다. 오히려 TV를 보거나 오락거리 책을 읽고, 인터넷 서핑을 하며 많은 시간을 보낸다. 그리고 온갖 변명을 하며 자기계발의 소홀함을 합리화한다.

자기계발에는 정신을 발전시키고, 지식을 확장하고, 기술을 연마하는 활동을 매일 하는 것이 수반된다. 자신의 분야에 대한 지식을 확장하는 것은 반드시 필요한 자기계발이다. 관련된 정기 간행물을 꾸준하게 읽음으로써, 나아가 추가 자격증을 취득하고, 기술을 배우고, 새로운 역할을 개발해 경력을 발전시킴으로써 지식을 확장할 수 있다. 경력과 관련된 자기계발은 기술을 발전시키고 기회를 만드는 데 필수적이다. 지식이 증가하면서, 또는 기술이 발전하면서 기회가 스스로 모습을 드러내기 시작한다는 것을 알게 될 것이다.

방해를 덜 받는 시간을 선택해 얼마의 시간을 떼어놓으라. 일상 업무를 시작하기 전인 이른 아침에 그런 시간이 있을 수 있다. 자기계발을 위해 최소 하루에 30분을 할애해야 한다. 하루 30분이 많은 시간은 아닌 것 같지만 시간이 흐르면서 그 시간이 쌓이고 쌓이면 자기계발을 위한 엄청난 시간이 된다. 당신에게 가장 효율적인 시간이 언제든, 방해를 받지 않는 시간에 매일 자기계발을 하라.

마이클 야드니의 통찰 ——————— MICHAEL YARDNEY'S INSIGHT

나는 사람들이 종종 부자가 되는 방법을 빌 게이츠(Bill Gates)가 아니라 파산한 사람을 통해 더 많이 배운다는 것을 알게 됐다. 사람들은 일반적으로 현명한 행동보다 어리석은 행동을 하는 경향이 있기 때문이다. 따라서 돈과 관련해 좋은 결정을 내리려는 노력보다 나쁜 결정을 피하기 위한 노력을 더 많이 해야 한다.

프로 테니스 경기에서는 실력으로 포인트의 80퍼센트를 얻지만 아마추어 경기에서는 실수로 포인트의 80퍼센트를 내준다는 내용을 읽은 적이 있다. 부자가 되는 것도 마찬가지다. 따라서 초보자는 실수를 피하는 데 초점을 맞추다가 점차 폭을 넓혀 전문가가 돼야 한다.

당신이 먹는 것이
당신을 말해준다

나는 매일 30분씩 운동을 하겠다. 나는 매일 몸에 좋은 음식을 먹겠다.

성공한 사람은 매일 운동하고 바른 식생활을 유지하기 위해 구체적인 노력을 한다. 그들은 먹는 종류뿐 아니라 먹는 양도 고려한다. 성공한 사람은 음식 섭취를 관리한다. 그들은 폭식과 폭음 또는 과식과 과음을 피한다. 그들이 많이 먹고 마시는 경우가 있다면 그것은 연휴나 파티처럼 어쩌다 가끔 있는 자리에서 관리되고 절제된 식사와 음주를 하는 것이다.

성공한 사람들에게 운동은 양치질처럼 일상적인 활동이다. 그들은 매일 하는 운동이 신체와 정신을 건강하게 만든다는 것을 알고 있다. 규칙적인 운동에는 많은 유익이 있다.

성공한 사람은 자신에게 가장 잘 맞는 체중 관리 시스템 또는 습관을 갖고 있다. 그들이 활용하는 시스템 중에는 치밀한 시스템이 있는가 하면 덜 치밀한 시스템도 있지만 어쨌든 그들은 체중을 관리한다. 체중을 관리한다는 것은 일일 음식 섭취량을 모니터링하고 운동하면서 식이요법을 한다는 뜻이다.

성공하지 못한 사람은 자신의 건강을 일상적이고 지속적으로 통제하지 않는다. 그들은 효과가 제일 빠른 최신 다이어트 유행만 찾는다. 그들은 건강 문제에 일관성 없게 접근하며, 외부 영향력에 의지해 식이요법에 대한 동기부여를 만들려고 한다. 다이어트 책이 그렇게 많은 이유가 이 때문이다. 성공하지 못한 사람은 식습관을 거의 통제하지 못해 체중이 반복적으로 줄었다 늘었다 하는 요요 현상을 겪는다. 그들의 식습관은 몸에 해를 끼쳐 결국 고혈압과 당뇨병, 심장 질환 등과 같은 건강 문제를 일으킨다.

성공에 실패하는 사람은 운동도 그런 식으로 접근한다. 외부 영향력을 통해 운동해야겠다는 동기를 얻지만 그것도 잠깐이다. 동기가 사라지면 이전의 나쁜 습관으로 돌아가 운동을 멈추고 체중이 다시 늘어난다. 이런 사이클이 평생 지속된다.

음식 섭취를 모니터링하는 쉬운 방법은 식사하거나 간식 먹을 때마다 칼로리를 계산하고 하루 섭취 칼로리를 기록하는 것이다. 체중 관리 프로그램 초기에는 먼저 매일 섭취하는 특정 음식들에 대한 정보를 얻어야 한다.

체중 관리를 시작할 때 처음 30일 동안은 평소 먹는 음식을 파악하고 각 음식마다 칼로리를 계산해야 할 것이다. 이 기간 동안 어떤 음식이 고칼로리 음식인지 알아낼 수 있으며 이후에는 그런 음식을 피할 수 있다. 적어도 고칼로리 음식을 자주 먹지 않겠다고 마음먹어야 한다.

식이요법과 함께 음식 섭취량을 모니터링하고 관리하면서 당황해서는 안 된다. 늘 똑같지는 않기 때문이다. 장기적으로 볼 때 식이요법은 체중 관리에 큰 도움이 안 된다. 식이요법은 음식을 너무 제한하기 때문에 지속하기 힘들다. 솔직히 말해 식이요법은 삶의 낙을 빼앗아간다. 음식 섭취를 관리한다고 해서 굶어야 하거나 특별한 음식을 절대 먹어선 안 된다는 것이 아니다. 가끔 특별한 음식을 먹을 수 있으며 그렇다고 해서 죄책감을 느껴서는 안 된다.

고칼로리 음식을 매일 먹어선 안 된다는 점만 이해하면 된다. 체중을 유지하거나 감량하기 위해 지켜야 하는 칼로리 수준이 있는데 날마다 고칼로리 음식을 먹으면 그 수준을 넘어서게 될 가능성이 있기 때문이다. 마음이 내키면 좋아하는 음식을 자유롭게 먹고 마시는 것도 필요하다.

하지만 당신이 좋아하는 음식을 먹으면 하루 허용 칼로리를 초과하는 경우가 많을 수 있다는 것을 알고 있어야 한다. 좋아하는 음식을 마음껏 먹는 것은 일상적이 아니라 예외적인 경우에 한해서 괜찮다.

체중을 감량하려 할 때 음식 섭취만 모니터링하는 것은 절반의 효과밖에 없다. 최소한 1주일에 5일, 하루 20~30분씩 유산소 운동을 규칙적으로 해야 한다. 밖으로 나가 조깅을 하는 것이 가장 효과적이다. 실내 러닝머신이나 실내 자전거, 스텝퍼를 할 때 소모되는 칼로리보다 달리기로 소모되는 칼로리가 3분의 1정도 더 높다. 역도나 윗몸일으키기, 팔굽혀펴기와 같은 근력 운동도 유산소 운동과 곁들여 하면 도움이 되지만 근력 운동이 유산소 운동을 대신하지는 못한다.

근력 운동은 근육과 탄력 있는 몸을 만드는 데는 도움이 되지만 체중 감량에는 그만큼 효과적이지 않다. 체중을 줄이는 데는 유산소 운동만큼 믿을 수 있는 운동은 없다. 따라서 유산소 운동이 당신의 운동 요법의 기본이 돼야 한다. 아침이 운동하기에 가장 좋은 시간일 수 있다. 업무에 앞서 운동을 먼저 한다면 일정 문제나 그날 일어날 수 있는 문제 때문에 운동을 못 하는 일이 없을 것이다.

마이클 야드니의 통찰 ———————— **MICHAEL YARDNEY'S INSIGHT**

규칙적 운동은 근육과 건강에 도움이 될 뿐 아니라 의지력과 자제력도 키워 준다. 의지력이 왜 그렇게 중요할까? 의지력이 부족하면 잘못된 결정을 내릴 수 있고 오래된 나쁜 습관에서 벗어나지 못한다.

의지력에 대한 최근 연구에 따르면 의사 결정 피로라고도 알려진 의지력 고갈은 약물 중독, 알코올 중독, 과식, 외도, 도박 등 여러 가지 비행의 숨겨진 얼굴이다. 따라서 당신에게 의지력이 사라진다면 주의하라. 그 여파가 파괴적일 수 있다. 가족과 친구, 동료와의 손상된 관계와 나빠진 건강, 악화된 재정 상태(의지력이 낮으면 충동 구매가 빈번해진다)는 당신의 삶을 곤두박질 치게 할 수 있다. 따라서 매일 운동을 함으로써 자신에게서 악마를 없애야 한다. 그러면 당신과 당신 주변의 모든 사람의 삶이 더 나아질 것이다.

부자 관계와 가난한 관계

나는 성공 마인드를 지닌 사람과 튼튼한 관계를 맺기 위해 노력하겠다.

우리가 관계를 맺는 사람들에게는 극과 극의 유형이 존재한다. 부자를 만들어주는 인간관계가 있고, 해로운 인간관계가 있다. 부자 인간관계는 당신의 삶이 발전하도록 돕는다. 이러한 관계 속의 사람들은 언제나 행복하고, 낙천적이며, 감사하는 태도를 나타내고, 열정적이고, 열린 마음을 가지고 있으며, 평생 학습자다. 이런 유형의 사람은 당신의 성공 가능성을 높이는 데 도움을 준다.

해로운 인간관계는 당신이 이룰 수 있는 성공 가능성을 파괴하며 당신의 삶을 몰락시킨다. 안타깝게도 우리는 비슷한 습관을 공유한 사람을 찾아 관계를 맺는다. 습관은 사회 연결망을 통해 바이러스처럼 퍼진다. 결국 우리의 습관 대부분은 주변 사람들의 습관에 따라 형성된다. 부모, 선생님, 가족, 친구, 직장 동료, 이웃, 멘토, 코치, 유명 인사 등의 습관을 자신의 습관으로 채택하는 것이다.

당신이 과체중이라면 친구나 가족도 과체중일 가능성이 높다. 당신이 흡연자라면 친구나 가족도 흡연자일 가능성이 높다. 웨이트워처스(Weight Watchers, 체중 감량 및 유지를 돕는 서비스를 제공하는 회사 – 옮긴이) 같은 체중 감량 프로그램에 참가하는 사람이 체중을 줄일 가능성이 매우 높은 것도 같은 이유다. 체중 감량 목표를 공유한 사람과 시간을 함께 보내기 때문이다.

습관을 바꾸는 지름길 중 하나는 환경을 바꾸는 것이다. 자주 만나는 사람과의 관계도 조정할 필요가 있다. 자주 만나는 사람도 환경의 일부이기 때문이다. 규칙적인 운동 같은 좋은 습관을 기르고 싶다면 이미 규칙적인 운동을 하고 있거나 그런 습관을 기르기 위해 노력하는 사람과 어울리는 기회를 많이 만들어야 한다. 이러한 인간관계가 습관 변화의 핵심 요소 중 하나인 책임감을 부여한다.

이렇게 사람들과 어울리면서 느끼는 책임은 흔히 또래 압력으로 알려지기도 한다. 좋은 습관을 기르는 확실한 방법 한 가지는 그런 습관을 지닌 새롭고 구체적인 또래 집단을 만드는 것이다. 이 새로운 친구들이 당신이 새로운 습관을 끝까지 유지하도록 압력을 가할 것이다.

성공한 사람의 특징 중 한 가지는 성공 마인드를 지닌 사람과 어울리려는 의식적인 노력이다. 성공한 사람들은 가까운 사람이 낭비벽이 심하면 그들과 함께 보내는 시간을 제한하고, 돈과 관련해 성실한 태도를 지니면 함께 보내는 시간을 늘린다. 낙천적 사고방식을 지닌 사람에게는 불빛에 벌레들이 달려들듯 그런 비슷한 유형의 사람들이 모여든다.

정기적으로 어울리는 사람은 우리가 살면서 경험하는 성공 수준에 영향을 미친다. '부자 관계'를 맺을지, '가난한 관계'를 맺을지 선택해야 한다. 부자 관계를 맺는 것은 주변에 성공 마인드를 지닌 사람이 많다는 뜻이며, 가난한 관계를 맺는 것은 주변에 가난한 사고방식을 지닌 사람이 많다는 뜻이다.

성공한 사람은 함께 어울리고 싶은 사람을 매우 소중하게 생각한다. 그들에게 인간관계는 금과 같다. 성공한 사람은 농부가 곡식을 키우며 매일 영양소를 공급한 것처럼 인간관계에 공을 들이는 경향이 있다. 이름과 생일을 기억하고, 자녀 탄생에 축하 선물을 하며, 자주 연락하고 만난다. 성공한 사람은 지인과 사업 동료를 돕기 위해 노력한다. 자신에게는 아무런 도움이 안 되더라도 그렇게 한다. 그들의 초점은 자신이 아닌 다른 사람에게 맞춰져 있다.

인적 네트워크의 힘

성공한 사람에게 인맥은 성공의 필수 조건이다. 그들은 인맥 관리의 유용한 도구로 제도와 절차를 활용한다. 예를 들어 지인의 생일이거나 축하할 일이 생기면 전화를 하거나 카드 또는 선물을 보냄으로써 사람들에게 연락할 구실을 찾는다. 또한 졸업식이나 장례식, 결혼식 등 중요한 행사에 참석한다. 성공한 사람은 비슷한 사고방식을 가진 사람들과 인적 네트워크를 형성한다.

한편 해로운 영향을 끼치는 사람과의 관계를 돈독히 하거나 발전시키는 데는 시간을 낭비하지 않는다. 그들은 해롭고 파괴적인 관계를 모두 줄인다. 끊임없이 문제에 파묻혀 사는 사람은 가까이 하지 않는다. 대개 그런 문제들은 사실상 재정적 곤란이다. 해로운 영향을 미치는 사람은 나쁜 습관을 갖고 있으며 자신의 삶과 함께 주변 사람의 삶까지 몰락시킨다.

성공한 사람은 관계 형성을 배우는 학생이다. 그들은 걸려온 전화에 성실하게 즉시 회신한다. 그리고 항상 관계를 발전시킬 수 있는 방법들을 찾는다. 성공하지 못한 사람은 일반적으로 성공하지 못한 사람과 어울리며 해로운 인간관계를 맺는다. 가난한 관계를 맺음으로써 그들은 점점 가난해진다. 그들은 사람들과 관계를 맺으면서 '최근에 나에게 뭘 해줬어?'라는 생각을 품는다.

정말 이상하게도 일부 사람은 다른 사람을 의도적으로 부당하게 대우하는 것을 당연하게 생각한다. 그래서 어떤 사람이 즉각적 가치를 제공하지 못하면 그의 가치가 다시 생길 때까지 무시한다. 생일에 전화를 하지도 않고 이메일이나 카드도 보내지 않는다. '친구'라 하면서 축하 선물도 하지 않고 그들의 인생에서 중요한 행사에 참석하지도 않는다.

　성공하지 못한 사람은 인맥을 잘 구축하지 못한다. 그들은 지속적이고 정기적으로 다른 사람과의 관계를 발전시키려는 노력을 하지 않는다. 회신 전화를 바로 하지 않으며 어떤 경우에는 아예 하지 않기도 한다.

　성공에 실패한 사람은 인간관계를 관리하는 면에서 '급한 불부터 끄자'는 사고방식을 갖고 있다. 성공하지 못한 사람에게는 느닷없이 위기가 닥치는 경우가 많고, 그래서 그들은 자주 주변에 도움을 요청한다. 자신이 소홀히 했던 사람에게 쉽게 도움을 구한다. 그들은 인간관계 자체를 크게 신경 쓰지 않기 때문에 관계를 발전시키기 위해 시간을 투자하지 않는다.

해로운 인간관계를 피하라

성공하고 싶다면 부자 인간관계를 구축하고 해로운 인간관계를 피해야 한다. 해로운 인간관계를 만드는 독특한 특징이 있다.

1. 부정적 유형의 사람

그들은 언제나 우울하고, 침체돼 있고, 비관적이며, 화를 품고 있고, 불행하고, 감사할 줄 모른다. 부정적인 사람은 인생에서 성공한 사람을 시기한다. 또한 인생이 더 나아지도록 노력하는 사람을 조롱한다. 그들은 언제나 부정적 의견을 가지고 있는 것처럼 보인다. 그들에게 세상은 인색하며 불공정하고 고통스러운 곳이다. 그들은 약물과 알코올에 빠져 자신의 비참한 상황을 잊으려 하며 세상에 매우 심각한 편견을 가지고 있다. 인생은 불공정하다고 생각하기 때문에 부자와 성공한 사람의 처벌을 옹호하는 이데올로기를 받아들인다.

2. 기만적 유형의 사람

끊임없이 거짓말을 하기 때문에 신뢰할 수 없는 사람들이다. 그들은 수단과 방법을 가리지 않고 자신의 것이 아닌 것을 취하려 한다. 기만적인 사람은 진실을 왜곡하는 데 능숙하며 자신의 나쁜 행동을 합리화하는 일에 전문가다. 아무것도 그들의 잘못이 아니며, 어떤 일에도 결코 책임지지 않는다. 그들은 다른 사람을 사람이 아닌 표적이자 목표물로 본다.

3. 비판적 유형의 사람

그들은 다른 사람을 심하게 비판한다. 언제나 비판적 의견을 가지고 있는 것처럼 보인다. 그들은 사회, 정부, 부모, 학교, 사장, 배우자를 탓하고 비난한다. 모든 것이 문제다. 그들에게는 간단하거나 쉬운 것이 아무것도 없다. 그들은 자신의 삶의 모든 것, 모든 사람에 대해 불평한다. 그들은 행복을 거의 느끼지 못하며 가진 것에 결코 감사하지 않는다.

4. 뒤통수치는 유형의 사람

이러한 사람은 믿을 수 없다. 그들은 자신의 이익만 구할 뿐 아니라 고의든 그렇지 않든 관계를 해치는 이상한 습관을 가지고 있다. 그들은 자존감과 자신감이 매우 낮고 삶을 발전시키기 위해 노력하는 사람을 좋아하지 않는다. 또한 틈만 나면 남의 험담을 한다. 인간관계를 장기적 관점으로 보지 않고 가는 곳마다 큰 혼란을 일으키며 관계를 쉽게 맺고 쉽게 끝낸다. 뒤통수치는 사람이 위험한 이유는 그들이 우리의 뒤통수를 치리라고는 전혀 상상도 못 하기 때문이다. 그들은 우리 앞에서 자신의 진짜 모습을 숨기고 가면을 쓰고 있다. 그들에게 해를 입고 난 후에야 우리는 그들의 진짜 모습을 알게 된다.

5. 경제적 난관에 빠진 유형의 사람

그들은 늘 많은 빚에 허덕인다. 친구나 가족에게서 돈을 빌리고 갚는 법이 없다. 이 직업에서 저 직업으로 옮겨 다니면서 빈번하게 실업 상태에 빠진다. 항상 돌발 사태가 잇따라 발생하는데 그들은 마지막 순간에야 당신에게 전화해 돈을 빌려 달라고 하는 못된 습관이 있다. 결국 그들은 당신의 엄청난 시간과 돈을 써버린다.

6. 게으른 유형의 사람

이런 유형의 사람은 언제나 홈런만 노리며 효과가 빠르고 쉬운 일을 통해 돈을 벌려고 한다. 그들은 성공을 달성하기 위해 시간과 노력을 쏟으려 하지 않는다. 성공은 우연한 행운이라 믿는다. 인간관계와 경력, 사업에 시간을 투자하지 않고 도박까지 한다. 그들은 다른 사람에게 접근해 놓칠 수 없는 사업 기회가 있다고 현혹하면서 남의 돈을 노린다. 그렇게 사람들을 현혹시켜 심사숙고하지도 않고 급하게 세운 자신의 계획에 투자를 하게 만들고, 계산된 위험이 아닌 비논리적 위험을 감수한다.

7. 피해자 유형의 사람

그들은 수급권이 당연하다고 생각하는 사고방식을 갖고 있다. 형편이 더 좋은 사람이 경제적으로 어려움에 처한 사람을 도울 의무가 있다고 생각한다. 그들은 부자를 단순히 행운의 수혜자라 본다. 반대로 그들 자신에 대해서는 불행의 피해자라 생각한다. 그들은 자신의 삶을 스스로 꾸려가기 위한 책임을 지지 않는다. 자신의 경제적 상황이 자신 탓이라 생각하지 않는다. 그저 인생에서 부당한 대우를 받고 있다고 생각한다.

8. 중독자 유형의 사람

약물, 음식, 알코올, 도박, 섹스, 위험 등에 중독된 사람들이다. 그들은 자신의 행동에 대한 통제권이 없다. 그들은 의지력이 없으며 언제나 주변 사람의 기대를 저버린다. 그들의 삶과 인간관계, 경제적 상황은 엉망진창이다. 그들은 당신의 생명을 빨아먹는 거머리 같은 존재다.

성공한 사람은 시스템을 활용해 인간관계를 관리한다. 어떤 사람은 매우 정교한 시스템을 갖고 있으며 최근 기술과 소프트웨어를 활용한다. 어떤 시스템을 만들든 연락할 사람에 대해 다양한 유형의 정보를 알아낼 수 있는 방법을 찾아야 한다.

이름, 주소, 전화번호, 이메일 주소뿐 아니라 직업, 생일, 배우자 이름, 배우자 생일, 자녀 이름, 출신 대학교, 출신 대학원, 출신 로 스쿨 등과 같은 중요한 정보도 파악해야 한다. 또한 그들의 취미, 관심사, 좋아하는 책에 더해 다른 중요한 정보도 알아내야 한다. '중요한'이라는 말은 연락할 때 필요한 중요한 정보라는 뜻이다.

가장 널리 쓰이는 연락처 관리 시스템은 아웃룩(Outlook)이다. 컴퓨터를 사용하는 사람은 거의 아웃룩을 쓴다. 휴대전화와 아웃룩을 연결해 어디를 가든 연락처를 소지하고 다닐 수도 있다. 하지만 아무리 성능 좋은 연락처 관리 시스템을 가지고 있다 해도 그것을 잘 활용하지 않으면 아무 소용이 없다. 기본적으로 그런 시스템은 연락처에 기록된 사람의 생일을 알려준다. 따라서 최소한 지인의 생일을 축하한다는 연락을 하며 인간관계를 관리할 수 있다.

어떤 사람과 자주 연락을 주고받지 못하더라도 그런 최소한의 연락이 관계가 끊어지지 않게 해준다. 생일 축하 전화를 하면 최소한 일 년에 한 번의 연락만으로 관계가 유지된다. 당신이 생일을 축하한다고 연락하면 상대도 당신에게 연락할지 모른다. 그러면 그 사람과의 연락이 일 년에 두 번으로 늘어난다.

내가 만난 성공한 사람은 모두 나처럼 좀 고약한 비밀을 가지고 있다. 다른 사람들처럼 그들도 이름을 기억하는 데 어려움을 겪는다는 것이다. 하지만 그들은 그런 문제를 해결하기 위해 기억하고 싶은 사람의 이름을 기억하기 위한 시스템을 만든다.

이름을 기억하는 좋은 방법은 연락처의 기록된 사람을 카테고리로 분류하는 것이다. 예를 들면 다음과 같은 카테고리로 분류할 수 있다.

- 테니스 연락처
- 골프 연락처
- 볼링 연락처
- 동호회 연락처
- 이웃 연락처
- 대학 친구 연락처
- 사업 파트너의 친구 연락처
- 직장 동료와 그들의 가족, 공동체 연락처

연락처에 있는 사람 한두 명을 만나게 될 수 있는 모임에 가기 전 연락처의 카테고리를 열어 이름을 다시 기억할 수 있다. 이름은 누구에게나 중요하다. 누군가 자신의 이름을 기억할 정도로 자신을 중요하게 생각할 때 그 사람에게 감사함을 느끼는 법이다.

마이클 야드니의 통찰 ——————— MICHAEL YARDNEY'S INSIGHT

나의 초기 멘토 짐 론의 가르침에 따르면 우리가 대부분의 시간을 함께 보내는 사람 다섯 명의 평균적인 모습이 바로 우리 자신이다. 인간관계와 관련해 우리는 좋든 싫든 가장 가까운 사람으로부터 많은 영향을 받는다. 그들은 우리의 사고방식과 자존감, 결정에 영향을 미친다.

부자습관
6 **중용의 가치**

나는 매일 절도 있는 삶을 살겠다.

절도 있는 삶을 산다는 것은 한쪽으로 치우치지 않은 균형 잡힌 생활을 한다는 뜻이다. 성공한 사람은 지나침을 삼간다. 그들은 격렬한 감정적 변화, 중독, 강박, 폭음 및 폭식, 단식, 극단적 쾌락, 광적인 행동을 피한다. 그들은 자신의 생각과 감정을 철저하게 통제한다. 그들은 안정된 상태에서 삶을 통제해야 한다는 점을 알고 있다.

성공한 사람은 인생이 단거리 경주가 아니라 마라톤이라는 것을 이해한다. 그들은 업무 시간, 식습관, 운동, 음주량, TV 시청, 독서, 인터넷 사용, 전화 통화, 이메일, 문자 메시지, 대화, 오락, 성관계 등을 조정한다. 그들의 성격에도 절도 있는 사고방식이 나타난다.

그들은 몹시 들뜨거나 지나치게 우울감에 빠지지 않는다. 언제나 침착함을 유지하고 쉽게 화를 내거나 흥분하지 않는다. 그들의 절도 있는 사고방식은 가족, 친구, 동료, 사업 파트너를 편안하게 해주며 이것이 관계를 발전시킨다. 그 결과 사람들은 그들 곁에 있는 것을 좋아한다. 어떤 문제든 그들과 처리하면 편안하기 때문이다.

성공한 사람도 먹고 마시며 즐기지만 절도 있는 라이프스타일을 유지한다. 많은 사람의 생각과 달리 그들의 집, 자동차, 소지품, 휴가 등은 호화롭지 않다. 세계 최고 부자 중 한 명인 워런 버핏은 거의 55년 전 신혼 생활을 시작했던 집에서 지금도 살고 있다.

그의 집은 울타리나 담도 없는 수수한 집이다. 그는 전세기 사업체를 소유하고 있지만 비행기를 탈 일이 있으면 민간 항공기를 선호하고, 매일 차를 직접 운전하며 사무실을 오간다. 버핏은 매일 부자 습관에 따라 살고 있다.

성공하지 못한 사람은 한쪽으로 치우친 삶을 산다. 그들은 과식과 과음을 일삼는다. 또한 사소한 일들에도 과잉 반응을 나타낸다. 감정의 급격한 변화를 내버려두기 때문에 인간관계에서 심각한 갈등과 고통을 유발한다. 행복, 사랑, 분노, 증오, 질투, 시기 등의 감정을 매우 자유롭게 표출하며 가장 중요한 관계가 위험에 빠지면 순식간에 감정이 크게 동요된다. 음식, 알코올, 섹스, 약물, 험담, 자기 물건, 자신의 의견·생각·행동에 지나치게 집착한다.

성공하지 못한 사람은 삶에 대한 통제력이 거의 없다. 그들은 기분이 심하게 요동치기 때문에 건강에 문제가 생기고, 인간관계를 불편하게 만들고, 경제적 문제를 겪는다. 그들은 '친구 따라 강남 간다'는 사고방식을 갖고 있다. 그래서 소비 패턴이 끊임없이 다른 사람의 영향을 받는다. 어떤 식으로든 큰돈이 생기면 그들은 남들의 시선을 끌기 위해 그 돈으로 큰 집을 사거나 고급 자동차를 구입한다. 주택 담보 대출과 개인 대출을 받아 더 많은 돈을 쓴다. 라이프스타일을 유지하기 위해 집을 담보로 융자를 다시 얻는 사람도 많다.

성공하지 못한 사람은 그날 벌어 그날 살기 때문에 실직이나 일시적 부상, 수입 급감 같은 예기치 못한 일이 생기면 한순간 경제적 난관에 부딪힌다. 그들에게 저축이나 재정적 안정망은 없다. 그들은 우선순위를 잘못 두고 있다. 필요에 대한 우선순위를 바르게 매기고 수입 내에서 생활을 꾸려나가는 절도 있는 라이프스타일을 유지하지 못한다.

마이클 야드니의 통찰 ───────── **MICHAEL YARDNEY'S INSIGHT**

절도 있는 삶을 살면 삶의 균형을 찾고 즐길 수 있다. 절도 있는 삶의 반대는 한쪽으로 치우친 삶이다. 흥미롭게도 좋은 것이 너무 많으면 오히려 그것을 즐기지 못하는 경우가 많다.

가진 돈을 자랑하기 위해 돈을 쓰는 것은 돈을 잃는 확실한 방법이다.

사람들은 돈으로 자동차나 옷, 보석 등의 '물건'을 산다. 하지만 부는 눈으로 보이는 것이 아니다. 부는 부자가 경제적 자유를 얻기 위해 쌓는 자산이다. 현금, 주식, 채권, 부동산 같은 것이 부다. 이러한 것들이 자유와 안정을 안겨 준다. 어떤 것을 원하는가? 지혜롭게 선택하라.

미루는 버릇을 없애는 방법

나는 매일 목표를 이루는 행동을 하겠다.

자각을 하든 그렇지 않든 우리 각자의 마음속에는 양편이 격렬하게 대치하는 전쟁이 있다. '행동으로 옮겨라'와 '미루라'의 외침이 동시에 맹위를 떨치고 있는 것이다. 미루는 태도는 아무리 재능이 출중한 사람이라도 성공을 실현시키지 못하게 막는다. 대부분의 사람이 이 가난한 자의 습관을 가지고 있다. 많은 사람이 경제적으로 힘겨운 삶을 사는 것도 우연은 아니다.

성공 여부에는 많은 동력이 관련돼 있다. 미루는 태도는 실패로 치닫게 하는 주요한 동력이다. 미루는 태도가 생기는 주요 원인 중 한 가지는 하는 일에 열정이 없기 때문이다. 사람들은 좋아하는 일을 하고 싶어 하며 좋아하지 않는 일을 뒤로 미룬다. 하기 싫은 일을 의무감으로 억지로 해야 할 때 두려움과 공포가 생기기 때문이다.

따라서 사람들은 일을 하지 않아 생기는 고통이 그 일을 해서 생기는 두려움과 공포보다 더 커질 때까지 최대한 미룬다. 대부분의 사람이 재정적으로 어렵게 사는 주요 원인은 미루는 태도다.

미루는 태도는 직장에서 고용주나 동료가 우리에 대해 갖는 신뢰에 해를 끼친다. 또한 업무 질에도 영향을 주어 자신의 생산성을 떨어뜨리는 것은 물론 소비자나 고객, 사업 파트너와의 관계로 생기는 회사 성과에도 악영향을 끼친다.

미루는 태도 때문에 신뢰할 수 없다거나 업무 결과가 형편없다는 낙인이 찍히기도 한다. 최악의 상황으로 미루는 태도로 인해 소송에 휘말릴 수 있다. 그러면 스트레스를 받는 데서 그치지 않고 수만 달러에 이를 수도 있는 비용이 유발될 위험이 있다.

성공한 사람은 꿈과 목표를 위해 해야 할 일을 행동으로 옮긴다. 그렇게 할 때 꿈과 목표를 향해 앞으로 나아간다. 행동을 하면 다양한 결과들이 생기기 때문에 그로 인한 피드백을 얻을 수 있다. 이것은 우리가 성공을 향한 트랙에서 제대로 가고 있는지 벗어났는지 파악하는 데 대단히 중요하다. 그러한 피드백은 과정을 바로잡기 위한 조정을 할 수 있게 해준다. 또한 행동은 행복을 증진시킨다. 해야 하는 일을 하지 않을 때 생기는 스트레스를 줄여주기 때문이다.

성공하지 못한 사람은 일을 계속 뒤로 미룬다. 그러다 보면 급하게 처리해야 하는 문제들이 생기게 마련이다. 언제나 그들은 급한 불을 *끄*기에 급급하다. 미루는 태도 탓에 중요한 일을 잊거나 중대한 일을 급박한 상황에서 처리하게 될 위험이 증가한다. 그런 상황이 생기면 실수나 잘못이 생기기 쉽고 소송으로 이어질 수 있는 법적 책임을 떠안게 될 수 있다.

미루는 태도는 삶의 발전을 가로막는다. 많은 사람이 지금의 삶에 파묻혀 앞으로 나아가지 못하는 것도 미루는 태도 때문이다. 미루는 태도는 어떤 제품이나 서비스를 판매하든 그 질을 떨어뜨린다. 성공하지 못한 사람의 삶은 무계획적이고 혼란스러우며 복잡하다.

그들은 이쪽 불을 *끄*고 나면 또 저쪽 불을 꺼야 하기 때문에 성취도가 낮을 수밖에 없다. 오히려 그들은 즉시 신경을 써야 하는 외부 사건에 휘둘린다. 자신의 삶이나 하루 일정을 통제하지 못하며 무력하고 목적이 없다고 느낀다.

미루는 태도는 두려움과 공포 때문에 생긴다. 사람들이 행동으로 옮기는 일을 두려워하는 이유는 고통의 공포 때문이다. 여기서 고통은 업무나 목표를 완수하기 위해 쏟는 상상 속의 신체적 및 정신적 노력이다. 또한 행동의 결과도 고통이 될 수 있다. 모든 행동은 다양한 결과와 그로 인한 피드백을 만든다. 이런 피드백이 좋을 때도 있지만 나쁠 때도 있다. 사람들은 부정적인 피드백을 두려워한다. 하지만 부정적인 피드백은 성공에 대단히 중요하다. 그런 피드백을 통해 성공을 향한 여정에서 바른 길로 가는지 잘못된 길로 가는지 알 수 있기 때문이다.

습관적으로 미루는 사람은 행동으로 인한 고통을 행동을 하지 않는 고통보다 더 크게 느낀다. 그래서 까다롭거나 고통스럽지 않은 다른 일로 주의를 돌린다. 하지만 우리의 태곳적 뇌인 잠재의식은 완수되지 않은 일이 있다는 사실을 우리가 잊어버리도록 그냥 놔두는 법이 없다. 잠재의식은 할 일이 남았다고 계속 잔소리를 한다. 우리 몸에 설정된 무의식적인 사전 경고 시스템인 스트레스를 유발함으로써 그렇게 한다.

잠재의식은 그 일을 완수하는 것이 삶을 향상시키는 데 중요하며, 일을 미루면 부정적인 결과를 얻고 인생에 해를 끼친다는 것을 직관적으로 알고 있다. 이 뇌는 스트레스를 통해 우리의 옆구리를 쿡 찔러 행동을 하게 만든다. 이 스트레스는 행동을 취하기 전에는 결코 사라지지 않으며 불행한 마음이 만들어낸다. 따라서 미루는 태도는 불행을 만든다.

미루는 태도를 잠재우는 도구

믿기 힘들겠지만 인생에서 뛰어난 성공을 거둔 사람의 마음속에도 그렇지 못한 사람의 경우와 비슷하게 미루는 태도가 크고 명확하게 소리를 지른다. 다른 점은 성공한 사람은 그 소리를 중단시킨다는 것이다. 미루는 태도의 목소리를 영원히 잠재우는 데 도움이 되는 다섯 가지 도구를 소개한다.

1. 해야 할 일 리스트

내 연구 결과를 보면 성공한 사람은 일의 완수를 위해 '해야 할 일' 리스트를 사용하는 경우가 많았다. 매일 해야 할 일에는 두 종류가 있다.

- 목표 관련 해야 할 일: 월간 및 연간 목표, 장기 목표와 관련된 일상 업무가 있다. 당연히 이런 일은 거의 고정적이다. 즉 해야 할 일 리스트에 매일 등장하는 일이다. 예를 들어 '텔레마케팅 전화를 하루 10건 하기'가 목표와 관련된 해야 할 일이다.
- 목표와 관련 없이 해야 할 일: 관리 업무(이메일 회신 등)나 고객 업무(고객 미팅 등), 일상적인 일(은행 업무 등)이 여기에 속한다. 이런 일은 고정된 일상 업무일 때도 있으며 매일 달라지기도 한다.

2. 매일 할 일 다섯 가지

성공한 사람은 매일 해야 할 일 리스트에 하루가 끝나기 전에 완수할 다섯 가지 일을 포함시킨다. 이 다섯 가지 일은 자신의 본업인 직장 생활과 관련이 없는 것일 수 있다. 목표를 달성하기 위해, 또는 삶의 목적과 꿈을 이루는 과정에서 스스로 발전하기 위해 매일 해야 하는 일이 이 다섯 가지에 들어갈 것이다.

3. 임의로 데드라인을 설정해 사람들에게 알리기

일의 완수에 직접적 영향을 주는 데드라인을 설정해 제3자에게 말하면 그 일에 대한 긴급성이 더욱 높아진다. 단순히 '해야 할 일'에 그치지 않고 그 제3자와 한 개인적 약속이 되는 것이다. 따라서 이 방법은 데드라인에 맞춰 약속을 지키라는 압박을 준다.

4. 책임감을 주는 파트너

책임감을 주는 파트너는 정기적으로(예를 들면 일주일에 한 번) 만나는 사람 중에 우리가 일을 완수하도록 압력을 주는 사람이다. 이런 사람은 한 명일 수도 있고 더 많을 수도 있다. 특정한 일을 완수하도록 책임감을 부여하는 사람이 있다는 것을 알면 그때 역시 해야 할 일은 단순히 '해야 할 일'이 아닌 그 이상의 의미를 지닌다. 사람들은 누구나 다른 사람이 지켜보고 있을 때 일을 더 잘 수행한다.

5. '당장 하라'는 확언

잔소리를 듣기 좋아하는 사람은 아무도 없다. 하지만 우리가 자각하든 그렇지 않든 잔소리는 우리의 행동을 바꾼다. 사람들은 하고 싶지 않은 일이라도 해야 한다는 잔소리를 반복적으로 들으면 그 일을 하려는 경향이 있다. '당장 하라'는 확언은 효과가 매우 좋은 셀프 잔소리다. '당장 하라'는 말을 반복적으로 함으로써 우리는 자기 자신에게 효과적인 잔소리를 할 수 있다. 이 도구는 연구를 수행하는 과정에서 발견하게 됐는데 나는 이 도구를 활용해 시간을 미루거나 순위를 미루고 싶은 마음이 생길 때 당장 하라고 내 자신에게 잔소리를 하기 시작했다. 이제 나는 나의 행동을 바꾸고 일을 완수하기 위해 이 확언만 하면 된다.

당신은 당신 내부에서 맹위를 떨치는 전쟁의 총사령관이다. 당신의 병력을 지휘하며 행동을 취하라. 목표와 꿈을 이루는 행동을 할 때 비로소 전쟁에서 승리할 수 있다. 행동에 따른 두려움과 공포를 극복하라.

그날의 할 일을 미루거나 연기하지 마라. 미루려는 생각이 마음속으로 슬그머니 들어오면 '당장 하라'라는 확언을 통해, 또는 앞서 제시한 다른 전략을 사용해 그 생각을 즉각 몰아내라. 당신에게 효과적인 방법을 찾아 사용하기 바란다. 인생에서 단 일 초라도 미루려는 생각을 허용하지 마라.

일단 행동으로 옮기고 나면 그 행동에 몰입되고, 미루려 했던 생각은 싹 사라진다. 그 일을 완수하면서 당신은 고무되는 감정을 느끼며 자신의 삶을 통제하고 있다는 생각이 들 것이다.

미루는 태도를 단순한 선택이 아닌 가난한 자의 습관으로 여기는 방법을 배울 때 성공을 향한 길을 가게 될 것이다.

나는 매일 나 자신과 긍정적인 대화를 나누겠다.

경마장에 가본 적 있는가? 그렇다면 경주 시작 직전 말들이 무질 서하게 출발문으로 이끌려오는 것을 봤을 것이다. 문은 닫혀 있다 가 총소리와 동시에 열리고 말들은 권총에서 총알이 발사되는 것 처럼 출발문에서 튀어나와 결승선을 향해 달린다.

하지만 문이 열리기 전까지는 아무 일도 일어나지 않는다. 문이 열리고 나서야 비로소 경주가 시작되는 것이다. 대부분의 사람에 게 비유적인 문은 평생 굳게 닫혀 있다. 그들은 자신의 생각에 발 목 잡혀 성취와 승리를 얻을 수 있는 경주를 시작하지 못한다.

자주 반복되는 생각은 습관적인 생각이 된다. 습관적 생각은 당 신을 조종해 좋을 수도 있고 나쁜 수도 있는 특정한 행동을 하게 한다.

부정적이고 비관적인 생각에 빠지고, 새로운 견해를 차단하고,

제약을 만드는 믿음에 짓눌리는 한 결승선에 도달하기는커녕 경주를 시작도 못 한다. 경주는 꿈을 이루게 해주는 목표를 추구하고 달성하는 과정이다. 그리고 결승선은 꿈이 실현되는 지점이다. 99퍼센트의 사람들이 자신의 생각에 가로막혀 문 밖으로 나가지도 못한다.

통찰력으로 더 잘 알려진 창의적 문제 해결력에 대한 최근 과학 연구에 따르면 부정적 성향은 명확한 판단력을 저해한다. 불행한 사람은 불행하고 비관적 생각을 하는 경향이 있다. 반대로 행복한 사람은 행복하고 낙천적 생각을 하는 경향이 있다. 인지심리학자들은 이런 현상을 부정적 또는 긍정적 렌즈를 통해 세상을 보는 경향, 즉 '기분 일치'라 부른다. 세상을 보는 렌즈가 부정적이면 초점이 좁아지면서 자신의 문제 말고는 아무것도 보이지 않는다.

부정적 생각에 눈이 멀어 해결책과 기회를 보지 못하는 것이다. 부정적 인생관은 창의성을 제약하는 터널 시야의 원인이 된다. 경제적 어려움에 시달리는 사람이 인생을 부정적으로 보기까지 하면 그런 인생관은 부정적 성향이라는 불길에 기름을 붓는 연료 역할을 한다. 그러면 실업 상태가 지속되거나 빈곤 계층 또는 차상위 계층에서 벗어나지 못한다.

이와 반대로 같은 연구 결과에 따르면 긍정적 인생관은 창의적 문제 해결력을 향상시킨다. 긍정적 생각은 사고와 의식을 확장하고 정신을 활짝 열어 해결책과 기회를 찾게 해준다. 당신이 가난하다면 긍정적 인생관이야말로 실업이나 빈곤 계층, 차상위 계층에서 벗어날 수 있는 유일한 수단이다.

성공한 사람은 긍정, 열정, 에너지, 행복감, 균형감을 가지고 있다. 그들은 자신이 강력하고 삶에 대한 통제력을 행사하며 자신감과 에너지가 넘친다고 느낀다. 이것은 우연이 아니다. 그들은 부자 사고방식을 훈련받은 사람들이다. 그들의 내적 대화는 비판적이지 않고 사기를 북돋아준다.

그들은 습관적으로 긍정적인 자기 대화를 한다. 태도를 발전시키고 긍정적인 사고방식을 만들기 위해 긍정적인 확언을 활용한다. 문제가 생겨도 자책하지 않는다. 그들은 문제와 장애물이 기회이자 교훈을 얻는 경험이라 생각하는 부자 사고방식을 기른다.

성공한 사람은 자신의 생각을 통제한다. 나쁜 생각을 즉시 몰아내고 그 자리에 좋은 생각을 채운다. 그들은 나쁜 생각을 일 초라도 허용하면 그런 생각이 뿌리를 내려 결국 자신의 행동을 부정적 방향으로 바꾼다는 것을 알고 있다. 그들은 자신의 정신에 긍정적이고 좋은 생각을 씨앗으로 뿌려 그것이 뿌리를 내리고 마침내 꽃을 피워 언젠가 열매를 맺게 한다.

또한 성공한 사람은 시각화 기법을 사용해 사고방식을 바꾸거나 발전시킨다. 믿을 수 없겠지만 성공한 사람의 정신에도 지독히 나쁜 생각들이 들어온다. 다양한 매스컴에서 하루 종일 쏟아져 나오는 부정적 뉴스에도 불구하고 그들은 어떻게 영향을 받지 않을 수 있었을까?

미디어는 날마다 우리에게 부정적인 생각을 먹이로 준다. 부정적인 정보는 공포와 불안, 근심을 유발한다. 우리는 쏟아지는 부정적 정보의 희생물이 되기 쉽다. 성공한 사람은 이 점을 깨닫고 부정적 내용을 전하는 TV나 라디오, 인터넷 사이트를 최대한 피하려 노력한다. 그 대신 그들은 건설적이고 희망을 주는 프로그램을 보거나 듣는다. 신문과 잡지에서 긍정적 기사를 읽고 부정적 기사는 멀리 한다.

성공한 사람은 매일 보고 듣는 것을 통제한다. 끝으로 성공한 사람은 자신이 인생에서 받은 모든 것에 감사한다. 날마다 그들은 감사를 표현한다. 잠들기 전에 또는 아침에 일어나자마자 감사함을 나타낸다. 어떤 사람은 감사 리스트를 만들기까지 한다. 그들은 리스트에 적힌 감사한 모든 것을 매일 큰소리로 낭독한다.

감사하는 태도가 왜 그렇게 중요할까

감사함은 낙천적이고 긍정적인 사고로 향하는 입구다. 감사하는 태도는 자신의 삶에서 좋은 것을 억지로 끌어내게 만든다. 내 차가 오늘은 시동이 걸렸다, 가족을 부양할 수 있다, 집이 있다, 건강하다, 살아 있다, 사랑하는 가족이 있다 등 일부러 자각하지 않으면 감사한지 모르는 것을 생각나게 해준다. 삶의 좋은 것들을 생각할 때 우리의 정신은 부정적인 것에서 긍정적인 것으로 초점을 옮기기 시작한다.

매일 감사함을 연습하면 마침내 긍정적인 생각이 부정적인 생각을 제압한다. 감사함은 세상을 보는 렌즈를 부정에서 긍정으로 바꾼다. 그러면 문제가 아닌 해결책이 보이기 시작한다. 실업과 가난에서 벗어날 수 있게 해주는 아이디어들이 갑자기 머리에 떠오르게 될 것이다.

매일 감사함을 나타내는 것은 가식적이거나 알쏭달쏭한 의식이 아니다. 감사함은 낙천적이고 긍정적인 사고로 향한 입구다. 그것은 제약으로 가득한 삶을 무한한 기회의 삶으로 둔갑시키는 수단이다.

성공하지 못한 사람은 부정적 인생관을 갖고 있다. 그들은 자기 자신과 주변 모든 사람에 대해 비판적이다. 흔히 그들은 자기 자신에게, 그리고 다른 사람에게 최악의 비평가다. 성공에 실패한 사람은 부정적이고 파괴적인 생각을 가지고 있다. 나쁜 생각이 자신의 정신으로 들어오는 것을 막지 않기 때문에 그런 생각이 뿌리를 내리고 결국 나쁜 행동을 하게 된다.

그들은 동기나 열정이 없고 우울한 상태에 자주 빠진다. 우울한 감정이 며칠이나 몇 주 동안 지속되기도 한다. 그들은 TV나 인터넷으로 부정적인 프로그램을 너무 많이 본다. 또한 신문에 부정적 정서를 자극하는 표제가 실리면 구입해 읽어보고 부정적 내용을 다루는 인터넷 사이트를 자주 방문한다. 그들은 절망과 무력감을 느낀다.

누군가에게 부정적 사고방식이 있는지 어떻게 알 수 있는가

그들에게는 다음의 징후가 나타난다.

- 피해자 사고방식: 성공하지 못한 이런 유형의 사람은 현재 처한 경제적 상황이 자신의 통제력 밖에 있는 외부 힘 때문이라 믿는다. 월스트리트, 부의 양극화를 지속시키고 싶어 하는 부자, 정부 정책, 경제 상황, 형편없는 학교, 불우한 성장 환경, 불행 등이 자신이 가난한 이유라 믿는다.
- 편협한 사고방식: 성공하지 못한 사람은 사고가 편협하고 자신의 견해와 다른 새로운 아이디어나 생각, 의견을 잘 받아들이지 않는다. 자수성가한 백만장자의 특징 중 하나는 새로운 생각과 지식, 사고방식을 열린 마음으로 받아들이는 능력이다.
- 사상적 제약: 성공하지 못한 사람들은 가난에서 벗어나지

못하게 하는 사상을 고수한다. 부자는 나쁘다, 돈은 일만 악의 뿌리다, 가난하게 태어난 사람은 가난에서 탈출할 수 없다, 가난에서 벗어나려면 대학 교육을 받아야 한다 등의 믿음을 늘 가지고 있다. 사상적 제약을 없앨 수 있어야 사고를 확장해 성장하고 발전할 수 있다.

- 지적인 제약: 성공하지 못한 사람은 자신이 똑똑하지 않다고 생각하며 그것이 한 가지 원인이 되어 자신이 가난하다고 믿는다. 누구에게나 천재가 될 잠재력이 있다. 우리 모두는 천재 유전자를 가지고 태어났다. 자신이 똑똑하지 못해 경제적 어려움을 극복할 수 없다고 생각하면 천재 유전자의 스위치를 꺼버리는 것이다.

- 즉각적 만족: 성공하지 못한 사람은 장기적 문제에 대해 단기적 해법을 찾는다. 그들은 복권을 사고, 스포츠 도박을 하며, 은퇴 자금으로 쓸 큰돈을 따길 바라며 카지노에 간다. 가난에서 벗어나고 부를 창출하는 데는 시간이 걸린다. 배가 들어오게 하는 유일한 방법은 정박할 수 있을 정도의 큰 선착장을 짓는 것이다.

사고방식을 바꾸는 데 도움이 되는 가장 성공적인 기법 중 하나는 긍정 확언을 사용하는 것이다. 긍정 확언은 잠재의식이라고도 알려진 태곳적 뇌(old brain, 진화 단계에서 가장 먼저 발달하여 본능과 생존에 큰 영향을 준 뇌 - 옮긴이)를 다시 프로그래밍한다. 이 태곳적 뇌는 가장 최근에 진화된 새로운 뇌(new brain, 의식을 담당하는 것으로 알려지기도 한 신피질)가 있기 수백만 년 전부터 존재했다.

태곳적 뇌가 새로운 뇌보다 훨씬 더 강력하다. 그 강력함 중 한 가지는 우리가 알지도 못하는 사이 우리 행동을 조정하는 능력이다. 태곳적 뇌를 다시 프로그래밍하기 위해 긍정 확언을 사용하면 이 뇌는 우리 행동을 바꾸기 위해 은밀히 작동하기 시작한다. 태곳적 뇌는 우리에게 직관과 통찰이라는 형태로 메시지를 보낸다. 직관과 통찰이 생기면 우리는 방향을 돌려 행동을 바꾸게 된다.

긍정 확언

- 나는 매일 '해야 할 일' 리스트를 완수한다.
- 나는 목표를 달성한다.
- 나는 운이 좋다.
- 나는 성공한다.
- 나는 1년에 30만 달러를 번다.
- 나는 롱비치아일랜드에 별장을 가지고 있다.
- 나는 회사의 고위 간부다.

- 나는 내 수입과 저축액으로 자녀의 대학 등록금을 납부한다.
- 나는 내 일을 사랑한다.
- 나는 다른 사람과 함께 일하는 것을 좋아한다.
- 나는 자신감이 있다.
- 나는 폭넓은 인맥을 가지고 있다.
- 나는 부모님에게 매주 전화한다.
- 나는 공인회계사다.
- 나는 절도 있는 삶을 산다.

긍정 확언은 언젠가 당신이 되고 싶은 모습, 성취하고 싶은 것, 쌓고 싶은 자산, 벌고 싶은 수입을 생생하게 그리는 것이다. 긍정 확언이 더욱 효과적이려면 구체적으로 표현하고 현재 시제를 써야 한다. 긍정 확언을 리스트로 만들어 늘 옆에 두어라. 그것을 아침에 한 번, 점심에 한 번, 자기 직전에 한 번 보라.

이러한 긍정 확언이 매일 당신의 정신에 스며들게 하라. 그러한 확언들이 당신에게 가장 긍정적이고 좋은 생각이며 결국에는 그것이 뿌리를 내리게 될 것이다. 그러면 사건과 상황들이 당신이 긍정적으로 생각하는 대로 펼쳐지기 시작할 것이고 느닷없이 나타난 것처럼 보이는 기회가 생길 것이다.

마이클 야드니의 통찰 ——————— MICHAEL YARDNEY'S INSIGHT

사람들이 부정적인 생각을 하는 것은 어떻게 보면 너무 당연하다. 뭔가 괴로운 일이 있을 때 신경을 쓰지 말라는 것은 말은 쉬운데 실천하기 어렵다. 하지만 부정적인 생각을 머릿속에서 계속 되뇌면 불편하고 역효과만 낳는다. 따라서 이 장에 설명된 콜리의 위대한 조언에 주의를 기울이고 부자 사고방식을 습관으로 발전시켜야 한다.

저축 없이 부자가 된 사람은 없다

나는 수입의 10퍼센트를 저축하고, 남은 90퍼센트로 생활하겠다.

성공한 사람은 자신에게 먼저 지출한다. 성공한 사람은 각종 청구서 대금을 지급하기 전에 적어도 수입의 10퍼센트는 저축이나 투자, 은퇴 자금으로 떼어놓는다. 그들은 자신의 돈을 현명하게 투자하고 그 투자를 꾸준하게 관리하며 투자 수익에 대한 목표를 합리적으로 정한다.

그들은 신용 점수가 높으며 자신의 순자산이 어느 정도인지 알고 있고 자신의 대차대조표를 모니터링한다. 또한 수익을 극대화하고 세금을 최소화하기 위해 유능한 전문가의 도움을 받는다. 공인회계사나 자산관리사, 변호사 같은 전문가의 서비스를 활용해 자신의 돈과 세금을 관리한다.

성공한 사람은 퇴직 연금에 가입한다

그들은 법이 허용하는 최대한으로 퇴직 연금에 가입한다. 이런 연금 제도 중 많은 제도가 매년 수입의 상당 부분을 과세 유예 방식으로 저축할 수 있게 해준다. 자신이 근무하는 회사에 퇴직 연금 제도가 없으면 그들은 개인적으로 퇴직 계좌를 만들어 개인적인 퇴직 연금을 만든다. 그들은 월급을 받을 때마다 그런 계좌에 입금하며 목표액을 설정한다. 그 목표를 달성하려는 노력으로 퇴직 연금을 정기적으로 모니터링하고 올바른 방향을 잡아나간다.

성공하지 못한 사람은 가장 나중에 자신에게 지출한다

그들은 그날 벌어 그날 살아가며 라이프스타일을 유지하기 위해 한 푼도 남기지 않고 모조리 써버린다. 그들은 가난한 절약가이며 과도한 빚을 떠안고 있다. 가계자금대출을 받아 여윳돈이 전혀 없으며 신용카드는 최대한도까지 사용하고 할부 개월 수를 최대한 늘린다. 그들의 신용 점수는 낮다.

성공하지 못한 사람은 퇴직 연금 제도에 가입하지 않는다. 어떤 사람은 도박에 지나치게 빠지거나 퇴직 자금을 모으겠다며 복권을 산다. 그들은 피할 수도 있는 위험을 무모하게 감수하거나 사전에 위험을 세심하게 예측하지도 않는다. 수입의 최소 10퍼센트를 따로 떼어놓지 않아 결국 퇴직 나이가 되면 경제적으로 안정적인 은퇴 생활을 할 만한 충분한 자금이 없다.

그들은 자신의 수입에서 10퍼센트를 따로 모을 여유가 없다는 핑계를 댄다. 적절하게 저축하기 위해 라이프스타일을 바꿀 의지가 없는 것이다. 대개 성공하지 못한 사람은 은퇴 생활을 하면서도 별도의 일을 계속하거나 가족 또는 정부에 기대는 수밖에 없다.

마이클 야드니의 통찰 ───────── MICHAEL YARDNEY'S INSIGHT

부자가 되는 공식은 번 돈보다 덜 쓰고, 남은 돈을 저축하고, 어느 정도 목돈이 생기면 미래를 위한 투자를 하는 것이다.

자신에게 먼저 지출하고 나머지 돈으로 소비하는 것은 중요한 부자 습관이다. 이와 대조적으로 흔히 볼 수 있는 가난한 자의 습관은 먼저 소비하고 남은 돈을 저축하는 것인데, 이 경우 남은 돈이 거의 없다는 것이 문제다.

말과 감정의 주인이 되어라

나는 매일 말과 감정을 통제하겠다.

모든 생각을 입 밖으로 꺼내고 모든 감정을 드러낼 필요는 없다. 성공한 사람은 자신의 말과 감정의 주인이다. 그들은 마음속에 있는 말을 뭐든 다 해버리면 꿈과 목표를 달성하기 위해 앞으로 나아가는 데 도움이 되는 사람과의 관계를 해칠 수 있다는 것을 알고 있다.

그들은 분노, 시기, 흥분, 슬픔, 그 밖의 사소한 감정에 사로잡히지 않는다. 나쁜 감정을 모두 몰아내고 그런 감정을 일 초도 허용하지 않는다. 그들은 부정적 감정은 나쁜 선택을 하게 해 결국 나쁜 결과로 이어진다는 사실을 안다. 그래서 나쁜 감정을 몰아내고 그 자리를 긍정적인 감정으로 대체한다.

성공한 사람은 난관에 봉착할 때 '생각하기-평가하기-반응하기' 기법을 사용한다. 생각하기는 그 상황을 이해할 시간을 준다.

평가하기는 올바른 행동을 판단할 시간을 많이 준다. 반응하기가 제일 마지막 단계인데 반응을 선택할 시간을 가졌기 때문에 대부분 적절한 반응을 하게 된다.

매일 사용하는 말이 그 사람에 대한 인식을 만든다

말은 자석처럼 각종 유형의 사람을 우리에게 끌어당긴다.

부자는 부자가 되기 훨씬 전부터 그 사실을 알고 있었다. 아는 어휘가 많을수록 자신이 아는 것을 더 효율적으로 전달할 능력이 생긴다. 자신이 똑똑하다는 인식을 심어주고 싶다면 어휘에 대한 지식을 늘리고 그것을 대화에 사용해야 한다. 새로운 어휘를 배우는 것은 당신의 성장을 돕는다. 자신감을 키워주고 당신을 탈바꿈시킨다.

성공한 사람은 다른 사람과의 대화에서 자신이 사용하는 말들을 거의 완벽하게 자각하고 있다. 그들은 남의 기분을 상하지 않게 하는 말을 고른다. 성공한 사람은 선택적으로 어휘를 사용해 자신에 대한 스스로의 인식을 강화한다. 나아가 자신에 대한 다른 사람의 인식도 좋게 만드는 어휘를 사용한다.

성공한 사람은 너무 바빠서 부정적인 감정 상태에 빠질 여유가 없다. 그들은 생산적 활동에 전념해 문제들을 잊어버린다. 그들은 다양한 프로젝트에 참여하거나 자기계발 활동을 해 자신에 대해 긍정적인 감정을 얻는다. 성공한 사람은 자신의 감정에 대해 완전한 주도권을 가지고 있다고 느낀다.

성공에 실패한 사람은 자신이 매일 사용하는 말을 자각하지 못한다. 그들은 자신도 모르게 상대를 불쾌하게 만드는 말을 사용해 관계를 손상시킨다. 그들은 자신에 대한 좋지 않은 인식을 다른 사람에게 심어주는 말들을 사용한다.

성공하지 못한 사람은 사소한 감정에 사로잡힌다. 그들은 감정이 행동을 지배하게 한다. 쉽게 우울감에 빠지며 자신의 삶을 통제하지 못한다고 느낀다. 생각하기 전에 반응부터 하고 본다. 그들은 '준비-발사-조준' 식의 나쁜 습관을 기른다. 그 결과 전 세계적으로 감옥에 앉아 있는 사람이 많다.

사람들은 대부분 듣고 배운 대로 잘 따라 한다. 우리는 배운 대로 하며 그 일에 익숙해진다. 이런 습관은 인생 초기에 형성된다. 부모는 자녀의 유익을 위해 학교에 가려면 일찍 일어나라, 브로콜리를 먹어라, 숙제를 해라, 집안일을 도와라 등 자녀가 싫어하는 일들을 시킨다. 우리는 아주 어렸을 때부터 들은 대로 하도록 길들여진다.

하지만 우리는 곧 어른이 된다. 생리학적으로 그러한 성인으로의 변화는 14세 정도에 시작해 약 21세까지 지속된다. 그런 변화를 인지하는 일부 부모는 자녀에게 삶의 결정권을 서서히 넘겨주기 시작한다. 그들은 자녀에게 책임감을 가지도록 격려한다. 자녀가 실수도 해보고 인생의 가혹한 현실에 부딪혀보게 하며 문제가 생기면 옆에서 조언을 해주고 방향을 제시한다.

하지만 안타깝게도 이런 부모는 소수다. 대부분의 부모는 자녀가 이십 대 초반이 될 때까지 독립적으로 생각하고 행동하지 못하게 함으로써 그들의 삶을 계속 통제한다. 종종 그런 부모는 '헬리콥터 부모'로 언급된다. 자녀는 자신의 꿈과 목표가 아닌 부모의 꿈과 목표를 추구한다. 부모라는 벽에 사다리를 놓고 평생 그 사다리를 오른다.

어느 순간 그들은 자신이 하고 있는 일에 만족하지 못한다. 그 일 때문에 낙담하고 우울해한다. 이러한 불행은 보통 자신의 자녀가 생기는 30대 중후반에 나타나기 시작한다. 하지만 가족을 부양하려면 부모의 사다리를 계속 올라가는 것 말고는 뾰족한 방법이 없다고 생각하기 때문에 진퇴양난에 처한다.

어떻게 벗어날 수 있을까

누군가의 벽에 기대 세운 사다리를 어떻게 치우고 그것을 자신의 벽으로 옮길 수 있을까?

성공한 사람은 자신이 좋아하는 일을 좇는다. 그들은 좋아하는 일을 하기 때문에 그 일에 더 많은 시간을 쏟아붓는다. 그들에게 '일 중독자'라는 꼬리표가 달리지만 사실 그들은 힘들게 일한다는 생각을 전혀 하지 않기 때문에 맞지 않는 말이다. 그들에게 일은 놀이다. 재밌고 즐겁다. 그 일을 하고 싶어 안달한다. 일에 엄청난 시간을 투자하기 때문에 그들은 자신의 분야에서 전문가가 된다.

성공한 사람은 자신에게 꼭 맞는 일자리를 찾아내기 때문에 열정과 활력이 넘친다. 열정은 몰입하려는 열망을 만들어 그들은 기어코 자신의 일의 전문가가 된다. 열정이 있는 그들은 실수를 통해 무엇이 효과가 있고, 무엇이 효과가 없는지 배우면서 힘차게 전진할 수 있다.

성공하지 못한 사람은
자신의 사다리를 다른 사람의 벽에 기댄다

그들은 자신이 하는 일을 좋아하지 않는다. 최빈곤층에 있는 사람들은 대개 자신의 직업에 몸서리를 친다. 그래서 그 직업을 겨우 유지하며 생활비를 벌 수 있을 정도로 최소한의 일만 한다. 자신의 일에 아주 적은 시간만 들이기 때문에 그들은 절대로 전문가가되지 못한다.

당신은 목표와 꿈을 위해 행동을 해야 한다. 목표와 꿈을 추구하기 위해 얼마의 시간을 투자하라. 이른 아침이나 늦은 밤, 주말에 어느 정도의 시간을 확보해야 한다. 날마다 얼마의 시간을 쏟으면 자신만의 벽에 사다리를 놓고 오르는 것이 가능하다. 처음에는 약간의 훈련이 필요할 것이다.

하지만 꿈을 위한 행동을 꾸준하게 하면 열정 에너지가 의지력 에너지를 대체할 것이다. 열정 에너지만이 당신을 지속적으로 성장시키고 활력을 불어넣는다. 날마다 자신의 목표와 꿈을 위해 시간을 투자하면 마침내 사다리 위로 올라가면서 정상에 가까워진다. 이때 자신의 벽에 세운 사다리를 올라가기 때문에 행복과 감격을 느끼기 시작한다.

전문가는 지식과 기술로 대부분의 돈을 번다. 전문 지식은 수입을 늘려주고 시간이 흐르면서 막대한 부를 쌓게 해준다. 열심히 노력할수록 버는 돈은 더욱 늘어나고 부는 점점 쌓인다. 이윽고 자신의 발전을 위한 노력은 습관이 된다.

습관의 장점은 습관을 들이면 그 행동을 바로바로 하게 되고 연마한 기술을 쉽게 수행할 수 있다는 데 있다. 열정적인 노력은 지식과 기술을 완벽하게 만들어줌으로써 기대 이하의 성과를 막아준다. 열정은 성공한 사람의 최고 특성이자 단연코 가장 중요한 특성이다. 그것은 평범한 사람을 탁월한 사람으로 탈바꿈시키는 기폭제다.

진심으로 열정을 느끼는 일을 할 때 인생은 달라지고 더욱 번영한다. 어떤 일이 당신의 생각을 24시간 내내 차지하고 있다면 진심으로 열정을 느끼는 일을 찾은 것이다. 눈 뜨고 있는 시간에는 늘 그 생각뿐이고 그것이 당신의 꿈이 된다. 열정이 왜 그렇게 중요할까?

- 열정은 끈기를 만든다.
- 열정은 게으른 사람을 일 중독자로 둔갑시킨다.
- 열정은 창의성을 불어넣는다.
- 열정은 실수와 실패를 극복할 수 있게 해준다.
- 열정은 산 같은 장애물이 가로막은 길을 순탄한 포장도로로 바꿔놓는다.
- 열정은 가장 강력한 형태의 집중인 자발적 집중을 이끈다.
- 열정은 무한한 에너지를 준다.
- 열정은 극도의 의지력을 만들어낸다.

열정 없이도 '잘해내는 것'은 가능하지만 잠재력을 최대한 끌어내지 못한다. 열정이 없다면 작은 성공에만 머물게 되고 더욱 큰 성공은 이루지 못할 것이다.

따라서 열정을 찾아내는 데 초점을 맞춰야 한다. 열정이 있다면 목표와 꿈이 마침내 현실이 되기 때문이다. 열정은 당신을, 성공이 마땅히 찾아올 만한 사람으로 성장시킨다. 성공의 도미노에서 열정이 첫 번째 패다.

- 열정은 성공의 도미노를 촉발시킨다.
- 열정은 교육보다 강력하다.
- 열정은 근면함보다 강력하다.

- 열정은 지능보다 강력하다.
- 열정은 운전 자본보다 강력하다.
- 열정은 기술과 오랜 숙련도보다 강력하다.
- 열정이 없는 사람도 살면서 얻게 되는 이점이 있겠지만 열정은 그 모든 것보다 강력하다.

어떤 일에 열정이 있는 소수 사람은 열정이 없는 사람보다 훨씬 더 크게 성공한다. 심지어 경쟁조차 안 된다. 열정은 전기 스위치와 비슷하다. 전원을 켜면 성공에 도움이 되는 다른 특성들이 도미노처럼 줄줄이 촉발된다. 열정이 성공의 기폭제인 것이다. 열정은 모든 장애물과 실패, 실수를 극복할 수 있게 해준다. 열정이 있는 사람을 가로막을 수 있는 것은 아무것도 없다. 열정이 넘치는 사람은 절대 포기하지 않는다. 그래서 결코 실패하지도 않는다.

마이클 야드니의 통찰 ——————— MICHAEL YARDNEY'S INSIGHT

"좋아하는 일을 하라. 그러면 평생 일하지 않을 것이다"라는 말을 들어봤을 것이다. 나는 내가 하는 일을 무척 사랑하고 운이 좋게도 그 일을 하면서 경제적으로 여유롭게 지낸다. 하지만 주의하라. 좋아하는 일을 한다고 해서 그 일이 매우 쉬울 것이라는 뜻은 아니다. 또한 열심히 노력할 필요가 없다는 뜻도 아니다.

좋아하는 일을 해도 열심히 노력해야 한다. 부자는 열심히 일하고 투자를 한다. 그렇게 해서 돈이 자신을 대신해 열심히 일하게 만들면 그들은 더 이상 일할 필요가 없게 된다. 하지만 흥미롭게도 그 지점에 도달한 후에도 부자는 계속 일을 한다. 그 일에 열정을 가지고 있기 때문이다.

어느 누구도 실패자로 태어나지 않는다

나는 꿈을 절대 포기하지 않겠다.

가장 끈기 있는 사람이 최고의 성공을 거두며 최대의 부를 쌓는다. 끈기가 있다는 것은 꿈을 절대로 포기하지 않는다는 뜻이다. 성공한 사람은 성공할 때까지, 또는 죽거나 병들어 움직일 수 없을 때까지 꿈을 좇는다. 파산이나 이혼도 그들이 꿈을 좇는 것을 막지 못한다.

끈기는 좋든 싫든 목표 달성에 필요한 행동을 날마다 하는 것을 말한다. 또한 의심에 굴복하지 않는다는 의미다. 꿈을 좇는 과정에서 일이 뜻대로 풀릴 때도 있지만 그렇지 않을 때가 대부분이다. 원래 다 그렇다.

꿈이 실현되려면 시간과 끈기가 필요하다

일이 뜻대로 잘 안 풀리면 그런 날에는 마음에 의심이 가득 찬다. 성공한 사람을 그렇지 않은 사람과 구별시키는 것은 그들의 끈기다. 성공한 사람은 인생이 협조를 안 해주고 마음에 의심이 가득 차더라도 끈질기게 계속 꿈을 좇는다.

끈기는 아무리 실패해도 그 일을 계속하는 것이다. 성공한 사람은 실수에 대해 교훈을 얻는 경험 이상으로 생각하지 않는다. 끈기는 충격적인 실패가 잇따라 일어나 고통을 겪어도 자신을 다시 일으켜 세우는 것이다. 진짜 실패는 포기다.

끈기가 있으면 거절당하고 무시당해도 계속 전진하는 것을 그만두지 않는다. 꿈을 추구하다 보면 거절과 무시를 당하게 마련이다. 그것은 성공의 한 과정이다. 거절과 무시를 기분 나쁘게 받아들여서는 안 된다. 그런 상황에 감정적으로 접근하지 말아야 한다. 거절과 무시를 당하면 그냥 "다음에 얘기합시다"라고 말하고 넘어가라.

끈기가 있으면 산만한 생각 때문에 초점이 흐려지지 않는다. 산만한 생각은 쉽게 방해가 된다. 따라서 성공한 사람은 주의가 흐트러지는 생각을 피하고 중요한 일에 초점을 맞춘다. 그들은 상황을 전체적으로 보는 시각을 갖고 있다. 그런 시각은 '힘의 장'과 같은 역할을 해 산만한 생각의 방향을 바꿔놓는다.

끈기가 있다면 어떤 공포도 우리의 질주를 막지 못한다. 대부분의 사람이 꿈을 포기하는 것은 공포 때문이다. 성공한 사람은 아무리 공포를 느껴도 습관적으로 행동을 취한다.

성공하지 못한 대부분의 사람은 꿈을 끝까지 좇지 않는다. 공포와 의심 앞에서 무너지고 만다. 그들은 자신이 꿈을 계속 추구할 수 있을 것이라는 믿음이 없다. 그들은 제약을 만드는 믿음을 지녔기 때문에 '나는 똑똑하지 않아, 교육도 많이 못 받았잖아, 근면하지도 않아, 성공을 좇을 능력이 안 돼'라는 내면 대화를 한다.

성공하지 못한 사람 중 일부는 꿈을 추구하지만 결국에는 포기해버린다. 그들은 앞서 언급한 '빛나는 물건 증후군'에 사로잡혀 있다. 어떤 일에서 바로 성과를 내지 못하면 시선을 끄는 다른 일에 접근한다. 상황이 어려워지면 초점을 다른 곳으로 옮기는 것이다. 성공하지 못한 사람은 끊임없이 새로운 일을 좇는다. 그동안 하던 일이 성과가 없거나, 너무 어렵거나, 생각보다 오래 걸린다는 이유에서다.

마이클 야드니의 통찰 ──────────── **MICHAEL YARDNEY'S INSIGHT**

누구도 실패자로 태어나지 않는다. 나는 실패를 경험해보지 않은 사람은 성공할 수 없다고 생각한다. 과거에 실패해보지 않고 오늘 성공한 사람은 아무도 없다. 성공한 사람은 실패할 때마다 포기할 정도로 어리석지 않다. 그들은 실패해도 다시 한 번 일어난다. 얼마나 많이 실패하느냐는 중요하지 않다. 끈질기게 계속 도전하는 한 당신은 성공할 것이다.

윈스턴 처칠(Winston Churchill)은 유명한 말을 남겼다. "절대 포기하지 마십시오. 절대, 절대, 절대, 절대 포기하지 마십시오. 위대한 일이든 사소한 일이든, 중요한 일이든 하찮은 일이든 양심과 양식에 대한 확신이 있는 경우가 아니라면 절대 포기하지 마십시오. 힘에 굴복하지 마십시오. 적의 힘이 압도적인 것처럼 보여도 절대 굴복하지 마십시오."

부자습관 13 나를 변화시키려면

나는 긍정적 믿음만 받아들이고 부정적 믿음은 없애겠다.

어째서 부자는 더 부유해지고 가난한 자는 더 가난해질까? 어째서 빈곤은 계속 대물림될까? 그 이유는 우리의 믿음 때문이다. 믿음은 부를 창출할 수도 있고 가난을 만들 수도 있다. 자신이 똑똑하다고 믿으면 그것이 옳고, 자신이 어리석다고 믿으면 그것이 옳다. 또한 삶이 자유롭게 꿈을 펼칠 수 있는 곳이라 믿으면 그것이 진리고, 삶이 지옥이라 믿으면 그것이 진리다.

무엇을 믿느냐에 따라 우리의 삶의 모습이 결정된다. 우리의 믿음은 잠재의식으로 알려진 태곳적 뇌의 깊숙한 곳에 자리 잡고 있다. 태곳적 뇌는 자율신경계를 조절하고, 행동을 명령하며, 습관을 기억한다. 감정이 머물고 믿음이 쌓이는 곳도 태곳적 뇌. 믿음은 태곳적 뇌가 받아들인 감정적 생각이 프로그래밍된 것을 말한다. 자신의 환경을 바꾸고 싶다면 믿음을 바꾸는 일부터 해야 한다. 그렇게 하기 위해서는 긍정적 감정이 결부된 생각을 하고 부정적 감정이 결부된 생각은 피해야 한다.

우리 각자는 부모와 환경, 교육을 통해 특정 믿음을 물려받는다. 그런 믿음은 행동, 생각, 감정, 살면서 내리는 다양한 선택에 영향을 준다. 자신이 가지고 있는 특정 믿음 때문에 새로운 아이디어와 생각, 사고방식에 대해 마음이 닫히면 삶이 방해를 받는다. 그러한 편협한 사고는 우리가 한 개인으로 성장하는 능력을 억제한다. 믿음이 자신의 성장을 가로막는지 알아낼 수 있는 한 가지 방법은 새로운 정보나 지식에 자신이 어떤 반응을 보이는지 관찰하는 것이다. 새로운 정보를 듣고 반사적으로 가짜 정보라고 바로 일축해버리면 편협한 생각과 제약을 만드는 부정적인 믿음을 가지고 있는 것이다.

성공한 사람의 특징 중 하나는 새로운 아이디어와 지식, 사고방식에 열린 마음을 나타내는 능력이다. 그들은 제약을 만드는 부정적인 믿음은 없애고 생각을 확장한다. 그렇게 성장하고 발전한다. 성공하지 못한 사람은 제약을 만드는 부정적인 믿음을 가지고 있어 성공에 방해를 받는다. 그런 믿음은 정지 신호와 같아서 그들이 추구하는 꿈이 불가능하다고 말하며 그들을 막아선다.

습관은 믿음을 비추는 거울이다. '나는 똑똑하지 않아'라는 믿음은 공부하지 않고, 경청하지 않고, 집중하지 않는 습관을 만든다. '살을 뺄 수 없어'라는 믿음은 과식하고, 영양가 없는 음식을 먹고, 운동하지 않는 습관을 만든다. 믿음은 두 가지 방식으로 형성된다.

- 생각과 같은 내부 소리나 부모, 교사, 친구, 가족 등 중요한 사람이 하는 말인 외부 소리가 반복적으로 프로그래밍될 때 믿음이 형성된다.
- 어떤 사건이 강력한 부정적 감정(실패로 인한 실망)이나 강력한 긍정적 감정(성공으로 인한 행복)을 낳으면서 믿음이 형성된다.

누구나 인생 초기에는 실수와 실패투성이다. 우리는 새로운 활동을 하면서 실수를 하거나 실패를 한다. 이러한 실수와 실패는 우리가 뭔가를 잘못하고 있다고 알려주는 삶의 방식이다. 실수와 실패의 목적은 남은 삶에 부정적 영향을 주는 것이 아니다. 우리에게 하지 말아야 할 것을 가르쳐줌으로써 앞으로의 삶에 긍정적 영향을 주기 위해 실수와 실패가 생기는 것이다.

불행히도 부모나 친구, 교사 등 주변 사람은 우리의 행동에 대해 무심코 파괴적인 비난을 쏟아낸다. 그리고 우리 대부분은 그런 비난에 평생 영향을 받는다. 그런 비난이 부정적 정서와 결부돼 있는 탓에 쉽게 떨쳐버리지 못한다. 부정적 정서와 비난이 결합되면 그것은 제약을 만드는 믿음이 된다.

부모나 교사, 회사 관리자 등 권위 있는 자리에 있는 사람은 자녀나 학생, 직원의 나쁜 습관과 제약을 만드는 믿음을 없앨 수 있는 능력을 가지고 있다. 우리 모두는 자신이 영향력을 미칠 수 있는 모든 사람에게 긍정적 생각을 고무시켜야 한다.

한 사람이 다른 사람의 인생 전체를 바꿀 수 있다. 그저 신뢰할 수 있는 새로운 믿음을 심어주기만 하면 된다. 그러면 그 사람은 그새 믿음에 따라 나쁜 습관을 영원히 없앨 것이다. 다음은 인생의 걸림돌이 될 수 있는 제약을 만드는 몇 가지 믿음이다.

- 가난한 자는 부자가 될 수 없다.
- 부자는 운이 좋고 가난한 자는 운이 나쁘다.
- 나는 똑똑하지 않다.
- 모두가 나를 볼품없게 생각한다.
- 나는 돈이 충분하지 않다.
- 나는 제대로 하는 것이 없다. 뭔가 시도할 때마다 실패한다.
- 사람들은 나를 좋아하지 않는다.
- 나는 체계적이지 못하고 훈련을 받지 않았다.
- 나는 공부, 요리, 일, 독서, 관계 등에 소질이 없다.
- 나는 살을 뺄 수 없다.

이러한 제약을 만드는 믿음은 자신 내부에 있는 컴퓨터 프로그램이다. 이 프로그램은 우리의 행동을 부정적인 방식으로 바꾼다. 삶이 잘 안 풀리는 것도 이런 믿음 탓이다. 현재 행복하지 않고 삶을 바꾸고 싶다면 제약을 만드는 믿음을 긍정적이고 사기를 올리는 믿음으로 대체해야 한다. 가능한 일이다.

나를 바꾸는 방법

당신의 잠재의식을 다시 프로그래밍해 삶을 완전히 바꿀 수 있는 강력한 전략 몇 가지를 소개하겠다. 30일 동안 이 전략을 실천하면 새로운 프로그램이 확실하게 자리를 잡게 되며 부정적 사고방식을 긍정적 사고방식으로 바꿀 수 있다.

5년 후의 나에게 편지를 써보라

5년 후의 나에게 편지 쓰기는 무척 재밌다. 이 활동은 상상력을 발휘하게 하고, 편지를 다 쓰고 나면 바로 자기 자신에 대해 좋은 감정이 더 많이 생긴다. 특히 아이들이 이 활동을 좋아한다. 이렇게 하면 된다.

지금부터 5년 후라 상상하고 당신 자신에게 편지를 써라. 5년이 지난 그때의 삶이 어떤지 설명해야 한다. 모든 것이 완벽하게 풀린다면 5년 후 당신의 삶은 어떤 모습이길 바라는가? 완벽하고 이상적인 삶을 그려보고 싶을 것이다. 당장이라도 손가락을 한번 딱 튕기면 나타났으면 하는 삶의 모습을 그려보면 된다. 5년 후 당신이 어디 사는지, 어떤 종류의 집에서 사는지, 어떤 차를 모는지, 직업이 무엇인지, 수입이 얼마인지 등을 편지에 묘사하라. 그리고 지금부터 그때까지 당신이 무엇을 했는지도 설명하라. 즉 당신이 달성한 목표와 실현된 꿈을 적는 것이다. 5년 후의 나에게 편지 쓰기는 미래의 삶을 위한 청사진이 된다.

당신의 사망 기사를 작성하라

이 훈련은 당신의 현재 삶을 평가하게 해주고 미래를 위한 계획표를 다시 작성할 기회를 준다. 당신의 완벽한 부고에 무슨 말을 쓰고 싶은가? 세상이 당신을 어떻게 기억해주길 바라는가? 인생에서 달성하고 싶은 것은 모두 기록하라. 너무 겸손하게 굴지 마라. 살면서 실현된 꿈을 모두 적어라. 이 부고를 쓰면서 당신은 스스로에게 경외감을 느껴야 한다. 당신의 업적을 마음껏 뽐내라. 당신이 이룬 위대함과 성공을 쏟아내라. 부고에 당신이 되고 싶은 이상적인 모습을 그려라. 5년 후의 나에게 편지 쓰기처럼 이 사망 기사를 당신의 미래와 이상적 삶의 청사진으로 삼아라.

소망과 꿈 리스트를 만들라

실현됐으면 하는 소망이나 꿈을 모두 기록하라. 그다음 앞으로 5

년 이내 이뤄지길 바라는 소망이나 꿈을 5위까지의 항목으로 줄여보라.

소망과 꿈을 이루기 위한 목표를 만들라

목표는 꿈을 이루는 데 초점을 맞출 수 있도록 돕는다. 그것은 무엇을 달성하려 노력해야 하는지 명확하게 알려준다. 목표는 돋보기가 햇빛을 한 점으로 모으는 것과 같은 역할을 한다. 목표가 있을 때 우리는 필요한 행동에 집중할 수 있다. 필요한 행동을 알고 있다면 목표가 있는 것이다. 남아 있는 유일한 문제는 그 행동을 할 능력이 있는지 여부다.

성공일지를 만들라

이것은 당신 삶의 성공 기록이다. 성공일지의 목적은 대부분의 사람이 경험하는 부정적 자기 비판을 중단시키는 것이다. 성공일지는 부정적 생각을 긍정적 생각으로 바꾸는 도구다.

긍정적 생각은 태곳적 뇌를 긍정적으로 다시 프로그래밍함으로써 좋은 것들을 삶으로 끌어당긴다. 이와 반대로 부정적 생각은 태곳적 뇌를 부정적으로 프로그래밍함으로써 나쁜 것들을 삶으로 끌어당긴다. 성공일지는 부정적 생각을 긍정적 생각으로 바꾸는 데 도움이 된다. 살면서 성공한 기록을 모두 읽으면서 우리는 긍정적인 사람이 된다.

성공일지는 태곳적 뇌를 실패에 초점을 맞추는 것이 아니라 성공에 초점을 맞추도록 프로그래밍한다. 그것은 심리적으로 작용하는 칭찬의 말이며 효과가 있다. 일을 망칠 때마다 성공일지를 꺼내 읽기 시작하라. 그러면 그 이후부터는 자책하는 것을 멈추고 부정적 생각을 떨쳐버리게 될 것이다.

실수와 실패는 거기서 교훈을 얻을 뿐 그 이상도 그 이하의 의미도 없다. 그것이 무능이나 교육 부족, 성격적 결함을 드러내는 것이 아니다. 실수와 실패는 그저 교훈을 얻는 수단이다. 성공일지는 실수와 실패를 전체적 맥락으로 이해할 수 있게 해주며 우리가 '번영 사고방식'의 길을 계속 갈 수 있도록 돕는다.

목표 달성을 돕는 하루 확언을 만들라

확언은 현재 시제를 써야 하며 미래 상태를 표현해야 한다. 예를 들어 "나는 회사에서 최고 판매사원이다"라고 확언할 수 있다. 확언은 목표와 꿈, 인생의 주된 목적과 결부된 말이어야만 효과가 있다.

비전보드를 만들라

비전보드는 인생에서 갈망하는 것을 시각적으로 표현한 것이다. 종이를 잘라 거기에 당신이 살고 싶은 이상적인 집 사진을 붙여라. 그것이 당신의 비전보드다. 몰고 싶은 자동차, 이상적 직업, 은

행 예금 규모, 가고 싶은 휴양지, 하고 싶은 일, 만나고 싶은 사람, 친구로 사귀고 싶은 사람, 함께 사업을 하고 싶은 사람 등을 시각적으로 표현한 그림이나 사진으로 비전보드를 만들어보라. 그리고 비전보드를 늘 볼 수 있는 곳에 두어 아침에 일어나자마자, 밤에 잠자기 전에 보라.

아침에 한 번씩 명상하라

의자에 편안하게 앉아라. 눈을 감고 눈 주변이 이완되는 것을 느껴라. 그다음 그 느낌을 머리로 옮겨라. 그다음에는 목, 어깨, 가슴, 팔, 허리, 다리, 발 순서로 차례로 이완되는 느낌을 느껴보라. 깊은숨을 30회 들이마시되 한 번 내쉴 때마다 각 횟수를 머릿속에 이미지로 떠올려보라. 머릿속에 피어오른 모든 생각이 꼬리에 꼬리를 물고 흘러 다니게 놔두라.

　당신의 원대한 꿈이 이뤄지는 것을 생생하게 그려보라. 목표가 모두 달성되는 장면을 시각화하라. 완벽한 집, 최고의 직업, 상당히 많은 수입, 건강한 모습 등 당신의 이상적 삶을 이미지로 떠올려라. 행복하고 성공한 당신의 모습을 바라보라. 현재 방해가 되는 걸림돌을 극복할 수 있도록 도움을 요청하라. 이제 눈을 떠라. 그리고 이렇게 말하라. "나는 행복해."

배우고 또 배워라

나는 성공 멘토를 찾아내겠다.

성공하려면 부자의 발자취를 따라 걷는 법을 배워야 한다. 그렇게 하기 위한 가장 빠르고 효과적인 방법은 성공 멘토를 찾는 것이다. 성공 멘토를 찾는 것이 부자가 되는 지름길이다. 멘토는 해야 할 것과 하지 말아야 할 것을 가르쳐줌으로써 우리의 성공에 꾸준하고 적극적으로 개입한다. 그들은 자신의 멘토나 쓰라린 인생 경험을 통해 배운 귀중한 삶의 교훈을 알려준다.

성공 멘토를 찾는 것이 부자가 되는 가장 고통스럽지 않은 최고 방법이다. 성공한 사람은 삶의 다양한 측면에서 성공 멘토를 찾는다. 성공하지 못한 사람은 그렇지 않다.

성공 멘토를 찾는 방법

- 부모: 사람들은 부모를 유일한 성공 멘토로 삼는 경우가 많다. 그래서 가정 교육이 그렇게 중요하다. 부모는 자녀의 성공 멘토가 돼 성공 습관을 가르쳐야 한다. 그렇게 하지 않으면 자녀가 경제적으로 어려운 삶을 살게 될 가능성이 있다.

- 교사: 훌륭한 교사는 훌륭한 멘토다. 교사는 아이들이 부모에게서 배운 교훈을 더욱 확실하게 심어주거나 부모에게서 배우지 못한 대단히 중요한 성공 멘토링을 해줄 수 있다.

- 직장 관리자: 안타깝게도 부모나 교사에게서 성공 멘토링을 받지 못했다면 직장에서 성공 멘토를 찾아야 자신의 성공이 보장된다. 직장에서 당신이 신뢰하고, 존경하고, 좋아하는 사람을 찾아 멘토가 돼 달라고 요청하라. 그 사람은 부의 단계가 적어도 당신보다 두 단계 높아야 한다.

- 독서: 성공한 사람 중 많은 사람은 성공한 저자에게 귀중한 멘토링을 받으며 성공을 이룬다. 데일 카네기(Dale Carnegie), 얼 나이팅게일(Earl Nightingale), 오그 만디노(Og Mandino), 잭 캔필드(Jack Canfield) 같은 성공한 저자는 현실에 존재하는 성공 멘토를 대신할 수 있다.

- 쓰라린 인생 경험: 쓰라린 인생 경험을 통해 훌륭한 성공 습관을 배운다면 자신이 자신의 멘토가 되는 것이다. 무엇을

하지 말아야 하는지 자기 자신에게 가르치고 실수와 실패를 통해 교훈을 얻는다. 하지만 이것은 어려운 방법이다. 실수와 실패는 시간과 돈, 감정이라는 대가를 치르기 때문이다.

실패를 이해하는 것이 성공을 이해하는 것보다 더 중요하다. 인생에서 성공하고 싶다면 하지 말아야 할 것을 배워야 한다. 꿈이나 열정이 있는 일을 추구할 때 하지 말아야 할 것을 배우는 두 가지 방법이 있다.

- 쉬운 방법: 성공 멘토를 찾아 그들의 실수와 실패로부터 교훈을 얻는다.
- 어려운 방법: 직접 부딪히면서 쓰라린 인생 경험을 통해 무엇이 도움이 되고 무엇이 도움이 되지 않는지 배운다. 이것은 하지 말아야 할 것을 배우기 위해 시간과 돈이라는 대가를 치르기 때문에 어려운 방법이다. 또한 감정적 롤러코스터를 경험하기도 한다. 일이 잘 안 되면 한없이 우울해지고 일이 잘 풀리면 날아갈 듯 행복해진다. 어려운 방법을 통해 배우려면 엄청난 끈기와 인내가 필요하다.

빈곤층이나 중산층의 사람이라면 직장, 비영리 단체, 거래 집단, 사업 집단, 자선 단체 등에서 성공 멘토를 찾을 수 있다. 또한 책이나 마스터마인드 그룹(mastermind group, 구성원들이 정기적으로 만나 서로에게 지침과 조언, 지원을 제공하는 동료 그룹 – 옮긴이)에도 성공 멘토가 있다. 마스터마인드 그룹은 일반적으로 5명이나 6명의 멘토로 구성돼 있는데, 그들은 멘티와 일주일에 한 번 실제로 또는 온라인으로 만나 멘티가 어려움과 문제를 해결하도록 돕기 위해 최상의 방법과 조언을 제공한다.

마이클 야드니의 통찰 ———————— MICHAEL YARDNEY'S INSIGHT

아이작 뉴턴(Issac Newton)은 이렇게 말했다. "내가 더 멀리 보았다면 그것은 거인들의 어깨를 딛고 서 있기 때문이다." 콜리와 나는 모두 멘토를 갖는 것이 몹시 중요하다고 생각하기 때문에 이후 내용에서도 그 점을 더 다룬다.

집중력이라는 위대한 자산

나는 매일 꿈과 목표에 집중할 것이다. 주의를 다른 데로 돌리지 않겠다.

대부분의 사람은 자신의 행동과 습관, 생각 그리고 다른 사람과의 대화, 다른 사람의 행동, 주변 환경을 전혀 의식하지 못한다. 이 점과 관련된 거듭된 연구가 수행됐고 연구자들은 그 현상을 설명하는 용어를 내놓기까지 했다. 그런 현상을 '무주의 맹시(inattentional blind)'라 한다. 무주의 맹시의 주원인은 우리 뇌의 의식을 담당하는 영역이 멀티태스크 기능, 즉 한 번에 두 가지를 의식하는 능력이 없기 때문이다.

우리는 한 번에 한 가지에만 의식적인 초점을 맞출 수 있다. 그 밖의 다른 것은 의식되지 않고 그냥 사라진다. 뇌의 망상 활성계(RAS)와 시상은 꼭 필요한 정보 외의 다른 정보는 모두 차단한다. 업무 완수에 필요한 정보나 목표처럼 열심히 초점을 맞추는 일에 필요한 정보만 받아들인다. 예기치 못한 일이나 새로운 것이 주의를 끄는 경우만 제외하면 망상 활성계와 시상은 쉬지 않고 필터링 기능을 수행한다.

한 가지 일에 열심히 집중할 수 있는 능력은 인간이 가진 가장 위대한 자산 중 하나다. 한 가지에만 집중할 수 있다는 것이 인류의 고유한 결함처럼 보일 수 있지만 그렇지 않다. 집중하는 대상 외의 다른 모든 것에는 신경 쓰지 않고 단 하나에만 집중하는 힘 덕분에 인류는 인간을 달에 보낼 수 있었고, 브루클린교를 건설했으며, 원자를 분열시켰고, 그 밖에 많은 성취를 이뤘다.

한 가지에 열심히 집중할 수 있는 능력은 실제로 강점이다. 그래서 영화감독 제임스 카메론(James Cameron)이나 영화배우 짐 캐리, 소설가 조앤 K. 롤링(JK Rowling) 같은 사람이 믿을 수 없을 정도의 빈곤에서 벗어나 자수성가한 백만장자로 기적처럼 변신해 성공하고 유명해질 수 있었던 것이다. 이 세 사람 모두 한때는 집이 없어 차에서 지낼 정도로 몹시 가난했다.

불행히도 절대 다수의 사람이, 가난한 자가 가난에서 벗어나 부자가 되는 것이 사실상 불가능하다는 믿음을 고수한다. 이러한 제약을 만드는 믿음 한 가지 때문에 수많은 사람이 세대에 걸친 빈곤의 굴레에서 벗어나지 못한다. 그래서 많은 정치인이 가난을 벗어나는 유일한 수단인 재정 지원 혜택을 제시하기만 해도 가난한 사람의 표를 살 수 있다.

그런 잘못된 믿음을 가지고 있는 사람은 불리한 재정 상황을 바꿀 수 있는 집중하는 힘을 발휘하지 못한다. 집중하는 힘이 가난의 탈출구라는 점에서 매우 안타까운 일이다. 한 가지에 집중하는 능력은 지독한 가난에서 누구든 구제할 수 있다.

자발적 집중의 힘

하지만 성공하지 못한 대다수의 사람은 여러 가지 일을 동시에 처리하면서 많은 시간을 보낸다. 그러면 중요한 일에 초점을 맞추지 못하고 주의가 흐트러질 뿐이다. 여기서 중요한 일이란 목표나 꿈을 이루는 과정에서 자신의 발전을 위해 날마다 해야 하는 일들이다.

여러 가지 일을 동시에 해 주의가 산만해지면 정작 중요한 일은 관심에서 사라진다. 성공한 사람은 중요한 일을 완수하기 위해서는 하루 중 방해받지 않고 강렬한 집중을 할 수 있는 얼마의 시간을 떼어놓아야 한다는 것을 알고 있다. 집중에 대해 좀 확장해서 생각해보자. 집중에는 두 가지 종류가 있다.

- 강제적 집중
- 자발적 집중

강제적 집중은 새로운 뇌, 신피질로도 알려진 의식을 담당하는 부위에서 담당한다. 강제적 집중을 하려면 의지력을 사용해야 한다. 하지만 의지력의 수명은 짧다. 보통 한 번에 두세 시간 정도다. 어떤 것에 집중하기 위해 의지력을 사용하면 뇌 에너지인 글루코스가 빠르게 소진된다. 그래서 뇌는 의지력을 사용하는 것을 좋아하지 않는다. 그 대신 감정적 힘을 선호한다. 이 힘은 자발적 집중이라 하는 훨씬 더 강력한 종류의 집중을 할 때 발휘된다.

자발적 집중은 새로운 뇌에서 나오는 에너지 근원인 의지력에 의존하지 않는다. 오히려 태곳적 뇌에서 나오는 에너지 근원인 감정에 의존한다. 자발적 집중은 극도의 열정을 느끼면서 어떤 일을 할 때 감정이 자극되면서 생긴다. 자발적 집중을 하면 집중이 끊어지지 않아 더 오래 몰두할 수 있기 때문에 점점 빠른 속도로 학습할 수 있다. 자발적 집중에 몰입돼 있을 때 새로운 지식과 기술을 더 쉽게 습득할 수 있다.

자발적 집중은 가장 강렬한 종류의 집중이다. 이러한 집중을 토머스 에디슨(Thomas Edison)도, 아인슈타인도, 스티브 잡스(Steve Jobs)도 발휘했다. 자발적 집중을 할 수 있는 사람은 몇 시간이든, 며칠이든, 몇 주든, 심지어 몇 년이든 레이저 같은 집중력을 사용해 일을 할 수 있다.

어떤 일에 자발적 집중을 하고 있으면 그 일에서 빠져나올 수가 없다. 자발적 집중을 켜는 스위치는 꿈이나 꿈을 이루게 해주는 목표를 추구하는 것이다. 꿈이나 목표는 태곳적 뇌의 핵심인 감정을 건드린다. 성공한 사람은 꿈과 목표를 이루기 위해 자발적 집중을 활용한다.

성공하지 못한 사람은 목표나 목적, 꿈을 추구하지 않는다. 그결과 그들은 자발적 집중의 강력한 힘이 주는 혜택을 결코 얻지 못한다. 그들은 의지력을 사용해 강제적 집중을 하는 수밖에 없다. 말 그대로 뇌의 한 부분만 사용하는 것이다.

좋은 목표의 조건

나는 좋은 목표만 설정하고 나쁜 목표는 멀리하겠다.

어떤 부정적인 것을 목표로 삼겠다고 말하는 사람은 없다. 목표라 하면 거의 좋은 것으로 생각된다. 하지만 달성됐을 때 인생에 진정한 가치를 더해주지 않고 오히려 귀중한 기회를 앗아가는 목표도 있다. 그렇다면 좋은 목표와 나쁜 목표를 어떻게 구별할 수 있을까?

좋은 목표는 달성됐을 때 장기적인 유익과 행복을 준다. 이런 목표는 개인의 성장을 돕고 행동을 긍정적인 방식으로 바꾼다. 좋은 목표는 당신을 A지점에서 B지점으로 옮겨준다. 여기서 B지점은 더 나은 상태를 가리킨다. 이를테면 더 많은 자산, 좋아진 건강, 더 나은 직장, 더 높은 수입, 자녀를 위한 더 좋은 교육 시스템 등이다. 좋은 목표의 한 가지 예는 체중 감량이다. 10킬로그램을 감량하겠다는 목표를 설정하면 그에 따라 운동하고 건강에 좋은 음식을 먹게 되며 더 나은 라이프스타일을 유지하려는 마음이 생긴다.

운동과 올바른 식습관의 결과 건강해지고 이는 또한 음주를 자제하고 금연하도록 동기를 부여한다. 목표 체중이 드디어 달성되면 여기저기서 칭찬을 듣게 되고 더 건강해졌다는 생각이 든다. 이런 것들이 모두 성취감으로 알려진 지속적 행복감을 만들어준다.

좋은 목표의 몇 가지 예

- 전문가 되기: 성공한 사람 중 많은 사람은 특정 분야의 전문가다. 그들은 자신의 분야에서 특정 영역의 전문 지식을 쌓기 위해 별도로 얼마의 시간을 매일 투자한다. 특정 분야의 전문가는 귀하기 때문에 더 많은 돈을 번다.

- 부업 시작하기: 성공한 많은 사람이 직장에 다니면서 자신의 사업을 시작했다. 따라서 당신도 직장 생활을 유지하면서 부업을 성공적으로 키울 수 있다. 그렇게 하면 수입이 추가로 늘어날 뿐 아니라 마침내 경제적 자유를 얻어 직장을 그만두고 자신의 사업에 모든 시간을 쏟을 수 있다.

- 외모 향상시키기: 성공한 사람 중 많은 사람이 근력 운동을 정기적으로 한다. 더 튼튼하고 건강한 몸을 만들기 위해 근

력 운동을 하면 몸매가 좋아진다. 몸매가 좋아지면 자신감이 커진다. 당신의 외모가 향상돼 자신감이 커지면 주변 사람은 그런 자신감을 알아채고 당신에게 더욱더 매력을 느낀다.

- 강연자 되기: 성공한 사람 중에는 훌륭한 강연자가 있다. 말하기 기술을 발전시키면 장기적인 유익을 얻는다. 훌륭한 강연자가 되면 직장이나 자신의 분야에서 경쟁자와 확연히 구별된다. 업계 사람들은 훌륭한 강연자를 알아본다. 이는 곧 훌륭한 강연자는 더 많은 돈과 임무가 따라오는 더 나은 자리를 얻을 수 있다는 뜻이다.

- 작가 되기: 성공한 사람 중 어떤 사람은 산업 잡지와 소식지에 글을 쓴다. 책을 저술하거나 블로그를 운영하는 사람도 있다. 블로그를 시작하는 것은 글쓰기 실력을 발전시키는 탁월한 방법이다. 훌륭한 작가가 되면 글을 쓴 주제와 관련해 전문가임을 드러낼 수 있다. 그러면 승진할 수 있는 기회의 문이 열리고, 자신의 업계에서 새로운 일자리를 얻거나 추가 소득을 발생시킬 수 있다.

나쁜 목표

달성됐을 때 단기적 행복만 줄 뿐 장기적 유익을 주지 않는 목표가 나쁜 목표다. 나쁜 목표의 한 가지 예는 페라리(Ferrari)를 소유하겠다는 것이다. 페라리를 가지려면 더 많은 돈을 벌어야 한다. 더 많은 돈을 벌려면 더 많은 일을 해야 할 수 있고, 또는 커다란 금전적 위험(도박 등)을 감수해야 할 수도 있다. 더 많은 일을 하는 데는 비용 편익적인 측면이 있다. 돈이라는 편익을 얻으려면 되찾을 수 없는 시간을 투자해야 하는 비용이 발생한다.

오해하지 마라. 돈을 더 벌기 위해 더 많이 일하는 것은 좋은 일이다. 하지만 그렇게 번 돈을 페라리 같은 것을 사는 데 쓴다면 잘못된 목표를 추구한 것이다. 더 많이, 더 좋은 것을 소유함으로써 얻는 행복은 시간이 흐르면서 사라진다. 아무리 좋은 것을 구입해 기쁨이 생기더라도 그런 기쁨은 단기적인 감정이기 때문이다. 몇 주가 흐르면 그 기쁨은 원래의 행복 수준으로 되돌아간다. 페라리는 그냥 차가 되는 것이다. 하지만 가족과 함께 보내야 했던 잃어버린 시간은 결코 되찾을 수 없다.

하지만 추가로 번 돈을 계산된 위험 내에서 현명하게 투자하겠다는 목표로 세우면, 이를테면 부업이나 투자, 가족과 더 많은 시간을 함께 보낼 수 있는 별장 구입 등을 목표로 삼으면 '더 일하고 더 벌겠다'라는 목표는 좋은 목표로 바뀐다.

나쁜 목표의 몇 가지 예

- 복권 당첨되기: 어떤 식으로든 도박으로 부자가 되겠다는 것은 나쁜 목표다. 당첨될 가능성이 매우 낮고 복권을 구입하지 않았다면 미래의 부를 창출하기 위해 신중하게 저축하거나 투자했을 돈만 버리는 것이다.

- 비싼 집 구입하기: 식구가 많아 집이 커야 되는 경우가 아니라면 더 큰 집을 구입하겠다는 목표는 나쁜 목표다. 큰 집에서 살면 유지비와 공과금을 더 많이 내야 한다. 또한 대출을 받아 집을 샀다면 은행에 지급하는 이자도 많아질 것이다.

- 호화로운 보트 구입하기: 이것 역시 전형적인 나쁜 목표다. 보트는 매우 비싸다. 값비싼 보트를 살 돈을 퇴직 연금에 붓거나 투자 포트폴리오를 만드는 게 훨씬 나을 것이다.

- 색다른 휴가 즐기기: 이국적인 장소를 여행하는 것이 교육적 측면에서 어느 정도 유익은 있지만, 그저 비싼 여행을 하고 싶어 어렵게 돈을 모으는 것은 돈을 벌어 부를 쌓을 생각이 없다는 뜻이다.

- 경쟁자 무너뜨리기: 시장 점유율을 늘리기 위해 상품과 서비스 질을 개선하지 않고 경쟁자를 무너뜨리는 데만 초점을 맞춘다면, 오히려 사업에 타격을 입게 되고 동종 업계 사람들과의 관계가 손상된다. 언젠가 당신을 고용할 수 있는 사

람이나 사업 파트너가 될 사람과의 관계가 깨질 수 있다. 경쟁적인 싸움에 뛰어들면 얻게 되는 것은 보통 단 하나다. 수익 감소, 아니면 관계 단절이다.

목표 달성의 유익은 장기적이어야 한다. 목표가 달성되면 장기적 유익, 이를테면 더 안정적인 사업체, 가족과 함께하는 더 많은 시간, 더 많은 지식 또는 전문 지식, 경제적 독립, 건강 증진 등의 유익이 따라와야 한다. 목표 달성이 장기적인 면에서 삶을 향상시키지 않으면 그것은 나쁜 목표다. 더 많은 것을 소유하겠다거나 돈으로 즐거움을 사겠다는 목표는 헛된 것이다. 신중하게 목표를 추구하라. 목표라고 다 똑같지 않다.

성공한 사람은 좋은 목표와 나쁜 목표의 차이를 안다. 그들은 장기적 성공과 행복을 주지 않는 목표에 시간을 낭비하지 않는다. 반대로 성공하지 못한 사람은 장기적 성공을 가져다주지 않는 목표에 초점을 맞춘다. 그들은 단기적 행복과 즉각적인 만족을 주는 목표를 추구한다.

부자습관 17 위험을 감수하라, 충분히 계산되었다면

나는 위험을 두려워하지 않을 것이다.
목표를 달성하고 꿈을 실현시키는 데 도움이 된다면 위험을 감수하겠다.

성공한 사람은 위험 감수자다. 대부분의 사람이 두려워 몸을 사리는 위험을 그들은 감수한다. 위험은 성공의 필수적 요소다. 위험을 감수하지 않고는 성공할 수 없다.

하지만 여기서 말하는 위험은 도박꾼이 감수하는 종류의 위험이 아니다. 성공한 사람이 감수하는 위험은 '계산된 위험', 즉 사전에 철저하게 분석된 위험이다. 즉 위험이 수반된 계획을 추진할 때 모든 변수를 조사한다는 것이다.

계산된 위험을 감수한다는 것은 실패로 이어질 수 있는 잠재적인 시나리오를 모두 검토했다는 뜻이다. 계산된 위험을 감수할 때는 만일의 사태에 대한 마음의 준비를 한다. 이때 많은 노력을 들여 잠재적 위험에 대해 심사숙고하는 것이 필요하다. 그러면 일이 잘못돼도 허를 찔리는 일이 없다. 여러 가지 일들이 동시에 틀어

져도 공포에 질려 허둥대지 않는다. 예상치 못한 상황에 대해 하나하나 철저하게 계획했기 때문에 최악의 사태에 대한 준비가 돼 있다. 이것이 계산된 위험이다.

성공하지 못한 사람은 예측할 수 없는 위험을 감수한다

도박이 예측할 수 없는 위험의 한 가지 예다. 이런 위험은 깊은 생각과 분석, 노력을 필요로 하지 않는다. 또한 시간도 거의 투자할 필요가 없다. 도박은 가난한 자가 감수하는 위험이다.

내 연구는 부자는 위험을 기꺼이 감수한다는 점을 확증했다. '나는 부를 얻기 위해 위험을 감수했다'라는 문항에 부자의 60퍼센트가 그렇다고 답한 반면 가난한 자는 6퍼센트만이 그렇다고 했다.

내 설문에 응한 많은 부자는 자신의 사업을 창업한 사업주였다. 그들은 쓰라린 인생 경험을 통해 교훈을 얻는 자기 교육의 대가였기 때문에 성공했다. 사실 연구 결과를 보면 부자의 27퍼센트가 적어도 한 번은 인생이나 사업에서 실패했다고 인정했다. 가난한 자 중에 2퍼센트만 실패를 경험했다고 답한 것과는 상당히 대조적이다. 뇌에 상처가 생기면 반흔 조직으로 남는 것처럼 실패도 그렇다. 실패를 통한 교훈은 영원히 지속된다.

부는 인내심 있는 사람에게 향한다

나는 매일 인내를 훈련하겠다.

집중과 끈기, 인내 이 세 가지는 성공한 사람이 모두 가지고 있는 공통적 특징이다. 여기서 인내가 습득하기 가장 어려운 특성일 수 있다.

성공은 시간이 필요하다. 하룻밤 사이에 성공이 이뤄지지 않는다. 그리고 성공으로 가는 여정에는 오르막길과 내리막길이 있다. 일이 뜻대로 되는 날도 있지만 그렇지 않는 날이 대부분이다. 상황이 잘 안 풀리면 좌절하게 되어 포기하기 쉽다. 대부분의 사람이 그렇다. 그래서 대다수가 성공하지 못하는 것이다.

하지만 성공한 사람은 포기하지 않는다. 그들은 인내심을 가지고 목표와 꿈을 추구한다. 그들은 성공을 장기적 안목으로 바라본다. 성공이 이뤄지려면 몇 년, 심지어 평생이 걸릴 수도 있음을 받아들인다. 그들은 인내심이 있다.

그들은 '빛나는 물건 증후군'에 사로잡히지 않는다. 그들은 오랫동안 한 가지 일에 꾸준히 매달린다. 이러한 인내심은 지식과 기술을 얻게 해주고, 뭔가 잘못됐을 때 바로잡을 시간을 벌어주며, 목표와 꿈에 초점을 맞출 수 있게 해준다. 인내심은 궁극적으로 모든 문제의 해법을 제공해준다.

때때로 그 해법이 어떤 아이디어일 수도 있고, 전략일 수도 있으며, 어떤 경우에는 자신의 노력을 지원해주는 매우 중요한 사람일 수도 있다. 인내심이 없다면 어떤 아이디어나 전략, 추종자도 해법이 될 수 없다. 인내는 행운의 기회를 만들어낸다. 이런 행운은 성공한 사람의 트레이드마크다.

성공한 사람은 모두 인내의 고통을 경험한다. 커넬 샌더스(Colonel Sanders)에게 행운의 기회는 60대 중반이 지나서 찾아왔다. 로드니 데인저필드(Rodney Dangerfield)도 46세 이후에 〈에드 설리번 쇼(The Ed Sullivan Show)〉에 처음 출현했다. 에이브러햄 링컨(Abraham Lincoln)은 대통령이 되기 전 공직 선거에서 여러 번 낙선했다. 성공한 사람은 인내심을 가지고 목표와 꿈을 추구한다.

성공하지 못한 사람은 인내심이 없다. 장애물에 부딪히면 해결책을 찾아 방향을 수정하는 것이 아니라 포기해버린다. 그들은 성공을 얻는 데 필요한 인내가 없다. 결국 행운의 기회가 찾아올 가능성이 사라진다. 문제의 해법을 결코 찾지 못하며 목표를 달성하고 꿈을 이루는 일에 도움을 줄 추종자도 만나지 못한다.

마이클 야드니의 통찰 ——————— MICHAEL YARDNEY'S INSIGHT

나는 워런 버핏의 이 말을 좋아한다. "부란. 돈이 인내심 없는 사람에게서 인내심 있는 사람에게로 이동한 것이다."

부자습관 19 계획이 아닌 결과로 말할 것

나는 다른 사람이 기대하는 것 그 이상의 성과를 내기 위해 노력하겠다.

성공한 사람은 모든 면에서 다른 사람의 기대 이상의 성과를 내려고 노력한다. 당신도 그렇게 하면 당신에 대한 사람들의 신뢰와 확신이 강화된다. 사람들이 당신을 믿게 되는 것이다. 그 결과 그들이 당신에게 더 많은 임무를 기꺼이 맡기면서 당신의 기회는 점점 많아지게 된다.

기대 이상의 성과를 내기 위해 성공한 사람은 지킬 수 있는 약속을 하되 항상 그보다 더 많이 해내고자 하는 습관을 기른다. 성공한 사람은 어려운 임무를 맡기 전에 이미 성공할 준비를 갖춰놓는다. 그들은 처음 업무 관련 약속을 하는 단계에서 상대의 기대치를 낮춤으로써 다른 사람의 현실에 대한 인식을 바꿔놓는 습관이 있다.

이런 식으로 기대를 줄임으로써 성공할 준비를 하는 셈이다. 약속한 것보다 더 해냄으로써 어렵지 않게 기대 이상의 성과를 낼 수 있다. 일을 끝내면 사람들은 '우와' 하는 탄성을 지른다.

성공하지 못한 사람은 일이 끝날 때가 아니라 시작할 때 '우와' 하는 탄성을 듣고 싶어 하는 경향이 있다. 그들은 처음부터 상대가 기대하지도 않는 약속을 한다. 사람들이 처음에는 '우와' 하며 부푼 기대를 갖지만 그런 반응은 곧 뒤집힌다.

성공에 실패한 사람은 처음에 목표를 너무 높게 잡기 때문에 사람들의 기대를 충족시키지 못한다. 그 결과 사람들에게 확신을 주지 못하고 신뢰를 잃고 만다. 그러면 많은 임무를 더 이상 맡지 못하게 되고 앞으로도 기회를 얻을 수 없다.

마이클 아드니의 통찰 ——————— MICHAEL YARDNEY'S INSIGHT

콜리의 의견에 동의한다. 하지만 나는 꼭 다른 사람의 좋은 평가를 얻으려 하진 않는다. 나는 내 스스로의 기대치 이상의 성과를 내고 싶다.

추가 소득원을 만들어라

나는 다양한 소득원을 만들겠다.

성공한 사람은 하나의 소득원에만 의존하지 않는다. 그들은 살면서 다양한 소득원을 만든다. 그들은 '많은 연못에 낚싯대 여러 개'를 드리워 소득원 한 군데가 일시적으로 악화되면 다른 소득원에서 소득을 올린다.

추가 소득원에는 부업, 부동산 임대, 리츠(REITs, 부동산 뮤추얼 펀드), 부동산 투자 공동 소유권, 트리플넷 리스(triple net lease), 주식 투자, 연금, 사모 펀드 투자, 사업체 공동 소유권, 금융 투자, 부품 및 서비스 제공, 각종 로열티(특허권, 인세, 유정 및 광산 사용료) 등이 있다.

각각의 추가적 소득원은 추가 소득을 안겨줌으로써 그 돈을 투자에 사용해 또 다른 소득원을 만들 수 있다. 성공하지 못한 사람은 직장이라는 단 하나의 소득원에만 기댄다.

그들은 '한 연못에 낚싯대 한 대'만 드리우기 때문에 단 하나의 소득원이 경제 불황에 타격을 입거나 직장을 잃으면 재정적 어려움을 겪는다. 더 심각한 문제는 그렇게 근근이 살아가는 대다수 사람은 자신의 직업을 좋아하지 않는다는 점이다. 그래서 직장에 갇혀 있다고 느낀다. 나는 그런 사람들을 임금의 노예라 부른다.

가정을 꾸려나가는 일은 쉽지 않다. 여전히 어려운 일이다. 하지만 자녀들이 점점 성장하면서 쉬워진다. 자녀가 대학생 정도가 되면 자녀에게 쏟는 노력이 줄어들기 시작한다. 따라서 추가 소득원을 만들기 위해 더 많은 시간을 투자할 수 있다. 자녀가 아직 어리다면 지금이 추가 소득원 만들기의 첫걸음을 뗄 수 있는 최적의 시간이다. 부업이 될 만한 것을 서서히 시작해보라. 그러니까 내 말은 일주일에 5~10시간을 열정이 느껴지고 나중에 돈벌이가 될 일에 투자하라는 것이다.

지금 당신 자신과 당신의 미래에 투자하면 장래에 수익을 거둘 수 있다. 내 말을 믿어라. 어린아이가 자라 초등학교에 가고, 중학교에 가면 들어가는 돈이 점점 많아지기 때문에 내 말대로 지금 당신에게 투자하면 그때 가서 잘했다는 생각을 하게 될 것이다.

이러한 소득원은 마침내 충분한 소득을 발생시켜 당신은 직장을 그만둘 수도 있고, 당신의 투자를 관리해줄 사람을 고용할 수도 있을 것이다. 나아가 마음껏 쓸 수 있는 소득을 얻을 것이다. 성인이 된 자녀들과 함께 모이는 별장을 구매할 수 있고, 재정적으로 자녀의 짐이 되지 않는 경제적 독립을 얻으며, 금전적 문제가 없는 은퇴 생활을 즐기고, 성인이 된 자녀가 집을 구매할 때 자금을 보태줄 수 있다.

한 바구니에 담는 것은 경제적 파탄의 비법이다

바구니가 찢어지면 어떻게 하는가? 미래의 삶을 더 안락하게 만들고 싶다면 지금 당장 자기 자신에게 투자해야 한다. 진심으로 열정을 느끼는 일, 그와 동시에 추가적인 소득을 창출할 가능성이 있는 일을 찾아라. 열정이 핵심이다. 앞서 언급한 것처럼 단연코 열정은 자수성가한 백만장자의 가장 중요한 특징이다. 그것은 평범한 사람을 자수성가한 백만장자로 둔갑시키는 기폭제다.

당신이 정말로 열정을 느끼는 일을 추구한다면 어떻게든 그 일에 전념할 시간을 만들어낼 수 있다. 하지만 노력하지 않으면 결코 열정을 찾지 못한다. 자신이 바라는 미래를 만들기 위해 지금 행동을 취하고 자기 자신에게 투자해야 한다.

다양한 소득원을 어떻게 만드는가

- 저축하라, 저축하고 또 저축하라: 매년 순소득의 10~20퍼센트를 저축하라. 그리고 그 돈을 투자하라.

- 수입을 늘려라: 추가 소득을 발생시키는 부업이나 아르바이트를 시작하라.

- 투자를 다각화하라: 저축금과 추가 소득을 소극적 소득이 창출되는 투자 수단에 투자하라. 주거용 및 상업용 임대 부동산, 투자 공동 소유권, 트리플넷 리스, 사모 펀드(주식과 채권, 뮤추얼 펀드), 연금, 종신생명보험, 로열티가 생기는 자산(산림과 기름, 가스 사용료), 보트 임대 등 다양한 수단에서 소극적 소득이 발생한다. 혼자서 투자할 여력이 안 되면 다른 사람과 공동으로 투자해 소극적 소득을 창출하는 포트폴리오를 만들어나가라.

마이클 야드니의 통찰 ———————— MICHAEL YARDNEY'S INSIGHT

지금은 부자가 되려면 하나 이상의 소득원을 가지고 있어야 한다는 것을 부자들은 다 알고 있다. 과거 1950년대만 해도 대부분의 가정에서는 남편만 일을 했다. 그런 가정이 생활하는 데 필요한 소득원은 몇 개였을까? 단 한 개였다. 하지만 오늘날 대부분의 가정은 남편과 아내가 맞벌이를 해 두 개 이상의 소득원을 만들지 않으면 살아가기 어렵다. 이러다가 미래에는 맞벌이만으로도 충분하지 않을 수 있다. 따라서 성인이 된 이후에는 다양한 소득원을 만드는 것이 현명할 것이다.

부자는 이미 이 점을 잘 알고 있다. 그들은 직장에서 월급을 받거나 사업에서 수익을 올림으로써 소득을 얻으며 그와 동시에 부동산이나 주식, 투자 신탁 등 다양한 투자 수단을 통해서도 소득을 창출한다. 하나의 소득원에서 더 이상 소득이 발생하지 않더라도 그들에게는 소득을 안겨줄 다른 소득원이 많다. 사업체 하나가 파산하면 다른 소득원에서 소득을 얻는다.

지금 이 시점에 당신은 다양한 소득원을 가지고 있는가? 아마 지금이 소득원을 하나 더 추가할 타이밍일 수 있다.

하지만 다른 직장을 구해 소득원을 만들지는 마라. 일하지 않아도 발생하는 지속적인 소득을 만들라는 말이다. 이런 소득을 다른 말로 하면 소극적 소득이라 한다. 당신이 잠을 자고 있을 때도 발생하는 소득이기 때문이다.

모든 소득이 똑같이 창출되지 않는다는 사실을 이해하는 것이 중요하다. 어떤 소득은 선형적이고, 또 어떤 소득은 지속적이다. 당신의 소득이 선형적인지 지속적인지 판단하는 질문이 있다. 시간당 급여를 몇 번 받는가? 한 번만 받는다면 그 소득은 선형적 소득이다.

하지만 가난한 사람은 이 말을 잘못 이해해 어렵게 고생하면서 다양한 소득원을 만들려고 노력한다. 그들은 하나의 직업을 더 갖거나, 다단계 사업을 성공시키려 애를 쓴다. 또는 자산 관리 전략이나 부동산을 방 하나하나 임대하는 전략을 시도하면서 자산을 열심히 활용해 현금 흐름을 늘리려 한다. 그들은 잘못된 종류의 소득을 만들고 있는 것이다. 그러한 방법은 별도의 직업을 하나 더 구하는 것이나 마찬가지다.

우리가 필요한 소득은 '소극적' 소득이자 '지속적' 소득이다. 일을 하든 그렇지 않든 발생하는 소득이어야 한다. 당신이 지구 반대편에서 휴가를 즐기고 있는 동안에도 당신 계좌로 입금되는 수입이 이런 종류의 수입이다. 부자의 비밀은 더 많은 돈이 아닌 더 많은 자유 시간에 있다. 소극적 소득은 노동과 시간을 요구하지 않기 때문에 부자는 자신의 원하는 것에 더 많은 시간을 쓸 수 있다. 당신의 소득에서 몇 퍼센트가 지속적 소득인가? 당신이 현명하다면 노동을 투입하지 않아도 지속적으로 발생하는 소득을 만드는 일을 시작할 것이다. 결국 이런 소득이 당신이 원하는 것을 원하는 시간에 할 수 있는 자유로운 시간을 준다.

이를 위한 한 가지 방법은 주식 매입이나 수익형 부동산 구입이다. 일을 하든 그렇지 않든 배당금과 임대 소득이 지속적으로 발생하고 시간이 흐르면서 주식과 부동산 가치가 상승한다.

부자습관 21

레버리지,
성공한 사람의 공통점

나는 목표를 달성하고 꿈을 실현시키는 데 도움이 되는 레버리지의 힘을 이용하겠다.

성공한 사람은 레버리지 힘을 이용해 목표와 꿈을 이루는 데 도움을 얻는다. 레버리지란 삶에서 원하는 것이나 필요한 것을 얻기 위해 자산, 지식, 기술, 시간, 돈, 관계 등 모든 것을 이용하는 것이다. 예를 들어 성공한 사람은 비슷한 사고방식을 지닌 사람들과 연락을 하고 지내면서 어떤 식으로든 자신에게 도움이 되는 사람이나 집단과 관계를 맺는다. 그런 관계를 통해 알게 된 사람이 예전에는 굳게 닫혔던 문을 활짝 열어줄 수도 있다.

성공한 사람은 어떻게 시간을 레버리지하는가

누구에게나 하루는 24시간이다. 시간이라는 측면에서 보면 만인이 평등하다. 성공한 사람은 시간을 레버리지하려면 다른 사람의 도움이 필요하다는 것을 안다. 그래서 목표를 달성하고 꿈을 실현시키는 과정에서 앞으로 나아가는 자신을 뒤에서 밀어줄 사람을 찾는다.

하나의 목적으로 협력하는 10명의 하루는 240시간이다. 이를 가능하게 하는 한 가지 방법으로 성공한 사람은 지식과 기술을 레버리지한다. 그들은 자신이 모든 것을 알고, 모든 일을 잘하는 것이 불가능하다는 사실을 잘 안다. 그래서 인간관계를 통해 지식과 기술을 레버리지한다. 그들은 목표와 꿈을 이루는 데 도움을 얻기 위해 핵심층에 있는 모든 사람의 지식과 기술을 종합적으로 활용한다.

성공하지 못한 사람은 자신의 삶에 도움이 되는 레버리지의 힘을 이용하지 않는다. 그들은 자신 말고는 누구에게도 의지하지 않는다. 그들에게는 부자 습관이 없기 때문이다. 관계 형성, 인맥, 먼저 주기, 그 밖에 많은 부자 습관을 기르지 않았기 때문에 레버리지를 할 수 있는 것이 거의 없다.

레버리지의 힘을 이해한다면 다른 사람의 자산, 기술, 지식, 돈, 영향력을 활용할 수 있다. 공동 목표를 추구하는 사람 10명과 협력하면서 레버리지를 활용하면 당신의 하루는 240시간이 될 수 있다.

돈이 있는 사람이 돈을 더 많이 버는 것이 왜 더 쉬운지 궁금한 적 있는가? 어째서 처음 100만 달러를 버는 것보다 두 번째 100만 달러를 버는 것이 더 쉽고, 세 번째 100만 달러를 버는 것은 더더욱 쉬워질까?

그들이 레버리지라는 부자 습관을 활용하기 때문이다. 여기서는 대출과 관련된 레버리지를 말하는 것이 아니다. 콜리의 설명처럼 부자가 활용하는 레버리지는 최소한 네 가지가 있다.

1. 돈

부를 쌓기 시작할 때 부자의 방법과 평범한 사람의 방법에는 아주 큰 차이가 있다. 부자는 자신이 가진 돈만 투자하는 것이 아니라 남의 돈을 레버리지한다.

가난한 자는 빚을 지는 것을 두려워하지만 부자는 부를 쌓기 위해 남의 돈을 활용하는 기술에 통달했다. 부자는 투자 행위를 확장하고 더 높은 수익을 더 빨리 얻기 위해 빌린 돈을 활용한다.

2. 관계

부자는 유용한 인맥을 구축해놓으면 자신이 모든 분야에 전문가가 될 필요가 없다는 점을 인식하고 주변 사람과 훌륭한 팀을 만든다.

훌륭한 인맥을 형성하면 다른 사람의 전문 지식을 레버리지할 수 있다. 내가 종종 하는 말이 있다. "당신의 팀에서 당신이 가장 똑똑하다면 그건 정말 문제다."

이 세상에서 중요한 것은 당신이 무엇을 아는지도 아니고, 당신이 누구를 아는지도 아니다. 이 세상에서 필요한 것은 당신이 아는 사람이 아는 사람이다(오타가 아니다). 인맥은 부를 늘리는 데 결정적 역할을 한다. 인맥을 통해 알게 된 사람들의 지식도 도움이 되지만 그뿐 아니라 그들이 우리를 도와줄 수 있는 사람을 알고 있다는 것이 큰 도움이 된다.

3. 시간

부자는 시간을 가장 효율적으로 활용하면서 레버리지하는 방법을 배웠다. 그들은 부수적인 일들을 자산관리사와 다른 계약 업체에 위탁함으로써 시간을 레버리지한다. 그렇게 해서 번 시간을 더 많은 것을 배우거나 관계를 발전시키고 더 많은 거래를 하는 데 사용한다.

4. 생각

레버리지 중 가장 강력한 것은 '생각'을 레버리지하는 것이다. 이 책을 통해 당신에게 알려주고 싶은 것이 평범한 사람과 다른 부자의 사고방식이다.

로버트 기요사키는 자신의 저서 《부자 아빠 가난한 아빠》 시리즈 중 한 권에서 냉소주의자의 현실에는 새로운 것이 들어올 틈이 없고 바보의 현실에는 어리석은 생각이 사라질 틈이 없다고 말한다. 새로운 방식으로 레버리지할 기회를 찾기 위해 생각을 확장하라.

소음을 신호로 바꾸는 방법

나는 공포나 의심이 생기더라도 목표와 꿈을 위한 행동을 멈추지 않겠다.

우리 대부분은 자신의 생각을 완벽하게 자각하지 못한다. 잠시 멈춰 당신의 생각에 귀를 기울이고 그 생각을 자각해보라. 그런 생각 대부분이 부정적이라는 걸 알게 될 것이다. 부정적 생각을 하고 있다고 깨닫는 유일한 순간은 생각을 자각하려 할 때다. 자각이 핵심이다. 이것을 요즘 말로 '마음 챙김(mindfulness)'이라 한다.

생리학적으로 이러한 부정적 생각, 즉 우리 정신 내부의 목소리는 뇌의 편도체라는 영역에서 나온다. 태곳적 뇌의 대뇌번연계 부위에 위치한 편도체는 우리에게 쉬지 않고 말한다. 여기에는 그럴 만한 목적이 있다. 편도체는 위험을 경고하는 레이더 시스템과 같다. 그것은 우려나 공포, 의심을 경고한다. 새로운 일이나 위험이 수반된 일을 할 때 편도체는 온갖 부정적인 소리를 속삭인다.

새로운 목표나 꿈을 추구할 때, 새로운 사업이나 프로젝트에 자금을 투자할 때, 새로운 일자리 기회가 생길 때, 새로운 책임감이 부여되는 승진 가능성이 있을 때 편도체의 방아쇠가 당겨진다. 편도체는 이렇게 속삭인다.

- 실패할 거야.
- 돈을 잃을 거야.
- 형편없는 일자리를 얻게 되거나 해고될 수도 있어.
- 파산할지 몰라.

이러한 목소리는 하던 일을 멈추고 방향을 되돌려 안전지대로 돌아가라는 경고다. 성공하지 못한 사람은 이 목소리에 굴복하는 반면 성공한 사람은 이 목소리를 무시한다. 성공한 사람은 두려움과 의심에 굴하지 않고 목표, 꿈, 새로운 사업 기회, 인생의 새로운 도전을 좇는다. 그들은 두려움과 의심이라는 부정적 목소리를 어떻게 극복할 수 있을까?

성공한 사람은 부정적 목소리를 극복하기 위해 무엇을 하는가

성공한 사람은 '만약 ~라면' 게임을 즐긴다.

- 만약 성공한다면?

- 만약 이 일을 매우 좋아하게 된다면?

- 만약 예상보다 더 많은 돈을 번다면?

- 만약 생각만큼 어렵지 않다면?

- 만약 그 일을 해서 행복해진다면?

- 만약 그 일이 가족에게 도움이 된다면?

- 만약 꿈꾸던 삶을 이룰 수 있다면?

- 만약 나의 가치가 더 상승한다면?

'만약 ~라면' 게임은 부정적 생각을 몰아내고 그 자리를 긍정적 생각으로 대체한다. 이 게임은 우리가 가치 있는 일을 추구할 때 직면하는 두려움과 의심, 불확실성을 제거한다. 생각의 방향을 즉시 돌려놓고 앞으로 나아갈 용기를 준다. 당신이 다음에 어려운 결정을 내려야 할 일이 생기면 이 게임을 해보라.

피드백을 피하지 말 것

나는 다른 사람에게 피드백을 구하겠다.

성공한 사람은 항상 피드백을 구한다. 그들은 습관적으로 그렇게 한다. 피드백은 사업체나 직장에서 제공하는 제품이나 서비스의 질을 향상시킨다. 성공한 사람은 피드백을 정찰 임무로 여긴다. 피드백을 통해 그들은 자신이 하는 모든 일의 가치를 더해주는 귀중한 정보를 얻을 수 있기 때문이다.

피드백을 구하는 습관은 성공한 사람을 다른 사람과 구별시킨다. 나아가 배우고 발전할 수 있게 해준다. 성공한 사람은 동료, 관리자, 직원, 의뢰인, 소비자, 사업 파트너에게 피드백을 구한다.

성공하지 못한 사람은 피드백을 피한다

비판받을 수 있다는 두려움 때문에 그들은 피드백 받기를 주저한다. 두려움은 인생에 걸림돌이 되는 부정적 감정이다. 성공하지 못한 사람은 비판받을 수 있다는 두려움에 굴복하고 만다.

성공하려면 지금 자신이 하고 있는 일에 대한 모든 정보를 얻어야 한다. 그래야 올바른 길을 가고 있는지 또는 현재 진행 중인 일을 바꿔야 하는지, 그 일을 어떻게 하는지 판단할 수 있다. 우리는 무엇을 하면 안 되는지 배워야 하는데 그것을 쓰라린 인생 경험을 통해 배우려면 시간과 돈이 너무 많이 든다. 하지만 피드백을 통해 배우면 그렇게 값비싼 대가를 치르지 않아도 된다.

쓰라린 인생 경험을 통해 배우는 것은 어렵고 비싼 방법이다. 피드백을 구하는 일은 더 수월하고 적은 대가로 성공의 길에 들어설 수 있는 방법이다. 피드백은 성공을 보장한다. 적어도 실패하지 않게 보장해준다. 당신이 전형적으로 피드백을 피하는 사람이라면 두려움이 당신을 조종하고 있는 것이다.

나는 원하는 것이나 필요한 것을 요청하겠다.

"구하라, 그러면 얻을 것이다"라는 매우 유명한 성경 구절이 있다. 이 말에는 매우 타당한 이유가 있다. 당신이 원하는 것이나 필요한 것을 요청하면 실제로 그것을 얻을 가능성이 있기 때문이다.

성공한 사람은 이 점을 잘 알고 있기 때문에 원하는 것이나 필요한 것을 다른 사람에게 요청하는 습관을 기른다. 성공하지 못한 사람은 원하는 것이나 필요한 것을 요청하지 않는다. 왜 그럴까? 두려워서다. 실제로 그들은 두 가지 종류의 두려움을 갖고 있다.

- 거절에 대한 두려움: 성공하지 못한 사람은 거절을 당하면 당황하고, 창피함을 느끼며, 위신이 떨어졌다고 생각한다.
- 신세를 지게 된다는 두려움: 누군가에게 신세를 졌다는 것

은 빚을 졌다는 뜻이다. 누군가의 호의를 받으면 신세를 지게 됐다고 생각한다. 성공하지 못한 사람은 신세 졌다는 생각을 하고 싶지 않아 다른 사람에게 도움을 요청하지 않는다.

이와 대조적으로 성공한 사람은 그런 두려움을 극복하기 위해 두 가지 전략을 사용한다.

- 자신의 기대를 관리한다: 도움을 청한 후 '예스'라는 대답을 기대했는데 '노'라는 답변을 받으면 순식간에 우리는 기분이 나빠지고 우울해진다. 성공한 사람은 이 점을 잘 알고 있다.
  그래서 그들은 자신의 기대를 관리한다. 즉 도움을 요청한 후 '노'라는 답변을 받는 상황에 익숙해지게 훈련하는 것이다. 그들은 실제로 거절을 예상한다. 그래서 거절당해도 상관없다. '노'를 예상했기 때문에 기분이 나빠지지도, 우울해지지도 않는다. 만약 뜻밖에 '예스'라는 대답을 들으면 그들은 즉시 행복해지고, 낙천적이 되며, 열정을 느낀다.
- 신세를 지면 파트너십이 생긴다고 생각한다: 성공한 사람은 누군가에게 신세를 지면 그것이 사실상 그 사람과의 관계를 튼튼하게 해준다는 점을 알고 있다. 신세를 지면 파트너십

이 생긴다. 성공한 사람은 삶의 성공을 위해 파트너십이 필요하다는 사실을 안다. 신세를 지는 것은 귀중한 파트너를 얻는 방법이다.

'하지 말 것' 리스트를 작성하라

나는 나만의 '하지 말 것' 리스트를 만들고 매일 지키겠다.

'해야 할 일' 리스트에 대해서는 모두 들어봤을 것이다. 이 리스트에는 목표를 달성하고 꿈을 실현시키는 방향으로 나아가는 데 도움이 되는 매일의 활동이 포함된다.

하지만 '하지 말 것' 리스트는 들어보지 못했을 것이다. '하지 말 것' 리스트는 시간을 낭비하는 행동이나 나쁜 습관, 행복하고 성공적인 삶에 방해가 되는 행동 등 결코 해선 안 되는 행동을 작성한 리스트다. 이 리스트에 포함되는 대표적인 항목은 다음과 같다.

- TV를 하루 한 시간 이상 보지 말 것
- 페이스북이나 트위터, 유튜브 등에 시간을 낭비하지 말 것
- 누구도 질투하지 말 것
- 충동구매를 하지 말 것

- 험담하지 말 것

- 도박하지 말 것

- 과음하지 말 것

- 화를 내지 말 것

- 가족을 무시하지 말 것

- 부정적 뉴스 기사를 읽지 말 것

- 일을 미루지 말 것

- 누구도 조롱하지 말 것

- 누구도 미워하지 말 것

- 담배를 피우지 말 것

- 부정적이 되지 말 것

'하지 말 것' 리스트의 행동 하나하나를 자신만의 부자 습관으로 바꿔보라. 성공한 사람은 '하지 말 것' 리스트가 '해야 할 일' 리스트만큼 중요하다는 사실을 이해한다.

그들은 해야 할 일을 아는 것과 하지 말아야 할 일을 아는 것이 성공을 이루는 데 똑같이 중요하다는 사실을 발견했다. 성공하지 못한 사람은 스스로 걸림돌이 되는 행동을 하고 있다는 사실을 자각하지 못한다.

'하지 말 것' 리스트는 해선 안 되는 일을 자각하게 해준다. '해야 할 일 리스트'가 성공을 위한 탁월한 도구지만 그것은 당신을 목적지의 반까지만 데려다준다. '하지 말 것' 리스트가 있어야만 목적지 끝까지 갈 수 있다. 이 리스트를 통해 당신은 성공에 방해가 될 수도 있는 행동을 자각하게 된다.

마이클 야드니의 통찰 ——————— MICHAEL YARDNEY'S INSIGHT

나는 기회 앞에서 '예스'라 말하기보다 '노'라 말함으로써 더 많은 돈을 벌었다. 나는 사업 및 투자와 관련해 '하지 말 것' 리스트를 가지고 있으며 그에 더해 개인적 삶을 위한 아주 긴 리스트도 있다. 이 리스트에는 다음과 같은 내용이 들어 있다.

1. 걱정하지 말 것: 걱정하는 일의 대부분은 절대 일어나지 않고 일어나더라도 5년이 지나면 사소한 일처럼 보인다.
2. 항상 옳은 일만 하려 하지 말 것: 내가 경험한 바로 인간관계를 맺다 보면 옳은 일을 하면 즐겁지 않고, 즐거운 일을 하면 옳지 않게 되는 일이 흔히 발생한다. 따라서 자신만의 전투에서 선택적이 돼야 한다. 옳은 목적지로 가는 길은 많다.
3. 상황을 단기적 관점으로 보지 말 것: 큰 그림을 그리는 관점을 가져라.
4. 군중을 따르지 말 것: 모두가 하는 일을 따라 하지 마라. 군중을 따르면 기껏해야 중간밖에 안 된다.
5. 완벽한 시간을 기다리지 말 것: 인생에서 무언가를 하기 위한 '완벽한 타이밍'은 절대 없다.
6. 모든 것을 알 때까지 시작을 늦추지 말 것: 그런 때는 결코 오지 않는다. 모든 정보를 알 수 없다는 것을 인정하고, 해나가는 과정에서 배우고 발전할 수 있다는 생각으로 일단 시작하라.
7. 다른 사람을 판단하지 말 것: 성급히 결론을 내리기는 쉽다. 하지만 그것은 속단이고 편견이다. 다른 사람의 말을 잘 듣고 그들의 관점에서 이해하려 노력하라.
8. 완벽해지려 하지 말 것: 물론 최고가 되기 위해 노력해야 한다. 하지만 완벽주의는 버려라.

9. 실수를 곱씹지 말 것: 실수는 성장과 배움의 일부다. 따라서 실수를 하지 않았다면 어떻게 됐을까 하는 생각은 하지 마라.

10. 친구와 사랑하는 사람을 무시하지 말 것: 돈과 재산, 주식이 모조리 사라져도 당신 곁에 남아 있는 사람이 결국 당신의 진정한 자산이다.

11. 현재의 즐거움을 소홀히 여기지 말 것: 이것이 감사함을 나타내는 진정한 부자 습관이다.

나는 다른 사람에게 배우기 위해 질문하는 것을 두려워하지 않겠다.

사람들은 흔히 성공한 사람은 모든 답을 알고 있기 때문에 질문을 하지 않는다고 오해한다. 끊임없이 질문하는 사람을 보면 그 사람은 지혜와 지식이 많지 않아서 그렇게 많은 질문을 한다는 인식을 가지기 쉽다. 하지만 인생에서 성공하기 위한 가장 현명한 방법은 질문하는 것이다.

성공한 사람은 성공하기 오래전부터 이 사실을 알고 있었다. 그들은 강박적으로 질문에 매달린다. 정보를 얻기 위해 질문하는 것이 지식을 얻는 또 하나의 방법이라는 것을 알고 있기 때문이다. 성공한 사람은 질문을 통해 새로운 정보를 얻음으로써 많은 시간을 절약한다. 성공하지 못한 사람은 질문하기를 두려워한다. 그들은 질문하면 사람들이 자신을 무시할까봐 두려워한다. 그래서 결국 다른 사람에게 배우는 지식이 한정된다.

성공한 사람은 어린아이의 특성을 가지고 있다. 그들은 호기심이 있고, 질문을 하며, 경이감을 잃지 않는다.

먼저 베풀어라

나는 어떤 이익도 기대하지 않고 내 시간을 기꺼이 주겠다.

성공한 사람은 무언가를 얻기 위해서는 먼저 주어야 한다는 것을 알고 있다. 이것은 절대로 변하지 않는 보편적 성공 법칙 중 하나다. 인생에서 성공하고 싶다면 가치 있는 것을 다른 사람에게 먼저 주어야 한다.

성공에 실패한 사람들은 내가 먼저, 남은 뒷전이라는 인생관을 가지고 있다. 그들은 누군가에게 자신의 시간을 내주기 전에 그렇게 하는 것이 자신에게 어떤 이익이 되는지 알고 싶어 한다. 이기적 관점으로 세상을 보고 있다.

비영리 단체나 자선 단체의 이사회를 생각해보자. 그런 단체를 운영하는 사람 중 많은 사람이 성공을 하게 된다. 이 사실이 놀라운가? 하지만 당연한 일이다. 사람은 비슷한 사람끼리 모이게 마련이다. 부유하고 성공한 사람이 많이 모이는 곳이 어디인지 알고 싶다면 지역의 자선 단체나 비영리 단체에 들어가보라. 이것이 부자가 성공 마인드를 지닌 사람과 관계를 맺기 위해 사용하는 한 가지 방법이다.

흔히 이런 관계를 통해 함께 사업을 하며 서로 번영하고 성공하도록 돕는다. 자선 단체나 비영리 단체에서 자원봉사를 하는 사람들 가운데 이기적인 사람은 많지 않다. 이런 단체는 내가 먼저고, 남은 뒷전인 인생관과 거리가 멀기 때문이다.

진정한 행복을 찾아서

나는 매일 행복해지려 노력하겠다.

행복과 관련된 한 가지 문제는 인간은 다른 목표를 추구하는 것처럼 행복을 추구하도록 프로그래밍돼 있다는 점이다. 그래서 사람들은 밖으로 나가 자신을 행복하게 해주는 물건을 산다. 하지만 물건을 구입하는 일은 단기적인 행복만 만들어주기 때문에 곧 그 행복은 사라진다. 그리고 물건을 구입함과 동시에 돈이 사라지거나 빚이 생겨 불행을 느끼게 된다.

한편 사람들은 자신에게 높은 보상을 안겨줄 가능성이 가장 큰 일을 하려고 한다. 돈을 많이 벌면 행복을 살 수 있을 것이라 믿기 때문이다. 그래서 오랜 시간 뼈 빠지게 일하지만 시간이 흐르면서 자신이 불행하다는 사실을 깨닫는다. 자신의 직업을 좋아하지 않으면 집이 얼마나 크든, 차가 얼마나 멋지든, 가족에게 얼마나 많은 것을 안겨주든 이런 것들은 정말 중요하지 않다.

행복은 목표가 아니다

행복은 마음의 상태이며 삶의 상태다. 행복을 위한 3단계 공식은 다음과 같다.

- 먼저 ~이 되라: 먼저 되고 싶은 사람이 되어라. 행복한 사람이 되고 싶다면 가진 것으로 행복하라. 원하는 사람이 작가라면 작가가 되어라. 사업주가 되고 싶다면 사업주가 되어라. 더 좋은 아버지나 배우자가 되고 싶다면 그렇게 되어라.
- 그다음 ~을 하라: 되고 싶은 사람이 되기 위한 일을 오늘 하라. 오늘부터 가진 것들에 대해 감사함을 표현하기 시작하라. 오늘 글쓰기를 시작하라. 오늘 사업을 시작하고 더 좋은 아버지나 남편이 되기 위한 일을 하기 시작하라.
- ~을 이뤄라: 1단계와 2단계를 수행한다면 마침내 자신이 바라는 것을 얻을 것이다. 그게 행복이라면 행복을 얻고, 작가의 경력이라면 그 경력을 얻는다. 바라는 것이 사업주라면 사업을 시작하게 된다. 자신을 존경하는 가정을 이루고 싶다면 그것을 이룰 것이다.

성공한 사람은 행복을 습관으로 만든다. 그들은 미래에 지속적으로 행복을 줄 행동(목표와 꿈)을 추구함으로써 장기적 행복에 투자

한다. 또한 행복한 사람과 교제하고 불행한 사람은 멀리한다. 성공한 사람은 가진 것에 감사함을 표현한다. 그래서 자신에게 없는 것, 즉 부정적인 것에 초점을 맞추지 않고 긍정적인 것에 초점을 맞출 수 있다. 그들은 단기적 행복을 주는 활동(약물이나 음주 등)이 결국에는 장기적 불행을 유발할 수 있다는 것을 알기 때문에 그런 활동을 삼간다.

성공에 실패한 사람은 불행하기 때문에 그들 대부분은 행복을 얻기 위해 무언가를 한다. 안타깝게도 그들이 행복을 얻기 위해 하는 일부 행동은 파괴적이다. 약물 사용, 음주, 외도, 도박, 그 밖에 많은 비행들이 일시적 행복을 찾기 위해 성공하지 못한 사람들이 하는 행동들이다. 이런 행동은 결국 가난을 부르는 습관이 된다. 이런 습관이 잠깐의 행복도 더 이상 가져다주지 않을 때 그들은 또 다른 일탈 행위를 하는 경향이 있다. 그러면 곧 또 하나의 가난을 부르는 습관이 더 생긴다. 이런 경향이 그들 생애에 지속되는 경우가 많다. 그들의 파괴적 행위는 이혼, 실직, 건강 악화, 최종적으로 불행한 삶을 유발한다.

행복의 몇 가지 배경

행복을 주제로 수행된 다양한 연구가 있다. 그중 소냐 류보머스키

(Sonja Lyubomirsky)의 연구에서는 다음과 같은 결론을 내린다.

- 행복의 50퍼센트는 유전이다.
- 행복의 40퍼센트는 활동에서 비롯된다.
- 행복의 10퍼센트는 환경에 의해 결정된다.

당신의 유전적 구성이 '행복 기준선'을 결정한다. 이 기준선은 행복한 사건과 불행한 사건 전후에 당신의 감정이 머무는 지점이다. 호화 저택이나 고급 자동차, 보석을 사도 장기적 행복을 얻지 못하는 이유가 이 기준선 때문이다. 한편 이 기준선 덕분에 인생에서 불행한 사건, 이를테면 사별이나 이혼, 실패 등에 직면해도 그불행이 영원히 지속되지 않는다.

결국 모든 사람은 자신의 유전적 행복 기준선으로 되돌아간다. 행복의 10퍼센트만 환경에 영향을 받기 때문에 부 자체를 목적으로 추구하면 약간의 행복만 늘어난다. 장기적 행복을 증가시키는 단 하나의 진정한 방법은 행복을 유발하는 행위를 하는 것이다. 행복감을 높이는 데 도움이 되는 전략과 도구 몇 가지를 소개한다.

1. 기대감을 관리하라

너무나도 자주 우리는 장밋빛 안경을 통해 삶을 바라본다. 물론 낙관성이 성공에 매우 중요한 요소지만 불행의 가장 큰 요인은 자신이 설정한 기대를 충족시키지 못하는 것이다. 따라서 중요한 목표나 꿈, 인생의 주된 목적을 추구할 때 현실적인 기대를 갖는 것이 필요하다.

중요한 목표나 꿈, 인생의 주된 목적을 추구하는 과정에서 그 여정을 100퍼센트 달성 가능한 단계로 나눠야 한다. 그래야 기대가 충족되고 불행을 피하는 상황이 보장된다. 또한 그렇게 할 때 기대 이상의 놀랄 만한 성과를 이룰 가능성도 있다. 그러면 행복을 느끼게 된다.

2. 낙관성을 연습하라

낙관성은 타고나는 것이 아니다. 따라서 그것을 일상이자 습관으로 삼아야 한다. 성공한 사람은 이 점을 알고 있기 때문에 매일 낙관적으로 생각하는 연습을 한다. 그것이 그들의 일상이다. 그들이 사용하는 도구 몇 가지는 다음과 같다.

- 명상: 매일 아침과 밤에 2분에서 5분간 명상을 하라. 꿈과 목표가 이뤄지는 모습을 머릿속에 생생하게 그려보라. 미래에 이상적 삶을 살고 있는 자신의 모습을 보라.
- 비전보드: 인생에서 이루고 싶은 것 5개에서 10개의 사진을 준비해 당신의 컴퓨터 바탕화면으로 설정하든가, 아니면 두꺼운 종이에 붙여 매일 볼 수 있는 곳에 두어라.

- 확언: 확언은 목표와 꿈의 실현을 확언하는 짧은 문장을 말한다.
- 중단 명령: 부정적인 생각이나 감정이 생길 때마다 즉시 인지하고 그런 감정이 뿌리를 내리기 전에 중단시켜라.
- 미래의 삶에 대한 시나리오 쓰기: 성공한 사람은 자신의 이상적 미래가 어떤 삶일지 몇 문단의 시나리오를 작성한다. 그리고 그것을 적어도 일주일에 한 번 읽는다. 이 시나리오는 큰 그림에 초점을 맞추고 긍정적 사고방식을 유지하게 해준다.

3. 지금 이 순간을 살아라

파티나 즐거운 행사, 가족 모임에 참석했는데 정신은 딴 데로 가 있는 경험을 한 적 있는가? 사랑하는 사람들과 함께하는 행복한 시간을 즐기지 못하고 직장, 완수해야 될 프로젝트, 사람들과의 문제, 돈 걱정, 각종 청구서 등에 대한 생각만 한 적이 있는가?

행복한 시간을 얼마나 낭비한 것인가. 지금 이 순간을 살라는 말은 정신에서 모든 고민을 없애고 지금 순간, 현재를 즐기라는 것이다. 행복한 사건은 지금 이 순간을 살아야 만들 수 있다. 행복한 상황에 있으면서 다른 고민들이 정신에 들어오도록 허용한다면 그 행복한 순간은 영원히 되찾을 수 없다.

4. 두려움을 극복하라

두려움을 극복하면 생각이 바뀐다. 부정적인 생각에서 긍정적인 생각으로 생각이 다시 프로그래밍된다. 자신감 역시 한층 높아진다. 두려움이 느껴지는 어떤 행위를 할 때는 안전지대 밖으로 나가는 것이기 때문에 불안하고 긴장되게 마련이다. 한편 기분이 들뜨기도 한다.

인간은 두려움의 노예가 되는 존재가 아니다. 우리의 근본적인 두려움은 대뇌변연계에서 담당한다. 하지만 가장 최근에 진화된 신피질은 두려움을 의식적으로 극복할 능력이 있다. 우리가 두려움에 직면하면 대뇌변연계와 신피질이 서로 싸움을 벌이기 시작한다. 규모 면에서 신피질이 단연 우세하다. 신피질에는 대뇌변연계보다 수십억 개 더 많은 뉴런이 있다. 그래서 어떤 두려움이든 극복하기 쉽다. 두려움의 노예가 아니라 주인이 되어라. 그러면 행복을 경험하게 될 것이다.

5. 다른 사람의 멘토가 되어라

멘토링은 쌍방향의 작용을 한다. 멘토링의 유익은 멘토와 멘티 모두에게 쌓인다. 멘토도 멘티에게 배울 수 있으며, 멘티는 멘토의 헌신적이고 열렬한 추종자가 된다. 경제적으로도 서로 유익한데 멘토와 멘티가 동업하는 경우가 많이 생긴다. 무엇보다 누군가의 멘토 역할을 하는 것 자체가 행복한 행위다. 그래서 멘토링은 양

당사자에게 행복을 가져다준다.

6. 자원봉사를 하라

자원봉사는 자신이 받은 것을 공동체에 되돌려주는 것이다. 또한 자원봉사를 하면서 새로운 사람을 만나 튼튼한 인간관계를 만들 수 있으며 공동체 내의 누군가를 도와준다는 만족감을 얻게 된다. 즉 자원봉사는 행복한 활동이다.

7. 운동을 하라

운동은 행복한 활동이다. 운동 그 자체의 행위는 그렇게 행복하지 않지만 운동을 마치고 나면 전반적인 행복감이 상승한다. 자신의 신체에 유익한 행동을 했다는 점에 행복을 느낀다. 운동을 많이 하면 할수록 더 행복해진다.

8. 새로운 것을 배워라

새로운 것을 배우는 일은 행복감을 높인다. 새로운 것을 배우면 우리의 뇌는 새로운 시냅스(신경 접합부)를 만들고, 이런 신경 자극은 생리학적으로 자기 만족감을 유발하고 자신감을 상승시킨다. 자기 자신에 대해 더 좋은 감정을 갖게 되는 것이다.

이런 현상은 우연이 아니다. 생리학적으로 이런 행복을 느끼는 것은 우리가 뇌에 유익한 행동을 하는 것에 대해 보상하는 뇌의 방식이다. 뇌의 2차 목적(1차 목적은 생명 유지다)은 학습이다. 새로운 것을 배울 때 뇌의 실제 부피는 커진다(새로운 시냅스가 많아진다는 것은 곧 부피가 늘어난다는 뜻이다). 뇌는 사용할수록 부피가 커지는 기관이다. 이런 신체 기관은 극히 드물다. 더 많이 배울수록 뇌는 행복감이라는 보상을 더 많이 해준다.

따라서 새로운 것을 배울 때마다 행복을 만드는 것이다. 매일 20분에서 30분을 투자해 직업에 도움이 되는 책을 읽어라. 취미 분야나 열정을 느끼는 분야에서 지식을 늘리기 위해 독서를 하는 것도 좋다. 배워라. 그리고 행복해져라.

9. 명상하라

명상은 뇌를 관리하는 훌륭한 방법이다. 그것은 뇌에 휴식을 주는 것과 같다. 스트레스를 줄여주며, 잠재의식에 있는 창의력의 방아쇠를 당기고, 텔로머레이스(telomerase, 텔로미어를 건강하게 유지시키는 효소다. 염색체 끝부분에 있는 텔로미어는 DNA를 보호한다. 텔로미어가 짧아져 없어지면 세포는 죽는다. 이것이 노화의 원인이다. 세포가 분열을 멈추고 죽으면 노화로 이어진다)의 분비를 증가시킨다. 명상을 해본 적이 없다면 매일 아침에 일어나자마자 또는 밤에 잠자기 직전 60초 동안 명상을 하겠다는 목표를 세워보라. 그러면 이완된 기분을 느끼게 되며 행복한 상태가 된다. 명상은 할 때마다 행복한 행위다.

10. 감사함을 실천하라

항상 쾌활하고, 긍정적이고, 열정적이고, 행복해 보이는 사람을 본적 있는가? 긍정적이고 밝은 정서는 행복을 증진시킨다. 유전적으로 그런 성향을 타고난 사람이 있다고 생각할지 모르지만 그런 생각은 틀렸다. 부유하고 성공한 사람은 긍정적 사고방식을 만드는 특정한 행복 습관들을 길렀다. 그 과정에서 그들은 행복의 비밀 중 하나를 찾아냈다. 그것은 바로 감사다.

감사할 것은 언제나 존재한다. 매일 감사함을 나타내면 자신의 삶을 온전히 자각하게 되며 부정적 생각이 사라진다. 감사하는 태도는 부정적 생각을 긍정적 생각으로 바꿔놓는다. 자신의 삶에 있는 모든 축복(건강, 직장, 집, 가족, 친구 등) 하나하나를 매일 곰곰이 생각하면 갖지 못한 것에 대해서는 더 이상 생각하지 않게 된다. 그럴 때 우리의 관점이 바뀐다.

성공과 행복의 전제 조건은 긍정적 사고방식을 갖는 것이다. 날마다 인생에서 감사한 것 다섯 가지를 찾아 감사를 표현하라. 매일 감사하는 태도를 배양하라. 이것은 행복한 행동을 하나 더 추가하는 것이다. 행복한 행동을 더 많이 할수록 더 많이 행복해진다.

11. 행복한 사람과 어울려라

사람은 비슷한 사람끼리 모이게 마련이다. 더 행복해지고 싶다면 행복한 사람과 어울려야 한다. 일주일에 최소 한 시간 이상 행복한 사람과 시간을 보내라. 행복하지 않은 사람과 어울리는 시간은 일주일에 한 시간 미만으로 줄여야 한다.

행복한 사람을 새로 알게 되면 그들은 곧 당신을 자신이 아는 사람에게 소개시켜준다. 그들이 소개해준 사람 역시 행복한 사람일 것이다. 당신 주변에 행복한 사람이 많으면 많을수록 당신도 더 행복해진다.

12. 웃어라

많이 웃을수록 많이 행복해진다. 웃음은 스트레스와 고통을 줄인다. 웃음은 또한 뇌세포를 자극한다. 유산소 운동과 비슷하게 웃음은 신체의 혈액 순환을 더욱 원활하게 만든다. 웃음은 감염을 막는 항체를 생성함으로써 면역 체계를 강화하며 행복감을 유발하는 엔도르핀 분비를 촉진한다. 날마다 재밌는 책을 읽거나 웃긴 프로를 듣거나 보아라. 크게 웃으며 하루를 시작하라. 이것은 명상과 비슷하면서 쉽고 재밌다.

13. 꿈과 목표를 추구하라

꿈을 이루게 해주는 목표를 추구할 때 행복감이 생긴다. 여러 연구 결과에 따르면 우리는 유전적으로 목표 지향적 존재로 프로그래밍됐다. 새로운 목표를 추구할 때 기존 뇌세포들이 활성화되거나 세포 접합부(시냅스)가 새로 생긴다. 새로운 목표를 추구하는 사람의 뇌 안에서는 시냅스뿐 아니라 수상돌기도 새로 형성된다. 뇌는 이런 작용을 좋아하기 때문에 목표를 추구하며 새로운 것을 배울 때 즐거움과 행복을 유발하는 특정 신경화학물질을 분비한다.

목표를 추구하는 과정에서 새로운 것을 배울 때마다 행복의 방아쇠를 당기는 것이다. 목표를 추구하는 사람이 실제로 목표나 꿈이 이뤄지는 것보다 추구하는 것 자체를 더 감사하게 여기는 이유가 바로 이런 생리적 현상에 있다.

14. 창조적 일을 하라

인간은 원래부터 창의적인 존재다. 인간의 DNA에 창의적 성향이 프로그래밍돼 있다. 창조적 일을 추구할 때 우리 안에 있는 천재가 깨어난다. 누구에게나 창의적 유전자가 있다. 창조적 일은 긍정적 감정의 방아쇠를 당기고 신경 연결 통로를 새롭게 만든다.

뇌는 신경 연결 통로가 많아지는 것을 좋아한다. 그래서 창의적 일을 통해 신경 연결 통로를 만들면 그에 대한 보상으로 뇌는 희열감을 유발하는 신경화학물질을 분비한다. 창조적 일을 할 때마다 우리는 행복한 행위를 하는 것이다.

15. 인생의 주된 목적 또는 자신이 사랑하는 일을 추구하라

많은 사람이 자신의 인생 목적을 좇지 않고 다른 사람의 목적을 좇는다. 그들이 인생에서 중요하게 추구하는 목적이 어머니나 아버지의 목적이거나 배우자의 목적, 아니면 다른 중요한 존재의 목적일 수 있다. 하지만 자기 자신의 목적을 좇지 않으면 행복할 수 없다.

다른 사람의 목적을 추구하는 사람은 분명히 월요병에 시달리거나 근무하는 날을 싫어할 것이다. 인생을 고역으로 여기며 주말이나 연휴, 휴가만을 간절히 기다릴 것이 뻔하다. 퇴근 후에는 과음 같은 건강에 해로운 행위를 일삼을지 모른다. 부정적이고 우울한 생각의 수렁으로 빠지기 쉽다. 인생은 그런 것이 아니다.

인생이란 원래 우리 각자가 자신의 목적을 추구하는 것이다. 그렇게 할 때 우리 안에 있는 천재가 깨어나고 인간을 독특하게 만드는 창조성이 뇌에서 발현된다. 다른 사람의 목표를 추구하면 행복하지도 않고 성공하지도 못한다. 자신만의 목표를 추구하고 인생에서 자신만의 주된 목적을 좇아야 한다.

부자습관 29 당신은 존중받아야 한다

나는 나를 존중하도록 사람들을 훈련하겠다.

성공한 사람은 존중받고 예의 바른 대우를 받으려면 자신을 그렇게 대우하도록 사람들을 가르쳐야 한다는 것을 잘 알고 있다. 그들은 남들이 자신을 함부로 대하게 하지 않는다. 성공한 사람은 '예스'보다 '노'를 더 많이 말한다. 사람들이 자신을 존중심 있게 대하고 자신의 시간을 귀중하게 여기도록 훈련한다.

성공하지 못한 사람은 사람들이 자신을 함부로 대해도 그냥 놔둔다. 성공한 사람과 달리 자존감이 낮고 자신의 시간을 가치 있게 생각하지 않기 때문에 사람들이 자신을 업신여겨도 참는다. 사람들이 당신에게 존중심을 가지고 당신이 마땅히 받아야 할 대우를 하도록 이끄는 지침 몇 가지를 소개하겠다.

- 더 이상 모든 일에 '예스'라 말하지 마라: '노'라 말하는 것은

당신의 시간이 귀중하다는 메시지를 보내는 것이다. 가끔 '노'라 말하면 사람들은 당신을 함부로 대할 수 없다는 것을 알게 된다. '노'라 말하기 위해서는 용기가 필요하다.

공포 앞에서 물러서지 마라. '노'는 "나는 당신의 노예가 아니다"라고 말하는 정지 신호와 같다. 한편 모든 것에 '예스'라는 대답은 "나는 당신의 노예다"라고 말하는 신호다. 언제나 예스라고 말하면 당신을 함부로 대하라고 사람들을 훈련하는 것이나 마찬가지다.

- 그저 잘 지내기 위한 목적으로 사람들에게 굴복하지 마라: 당신의 모든 시간을 다른 사람이 마음대로 쓰도록 내준다면 당신이 약하다는 메시지를 강력하게 전달하는 것이다. 때로는 완강한 태도를 나타내기도 해야 한다. 그래야 사람들은 당신이 무시할 수 없는 상대이며 강인하고 확신에 차 있다는 것을 알게 된다. 사람들의 뜻에 굴복하면 당신을 약한 사람으로 대하도록 그들을 훈련하는 셈이다.

- 흔들리지 마라: 당신이 믿고 있는 것을 굽히지 마라. 당신이 자신의 생각을 자꾸 바꾸거나 다른 사람이 당신의 의견을 바꾸게 놔둔다면, 당신은 조종하기 쉬운 사람이라는 메시지를 전달하게 된다. 이는 곧 다른 사람이 당신을 조종하도록 훈련하는 것이다.

공자는 이렇게 가르쳤다. "당신 자신을 존중하라, 그러면 다른 사람도 당신을 존중할 것이다."

부자습관 30 팀을 꾸려라

나는 목표를 달성하고 꿈을 실현시키는 데 도움을 주는 추종자를 찾겠다.

스티브 잡스에게는 스티브 워즈니악(Steve Wozniak)이 있었다. 빌 게이츠에게는 폴 앨런(Paul Allen)이 있었다. 워런 버핏에게는 찰리 멍거(Charlie Munger)가 있었다. 잭 캔필드에게는 마크 빅터 한센(Mark Victor Hasen)이 있었다.

자수성가한 백만장자는 성공의 여정을 홀로 가지 않았다. 탁월한 부를 쌓으려면 꿈을 추구하고 실현시키는 과정이 필요하다. 그리고 그 과정의 거의 100퍼센트는 팀의 협력을 요구한다. 평범한 사람에서 자수성가한 백만장자로 올라갈 수 있는 사람은 자신의 추종자를 찾은 사람이다. 즉 자신의 꿈과 꿈을 향한 열정을 함께 나누는 광신도가 자신 곁에 있어야 극적인 성공을 이룰 수 있다.

아마 음양의 원리에 따라 자신의 음을 보완해주는 양을 찾은 가장 유명한 사람은 예수 그리스도일 것이다. 실제로 그는 복음과 자신의 사명을 전파하는 일을 돕는 12사도를 찾았다. 예수를 성공한 사람이라 말할 수 있는 이유는 그가 전한 복음이 이 땅에서 중요한 메시지가 된 것 때문만이 아니라 그의 메시지와 사명을 믿은 12명의 추종자를 찾았기 때문이기도 하다. 사도들이 없었다면 이 세상은 예수와 그의 복음에 대해 알지 못했을 것이다.

성공한 사람은 자신의 꿈과 목표를 믿는 한 사람 또는 그 이상의 사람과 팀을 꾸린다. 그들은 자신의 명분에 100퍼센트 동의하고 전념하는 사람을 찾아낸다. 그들은 자신의 대의를 따르는 추종자를 찾으면 꿈이 현실로 바뀐다는 것을 알고 있다. 성공에 실패한 사람은 인생에서 자신의 성공을 도와주는 팀을 만들지 못한다. 그들은 홀로 가면서 성공을 바란다.

하지만 추종자를 찾는 일은 쉽지 않다. 사람들이 당신의 명분에 이끌리더라도 그들 대부분은 추종자가 되지 않는다. 당신의 꿈에 100퍼센트 확신을 가지고 투신하는 사람을 찾기는 어렵다. 당신이 만나게 될 대다수 사람은 그들 자신만의 사업, 프로젝트, 꿈, 목표를 추구할 것이다. 그렇다고 해서 포기해서는 안 된다. 멈추지 말고 추종자를 찾아 나서야 한다. 그것은 노력할 만한 가치가 있다. 12명까지는 필요 없다. 기적을 일으키기 위해 단 한 명의 추종자만 있으면 된다.

자신의 음을 보완해줄 양을 찾기 위해 고군분투해본 사람은 누구나 그 일이 매우 어렵고 좌절감을 느끼는 여정이라는 것을 안다. 하지만 당신과 잘 맞는 추종자를 찾으면 그 사람은 당신의 꿈에 투신한다. 그들은 당신의 대의명분에 광신도가 되며 100퍼센트 전념한다. '추종자'를 찾았다는 것은 하나의 카트를 모두가 함께 끄는 팀을 찾았다는 뜻이다. 추종자는 당신의 꿈에만 초점을 맞추는 외골수가 되며 당신의 꿈을 현실로 만드는 일에 전념할 것이다.

마이클 야드니의 통찰 —————— **MICHAEL YARDNEY'S INSIGHT**

콜리와 나는 부자 습관을 꾸준하게 실천한다. 대표적인 예가 이 책을 공동으로 저술한 것이다. 우리는 혼자 가면 더 빨리 갈 수 있지만 함께 가면 더 멀리 갈 수 있다는 것을 배웠다.

Michael Yardney & Tom Corley

WHY RICH ASSOCIATIONS AND RICH THINKING MATTER

부를 부르는
관계의 법칙

마이클 야드니와 톰 콜리

4

모델과 멘토, 마스터마인드

4장에서는 부자와 성공한 사람의 삶에서 모델과 멘토, 마스터마인드(mastermind)의 중요성을 탐구하고자 한다. 우선 잠재적 사고방식이 좋은 방향으로든 나쁜 방향으로든 어떻게 우리의 결정에 영향을 끼치며, 그런 사고방식이 어떻게 우리가 '모델(model)'이라 부르는 것을 토대로 형성되는지 설명하는 데 일정 시간을 할애하겠다.

모델은 무엇인가

모델은 일종의 정신적 건축물로 당신이 세상을 이해하는 뇌의 작용 방식을 모두 망라한 것이다. 어떤 모델은 긍정적이고 또 어떤 모델은 부정적이다. 또한 도움이 되는 모델이 있는가 하면 방해가 되는 모델도 있다.

중요한 점은 이런 모델들의 힘이 매우 강력하다는 것이다. 어느 모델을 일단 믿으면 그것이 유익하든 해롭든 그 모델을 사실로 받아들이자마자 자신의 정신에서 현실이 되며, 그 모델이 맞는지 틀린지 더 이상 생각하지 않는다. 그것은 잠재의식으로 파고들어 세상을 살아가는 방식에 지속적으로 영향을 미친다.

문제는 어떤 식으로든 우리 내부 대화를 조종하며 배후에서 영향력을 행사하는 그런 모델의 존재를 우리가 완전히 간과한다는 사실이다. 우리는 진실이 무엇인지 파악하고 그것을 굳게 믿으려 노력하지만 그와 동시에 색안경을 끼고 세상을 바라본다. 그리고 사고방식이 허락하는 방식으로만 사물을 인식한다. 인식은 곧 현실이 된다. 그래서 효과적인 부의 모델이 중요하다. 당신이 쌓을 수 있는 부의 크기는 당신의 모델이 어느 정도의 부를 가지게 하느냐에 달려 있다.

좋은 모델은 성공의 가능성을 높여준다

대부분의 사람이 돈과 관련된 기술을 배운 적이 없더라도 건전한 재정 습관을 가지고 있는 사람을 모델로 삼아 좋은 습관들을 배울 수 있다.

1970년대 초 야드니는 자산 투자를 시작하며 성공적으로 수익을 내길 원했지만 자신에게 배움과 경험이 충분하지 않다는 사실을 깨달았다. 그래서 눈을 돌려 책과 교사, 멘토, 심지어 컨설턴트에게서 조언을 찾기 시작했다. 그 모든 것들이 하나의 공통분모를 가리키고 있었다. 최상의 교육 방법 중 하나는 다른 사람에게 배우는 것이라는 점이다. 야드니는 자신이 하고 싶은 일을 먼저 이룬 사람에게 배우는 것이 대단히 효과적인 방법이라는 점을 알게 됐다.

이는 야드니가 처음부터 시작해 실수를 하면서 배울 필요는 없었다는 뜻이었다. 사실 그는 누군가 중단한 지점에서 시작하면 됐다. 배우기 위해 '해야 할' 일을 하지 않아도 됐다. 정말로 그는 더 빨리 배울 수도 있었다.

하지만 야드니는 처음 투자를 시작할 때 혼자서 모든 것을 다 하고 싶어 했다. 여기에는 두 가지 이유가 있을 것이다. 하나는 그렇게 하는 것이 배움의 최상의 방법이라 생각한 것이다. 또 하나는 야드니가 순순히 인정하는 것처럼 그에게는 가난을 부르는 습관이 있었다. 그는 '인색했다'. 야드니는 모든 걸 혼자 하면 돈이 절약된다고 생각했다. 하지만 결국 훨씬 더 많은 대가를 치렀다. 경험은 값비싼 교사다.

마침내 야드니는 모든 것을 혼자 하며 수많은 실수를 할 필요가

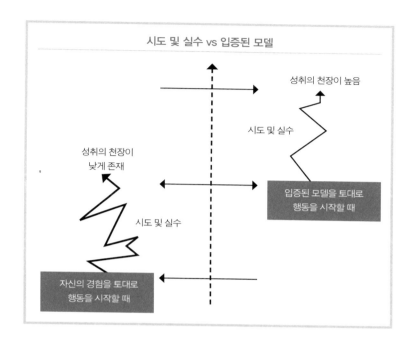

시도 및 실수 vs 입증된 모델

성취의 천장이 높음

시도 및 실수

성취의 천장이
낮게 존재

입증된 모델을 토대로
행동을 시작할 때

시도 및 실수

자신의 경험을 토대로
행동을 시작할 때

없다는 것을 깨달았다. 그때가 그에게 가장 큰 깨달음의 순간이었
다. 이제 그는 자신의 통찰도 어떤 것은 다른 사람에게 배운 것이
라고 여유 있게 말한다.

여러 해 전 야드니는 토니 로빈스(Tony Robbins)의 위대한 책을
읽었다. 《거인의 힘 무한능력》에서 저자 로빈스는 야드니가 찾고
있던 것의 명칭을 꼭 집어서 알려줬다. 바로 모델링(modelling)이
었다. 그 책에서는 입증된 모델을 찾는 과정을 설명했다. 저자는
한 분야에서 매우 탁월한 사람을 찾아 그가 무엇을 하고, 어떻게
행동하고, 어떻게 생각하는지 조사한 다음 그대로 따라 하라고 제

안했다.

그러면 어떻게 될까? 그런 방법을 통해 모델의 성공을 직접 재현해낼 수 있다. 핵심은 그들이 목표를 어떻게 성취했는지 배우고 왜 그렇게 했는지 이해하는 것이다. 이 두 가지를 파악하면 그들이 중단한 지점에서 당신의 여정을 시작할 수 있다.

사람들이 사용하는 비유 중에 자신을 컵으로 생각하라는 말이 있다. 컵은 작은데 돈이 많다면 돈은 흘러넘쳐 사라지고 말 것이다. 우리는 컵에 담을 수 있는 만큼의 부만 유지할 수 있다. 그렇다면 적은 부에 만족해야 한다는 말인가? 전혀 그렇지 않다. 자신의 사고방식을 바꿈으로써 자신을 더욱 큰 컵으로 키워야 한다. 그러면 더 많은 돈을 지킬 수 있을 뿐 아니라 더욱더 많은 부를 끌어당길 수 있다.

알다시피 우주는 진공을 몹시 싫어한다. 이 말은 당신이 돈을 담을 큰 공간을 가지고 있다면 부가 거기로 몰려들어 빈 공간을 채운다는 뜻이다. 다시 말해 사고방식을 발전시키고 더욱 훌륭한 사람이 된다면 더 많은 부를 끌어당기게 될 것이다.

대부분의 사람은 성장과 발전을 원한다. 더욱 높은 천장까지 성취를 이루고 싶어 한다. 그리고 시도하고 실수를 해보면서 그런 성취를 이룰 수 있다고 생각한다. 실수를 통해 배울 각오를 하고 있다. 맞다. 그런 식으로도 배우고 발전할 수 있다. 하지만 어느 정도까지만 가능하다. 속도를 낼 수도 없다. 실수를 통해 배우는 것은 더디고 사기가 꺾이는 방법이다.

이와 대조적으로 멘토를 찾아 당신이 원하는 것을 이미 이룬 사람에게 배우는 것은 당신이 성취할 수 있는 수준을 비교적 짧은 시간에 극적으로 올려준다. 물론 그렇다고 성공이 보장되는 것은 아니다. 하지만 입증된 모델은 당신이 이루고자 하는 것을 이미 이룬 사람들의 실제 사례이기 때문에 당신의 성공 가능성을 극대화한다.

모델은 누구나 잘 알고 있는 사람이다. 그들은 어디에나 있고 누구나 그들을 따라 한다. 하지만 사람들 대부분은 모델이 개발한 반복 가능한 과정, 그러니까 신발 끈을 매는 방법이나 양치질처럼 아주 단순하게 따라 할 수 있는 과정을 알지 못한다. 이런 모델 말고 부자들이 또 활용하는 것은 팀이다.

부자가 되고 성공하는 비밀은 무엇일까

당신이 내년에 킬리만자로산을 등반할 계획을 세우고 있다면 그 산의 정상을 정복한 사람과 등반 계획을 상의하고 싶지 않겠는가? 하지만 놀랍게도 재정이라는 산에 오르기 시작한 많은 사람은 해수면 아래서 허우적거리고 있는 사람에게 조언을 구한다.

오늘날은 팀이 없으면 세계적인 백만장자가 될 수 없다. 훌륭한 팀이 있으면 위험은 줄어들고, 지식은 늘어난다. 또한 혼자서는 구하기 힘든 다양한 아이디어와 기회, 자금을 얻을 수 있다. 우리는 집단적 지식과 경험이 투자 위험을 낮춘다는 사실을 알게 됐다.

부를 창출하는 여정에 첫발을 뗄 때는 보통 혼자 시작하는 경우가 매우 많다. 단독 비행을 하면서 배우고, 조사하고, 투자 기회를 찾는다. 괜찮다. 어디서든 시작은 해야 하니까. 하지만 훌륭한 팀을 구성하면 더욱 속도를 높여 배울 수 있으며, 무엇보다 부의 축적을 가속화시킬 수 있다. 제대로 된 팀을 꾸리려면 시간과 에너지가 들지만 배움과 성장을 위해 반드시 필요한 과정이다. 일반적인 투자자가 10년 이상 걸려 배우는 것을 제대로 된 팀을 가동시키면 1, 2년 안에 배울 수 있다. 훌륭한 팀을 당신 편으로 만들려면 두 가지가 필요하다.

- 자신의 팀을 꾸려라: 적절한 팀원을 찾아야 할 것이며 때때로 이것은 생각보다 돈이 더 들어갈 수 있다.
- 팀을 이끌어라: 당신의 부를 통제하는 것은 당신에게 달렸다. 이는 팀을 이끌어야 한다는 뜻이다.

당신의 팀에는 누가 있는가

팀원과 관련된 사항은 사람마다 다를 것이다. 하지만 당신이 고려해야 할 유형의 팀원 리스트는 일반적으로 다음과 같다.

1. 리더

바로 당신이다. 팀원을 찾고 그들을 당신의 목표로 이끄는 것이 당신의 임무다. 당신이 현재 투자의 3단계라서 많은 금융 지식을 급하게 배우고 있더라도 통제권을 가지고 있어야 한다. 다시 말해 '경험이 더 많은' 팀원에게 권한을 넘겨주고 싶은 마음이 생기더라도 끝까지 통제권을 유지해야 한다. 당신의 부는 당신이 이끌어야 한다. 모든 것의 의무와 책임은 당신에게 있다.

2. 조언자

가능한 최고 팀을 만들어라. 팀에서 가장 똑똑한 사람이 당신이라면 그것은 정말 문제다. 당신 주변을 전문가들로 포진시켜야 한다. 세금 전문 회계사, 자산 보호 전문 변호사, 유능한 대출 중개인, 독립적인 자산 투자 전략가 등의 조언자가 필요하다. 하지만 이런 조언자들이 자산 판매자이거나 매도 또는 프로젝트 개발과 관련해 이해관계에 있는 사람이어서는 안 된다. 독립적 위치에서 진실하게 당신을 도울 사람을 조언자로 삼아야 한다.

처음에는 그런 조언에 비용을 지급하기가 꺼려질 수 있다. 그들이 하는 조언이 책이나 인터넷, 토론회 등에서 '공짜로' 얻을 수 있는 조언과 매우 비슷해 보이기 때문이다. 당신이 공짜로 얻을 수 있는 최고 조언은 이렇다. 공짜 조언은 매우 비싼 대가를 치른다. 많은 투자자가 혼자 시도하면서 저지른 실수의 대가를 누군가 '바보세(stupid tax)'라 부른 적이 있다.

부의 피라미드 3단계나 4단계에 도달해 경제적 독립을 달성하려면 반드시 당신이 창조하고 있는 것의 가치를 인식하고 부의 창출 원칙을 이해하는 전문가로 이뤄진 팀을 꾸려야 한다.

3. 멘토

나에게는 언제나 멘토가 있었고 그들은 나중에 동료나 동업자가 됐다. 그러면 나는 새로운 멘토를 찾았다. 멘토는 당신이 현재 배우고 있는 분야에서 지식과 경험이 많고 유능하고 성공한 사람이다.

4. 다양한 업무를 처리하는 사람

부가 증식하는 데는 시간과 노력이 필요하고, 당신의 투자 포트폴리오가 확장되면서 당신의 시간은 더욱 귀중해진다. 일상 업무를 처리할 사람을 시간당 15달러에서 20달러를 주고 고용한다면 어떨까? 그러면 그 시간에 당신은 시간당 10배의 수익을 올리는 일에 전념할 수 있다. 예를 들어 집안 청소, 잔디 손질, 청구서 납부,

부기, 우편 업무 등을 처리할 사람을 고용할 수 있다. 그들에게 당신 대신 다양한 볼일을 보러 다니는 일을 맡길 수도 있다. 두세 시간 걸리는 사소한 일을 직접 처리하다 보면 배우고 조사할 시간이 부족하다. 또는 수천 달러의 순이익을 올리는 투자처를 발굴하는 일에 시간을 내지 못한다. 기억하라. 백막장자는 직접 집을 청소하거나 볼일을 보러 다니지 않는다.

부를 늘리기 위해서는 시간과 인내가 필요하며 당신의 리더십도 필요하다. 진심으로 부자가 되고 싶다면 팀을 만들고 그 팀을 이끌어라. 그 밖에 다른 방법은 없다.

멘토는 중요하다

부의 피라미드 3단계와 4단계에 있는 사람은 멘토의 필요성을 인식한다. 멘토는 당신이 존경하고 조언과 영감을 구할 수 있는 사람이다. 그들은 성공한 사람이며 당신이 달성하기 위해 노력하고 있는 많은 것을 이미 이룬 사람이다.

야드니의 성공에도 멘토들이 결정적인 역할을 했다. 멘토는 야드니가 보지 못한 것을 볼 수 있게 도왔다. 멘토는 야드니가 보지 못하는 사각지대를 발견해 남다른 생각을 하도록 영감을 주고 스스로의 결정에 책임감을 갖게 했다.

멘토에게 조언을 구할 때 "누군가의 뒤늦은 깨달음이 당신의 선견지명이 된다". 우리가 알고 있는 성공한 사람은 모두 멘토를 통해 유익을 얻었다. 부자는 자신이 성공적으로 이루고 싶은 일을 이미 해낸 멘토의 도움을 활용한다. 이와 반대로 가난한 자는 일의 방법을 알려줄 뿐 직접 해보지 않은 사람에게 자문을 청한다.

누구에게나 멘토가 있다. 당신이 모델로 삼는 사람도 이미 있을 것이다. 그런 모델을 의식적으로 선택할 때도 있지만 무의식적으로 누군가를 모델로 삼기도 한다. 어떤 사람은 카다시안 자매들(Kardashians)이나 〈위기의 주부들〉 시리즈, 드라마 〈대담하고 아름다운(The Bold and The Beautiful, B&B)〉에서 자신도 모르게 모델을 고른다. 흥미롭지 않은가?

멘토는 당신을 어떻게 돕는가

멘토는 다음의 방법을 통해 부 창출에 기여함으로써 당신이 부자가 될 수 있도록 돕는다.

1. 지식을 전해준다

멘토는 광범위한 지식을 제공해 수년에 걸쳐 얻을 지식을 짧은 시간에 습득할 기회를 준다. 개인적인 멘토에게 배울 수도 있고 책이나 DVD, 세미나를 통해 앞서 성공을 이룬 사람의 사례를 배움으로써 지식을 얻을 수도 있다.

2. 경험을 공유한다

우리는 시도하고 실수를 하면서 교훈을 얻으라고 배운다. 하지만 값비싼 대가를 치르는 실수를 직접 경험하기보다 다른 사람의 실수를 통해 교훈을 얻어야 한다. 훌륭한 멘토는 당신이 실수를 피할 수 있게 해주는, 해야 할 일과 하지 말아야 할 일을 철저하게 파악하고 있다.

3. 멘토는 당신이 아이디어를 내놓게 만든다

그다음 그 아이디어와 계획에 대해 오랫동안 곰곰이 생각하게 해 당신의 계획이 타당함을 직접 증명하게 한다.

4. 인맥을 제공한다

훌륭한 멘토는 유용한 만남을 제공한다. 그런 인맥을 통해 당신은 혼자서는 찾지 못하는 기회를 발견할 수 있게 된다. 이 세상에서 중요한 것은 당신이 아는 사람이 아니라 당신이 아는 사람이 아는 사람이다. 다양한 만남은 당신에게 이루 말할 수 없는 도움을 준다.

5. 멘토는 당신에게 동기를 부여한다

또한 당신이 성공할 수 있을 것이라 생각도 못 했을 색다른 영역에서 성공을 이루게 돕는다.

6. 멘토는 당신의 시간을 절약해준다

앞서 해본 경험이 있기 때문에 멘토는 지름길을 알려주고 피해야 할 구덩이를 가르쳐준다. 그렇게 멘토는 당신이 부자로 가는 길에서 올바른 방향을 잡고 잘 헤쳐나가게 도와준다.

7. 멘토는 당신이 하는 일에서 이해관계에 얽매이지 않는다

그래서 그들은 당신을 도울 수 있다. 멘토는 당신이 언제 기분이 고조되는지, 때때로 왜 우울해지는지 이해한다. 그들은 당신이 부와 성공의 사다리를 오를 때 경험하는 어려움들을 잘 알고 있다.

당신을 지지하는 사람들을 늘 곁에 두라

부의 피라미드를 성공적으로 오르는 핵심적 방법 하나는 자신을 지지하는 사람을 늘 곁에 둬 지원과 용기를 줄 좋은 친구와 인맥을 인식하는 것이다.

우리가 함께하는 사람, 즉 동료는 공동체 일원이기 때문에 우리에게 큰 영향을 끼친다. 인간인 우리는 선천적으로 사회적 존재다. 우리는 위안과 지원, 안정을 얻기 위해 공동체를 형성하는 것을 좋아한다. 시간이 흐르면서 이런 집단은 가치와 도덕을 자체적으로 발전시키고 우리가 더 넓은 세상과 상호 작용을 하는 방법을 배우는 모델이 된다. 이러한 집단에는 가족, 친구, 교회, 동호회, 골프 파트너 등 다양한 공동체가 있다.

많은 사람이 이러한 비공식 집단에 소속되기를 갈망한다. 그런 집단의 구성원이 되면 정체성을 얻고 다른 구성원과 함께 삶을 헤쳐나가면서 동료애를 느낄 수 있기 때문이다. 누구나 집단에 소속되기를 바라며 당신도 그럴 것이다. 이때 중요하게 생각해야 하는 것은 그런 집단이 우리 개인의 가치와 우선순위에 막대한 영향을 미치기 때문에 더 나은 삶을 추구하기 위해서는 협조적이고 낙천적인 사람과 어울릴 수 있는 집단을 찾아야 한다는 것이다.

불행히도 이 세상은 비관적인 사람들로 가득 차 있다. 그들은 우리가 앞으로 나아가는 것을 방해하고 삶에서 간절히 바라는 성공과 기쁨을 발견하지 못하게 한다. 너무 많은 사람이 저지르는 비극적인 실수는 성공을 추구하면서 남들의 온갖 비난을 그대로 듣고 있다는 것이다. 많은 사람이 실패자의 어리석은 조언을 너무 중요하게 생각한다. 그래서 사람들은 대중매체가 지속적으로 우리의 먹이로 내놓는 부정적 메시지를 모두 읽거나 들은 후 불안을 느낀다.

그러면 일부 사람이 비판적이고 비협조적인 이유는 무엇일까? 분명한 점은 특별히 그럴 만한 이유가 없다는 것이다. 하지만 몇 가지 경우를 잠시 생각해보자. 어떤 사람은 자신의 불행한 환경을 인정하고 싶지 않기 때문에 성공을 위해 노력하는 사람을 쉽게 비난한다. 본질은 이렇다. 많은 사람은 다른 사람의 성공이 자신의 실패를 두드러지게 한다고 생각한다. 가족이나 친구마저 그렇게 생각하는 경우가 있다.

사람들이 비협조적인 또 하나의 이유는 질투와 시기 때문이다. 질투는 질투하는 사람을 질투의 화신으로 만들 정도로 커질 수 있다. 질투는 친구가 소유한 것을 자신도 가지고 싶을 때 친구의 성공을 축하해주지는 않고 오히려 그것을 탐내는 마음이다. 또한 시기하는 사람은 친구가 가진 것을 자신은 갖지 못했기 때문에 친구도 그것을 가지지 못하길 바란다.

조금 더 자세히 설명하면 질투는 자신이 가지지 못한 것을 갖고 싶은 마음이고, 시기는 자신이 가지지 못한 것을 남도 가지지 못하길 바라는 마음이다. 안타깝게도 일부 사람이 맛보는 유일한 성공은 당신을 깎아내리는 것이다. 비협조적인 사람을 만나게 되는 또 다른 이유는 당신이 비현실적인 기대를 가지고 있기 때문일 수 있다. 남들은 당신의 성공에 당신만큼의 관심이 없다는 것을 분명히 알아야 한다.

주변 사람이 당신의 성장에 당신과 똑같이 강렬한 열정을 느낄 것이라 기대하는 것은 비현실적이다. 따라서 무관심한 반응에 너무 실망할 필요 없다. 당신의 개인적 성취에 당신이 느끼는 열정을 똑같이 느끼는 사람은 아무도 없다는 사실을 깨달아야 한다. 당신이 아는 사람과 사랑하는 사람이 당신을 지지하지 않더라도 협조적인 사람 몇 명만 있으면 괜찮다. 당신에게 용기와 영감을 줄 사람을 곁에 둬라.

믿을 수 있고 협조적인 사람을 항상 곁에 두는 것이 중요하다. 재정적 사고방식을 바꾸려 할 때 우리가 정보를 처리하는 한 가지 방법은 협조적인 사람과 우리의 현재 상황에 대해 의견을 나누는 것이기 때문이다. 주변에 지지자가 없다면 당신의 생각을 공유해 피드백을 줄 사람이 없을 것이다. 하지만 그런 사람은 반드시 필요하다. 인생에서 중대한 변화를 하려면 믿을 수 있고 협조적인 사람을 곁에 둬야 한다. 동료의 압력이 미치는 영향은 강력하다. 그것은 우리에게 용기를 주어 더 나은 삶을 향해 힘차게 나아가게 할 수 있고, 또는 창피를 주어 현재 상황에 만족하게 할 수도 있다.

우리에게 용기를 주는 사람의 영향력은 사실상 성공에 가장 중요하다. 그들은 우리를 자극해 우리가 스스로를 믿고 긍정적 단계를 밟아나갈 수 있도록 돕는다. 그들의 도움을 통해 우리는 삶을 더 나은 삶으로 전환시킬 수 있다. 협조적인 사람을 얻을 수 있는 탁월한 방법 한 가지를 소개하겠다.

마스터마인드 그룹에 참가하라

20세기 초의 부유한 기업가든, 오늘날 놀라운 성공을 거둔 사람이든 성공한 사람이 사용한 가장 강력한 도구 중 하나는 마스터마인드 그룹이다. 거의 100년 전에 쓰여 지금까지 찬사를 받고 있는 책《생각하라 그러면 부자가 되리라》에서 저자 나폴레온 힐은 마스터마인드 그룹의 힘을 발견해 그 점에 대해 설명했다.

명확하게 말하자면 마스터마인드 그룹은 특별한 목적을 달성하기 위해 상생과 조화의 정신으로 협력하는 두 명 이상의 연합체다. 마스터마인드 그룹을 결성하는 사람에게 우리는 긍정적 생각이나 긍정 확언을 강조하지는 않는다. 마스터마인드 그룹 자체가 참가자의 정신을 다시 프로그래밍하는 또 하나의 쉬운 방법이기 때문이다. 성공하기 위해 그동안 항상 힘겹게 노력해야 했다면 마스터마인드 그룹에 참가하면 집중력을 극대화시켜 활용함으로써 자연스럽게 성공을 밀고 나갈 수 있다.

마스터마인드 그룹의 이상적 규모는 5명 또는 6명이다. 수가 너무 적으면 동력을 상실할 수 있고 너무 많으면 통제하기 어려울 수 있다. 규모가 커지면 회의가 길어지거나 필요한 것들이 충족되지 않고 개인의 기여도가 최소화되는 일이 생긴다. 회의는 매주 한 시간 정도 하는 것이 이상적이다. 직접 만나서 하면 가장 좋지만 스카이프를 통해 그룹의 구성원이 함께 모여 회의를 진행해도 괜찮다. 마스터마인드 그룹에 참가할 때 얻는 유익 몇 가지는 다음과 같다.

- 책임감이 생김
- 질문과 도전을 받음
- 사람들이 자신의 말을 경청함
- 자신의 업적으로 평가됨
- 인정받음
- 동기가 생김

모델과 멘토, 마스터마인드가 부자 습관을 기르고 성공의 여정을 출발하는 데 어떻게 도움이 되는지 이해해야 한다. 그래야 인생의 전환을 진심으로 바라는 사람이 통달해야 할 필수적인 기술을 하나 더 얻는 것이다.

부에 대해 자녀에게 가르쳐야 하는 것

여기에서는 자녀가 자라서 부자가 될지, 가난한 사람이 될지 결정하는 가장 중요한 요소 몇 가지에 대한 생각을 전달하려 한다. 2006년 듀크대학교 연구 결과에 따르면 우리가 매일 하는 행동과 생각, 결정의 40퍼센트 이상은 습관이다. 그리고 성인이 될 때까지 지속되는 습관 대부분은 부모나 교사, 환경을 통해 배운 것이다.

우리가 부자 습관이라 부르는 성공에 유익한 습관을 자녀가 배우고 있다면 그것은 좋은 일이다. 하지만 가난한 자의 습관인 해로운 실패 습관을 배우고 있다면 매우 안타까운 일이다. 불행히도 대부분의 아이는 가정에서 좋은 습관을 배우지 못한다. 더 큰 문제는 그런 가정 교육의 부재를 메우기 위해 학교가 책임감 있게 행동에 나서지 않는다는 것이다.

멘토와 롤모델의 중요성은 앞서 설명했다. 사실상 부모인 우리는 자녀의 가장 중요한 멘토이자 모델이다. 이 말은 곧 자녀가 부자가 될지 가난한 자가 될지는 우리가 가르친다는 뜻이다. 어느 정도의 통찰만 있으면 당신은 자신의 습관을 바꿀 수 있고, 그러면 자녀 역시 성공하고 부유한 삶을 살 가능성이 커진다.

자녀에게 성공 습관을 가르쳐라

당신의 자녀는 부자가 될까, 가난한 자가 될까? 이 질문에 당신 나름대로 할 말이 있겠지만 자녀가 있거나 앞으로 자녀를 낳을 계획이라면 이 글을 반드시 읽어봐야 한다. 먼저 두 가지 질문을 던져보겠다. 당신은 자녀에게 돈에 대해 어떤 메시지를 주는가? 자녀에게 돈과 부, 부자에 대해 어떤 교훈을 가르치는가?

불행히도 대부분의 사람은 자녀가 경제적으로 실패하도록 교육하고 있다. 콜리는 자신의 연구를 통해 가난한 부모는 자녀에게 가난한 자의 습관을 가르치고 부유한 부모는 부자 습관을 가르친다는 것을 알게 됐다. 내 자녀들은 이제 성인이 돼 가정을 꾸리고 자녀를 낳았다. 만약 시간을 되돌릴 수 있다면 다음의 12가지 교훈을 아이들이 어렸을 때 가르칠 것이다.

1. 저축을 빨리할수록 돈은 복리를 통해 빠르게 불어난다

돈을 벌기 위해서는 돈이 필요하다. 따라서 자녀에게 절약과 저축의 중요성을 가르쳐야 한다. 번 돈보다 덜 쓰고, 남은 돈을 저축해 가치가 오르는 자산을 살 목돈을 마련하라고 가르쳐라. 예산을 세우는 방법도 함께 가르쳐야 한다. 자녀가 세차나 애완견 관리 등으로 약간의 돈을 벌 나이가 되면 '고가의 자산'을 얻기 위한 절약의 기술을 가르치기 시작할 수 있다.

2. 원하는 것을 사기 위해 기다려야 한다

이것은 모든 연령대의 사람들이 익히기 어려운 교훈이다. 하지만 인내력을 보면 성인이 돼서 얼마나 성공할지 예측할 수 있다. 나는 앞서 만족 지연이라는 개념을 자세히 언급했다. 자녀는 정말로 갖고 싶은 것이 있다면 그것을 사기 위해 저축하면서 기다려야 한다는 것을 배워야 한다.

문제는 모든 부모가 자녀에게 최고 환경을 만들어주고 싶어 한다는 데 있다. 그래서 부모들이 공통적으로 빠지는 함정은 자신이 자라면서 놓쳤다고 느끼는 모든 것을 자녀에게 해주는 것이다. 뒷마당에 놓을 트램펄린을 사주고 싶은가? 참아라. 계절마다 새로운 브랜드의 옷을 사주고 싶은가? 참아라. 즉각적 만족을 원하는 자녀의 인내심 없는 태도를 봐주고 싶은가? 제발 참아라.

자녀가 가지고 싶어 하는 장난감과 전자 기기를 모두 사주면 당신 기분도 좋아진다. 하지만 그렇게 하는 것은 자녀를 위한 것이 아니다. 자녀에게 즉각적 만족을 좇으라 가르치고 싶은 부모는 없을 것이다. 부모라면 노력을 많이 기울일수록 거기서 얻는 보상이 크다는 교훈을 가르쳐야 한다.

당신의 자녀가 인내심을 가지고 몇 달 동안 일주일에 2달러씩 저축해 20달러짜리 장난감을 샀다고 해보자. 그러면 그렇게 손에 넣은 장난감을 얼마나 소중하게 아끼겠는가? 어릴 때 이런 교훈을 배우면 성인이 돼서도 더 현명하게 돈을 관리할 수 있다.

3. 소비에 관해 선택적이 돼야 한다

돈은 한정돼 있으므로 현명한 선택을 하는 것이 중요하다고 자녀에게 가르쳐야 한다. 일단 돈을 써버리면 더 이상 쓸 돈이 없기 때문이다.

4. 오늘 빚을 지면 내일 노예가 된다

젊은 사람은 눈앞의 상황만 보고 생각하는 경향이 있다. 그래서 즉각적 만족을 추구하며 원하는 물건의 구입을 지연시키려 하지 않는다. 안타깝게도 이런 경향 때문에 앞서 살펴본 것처럼 많은 사람이 신용카드라는 함정에 빠지고 만다. 하지만 빚은 미래의 수입을 훔쳐간다. 자신 수중에 아직 들어오지 않은 돈을 희생물로 바치는 것이기 때문이다. 젊었을 때부터 빚지는 상황을 피하면 미래에 자신의 재정 문제를 더 잘 통제할 수 있게 된다.

5. 승자는 최고의 물건을 가지고 죽는 사람이 아니다

우리 모두는 좋은 물건들을 갖고 싶어 한다. 나는 그렇다. 하지만 좋은 것을 모두 누리고 싶은 바람은 돈 관리의 무시무시한 적이다. 우리는 요즘 화려한 잡지나 TV에서 '딴 세상 사람들이 어떻게 사는지' 자주 본다. 모두가 갈망하는 모습으로 꾸며진 그들을 보면서 많은 사람은 열심히 일해 이 세상에서 '더 많이 가진' 사람이 되는 것이 인생의 전부라 생각하게 된다.

소비지상주의가 '대세'가 됐다. 하지만 소유는 부유한 삶을 만들어주지 않는다. 진정한 부를 안겨주는 것은 경험과 사람이다. 이것은 돈으로 살 수 없다. 돈과 소유물을 다 잃어도 남아 있는 것이 '진정한 부'라 생각한다.

6. 운명의 주인이 되려는 책임감을 가져라

부유한 피해자는 없다. 이것이 사실이다. 실제로 부자는 누군가에게 피해를 입었다는 생각을 하지 않는다. 하지만 안타깝게도 사람들은 자신의 실패를 망설임 없이 다른 사람 탓으로 돌린다. 오늘날 사회가 상대를 겨냥하며 소송을 일삼게 되면서 많은 사람은 자신이 '나쁜 세력'에게 부당한 대우를 받아왔다고 생각한다.

자신의 삶을 용기 있게 객관적으로 바라본다면 현재의 삶이 자신의 선택에 의한 직접적 결과라는 것을 인식할 것이다. 자신의 결정에 책임감을 가져라. 자신감과 자존감, 자기 존중을 키워라. 그러면 내적으로 강한 힘을 느끼면서 운명의 주인은 자신이라는 점을 알게 된다. 그리고 자신의 힘과 통제력을 다른 사람에게 넘겨주지 않을 것이다. 현실을 정확하게 보자. 다른 사람은 당신이 가장 중요하게 생각하는 일에 당신만큼의 열정이 없다.

7. 원하는 것과 필요한 것을 구별하라

가정이라는 울타리를 꾸리면서 당신은 틀림없이 모든 것을 당장 마련하고 싶을 것이다. 고급 차와 새 가구, 대형 TV 등 돈으로 살 수 있는 것은 모두 바로 사고 싶을 수 있다. 하지만 그렇게 하면 한정된 수입 내에서 우선순위를 매겨 제한된 소득을 최대한 활용하는 방법을 배워야 하며, 십중팔구 먹이사슬 꼭대기를 향해 한 칸 한 칸 힘겹게 올라가야 할 것이다.

그저 당장 '가지고 싶은' 물건에 돈을 쓰면 미래의 퇴직 자금을 위해 모아야 하는 돈이 줄어든다는 사실을 인식해야 한다. 여기서도 만족 지연이 필요하지 않겠는가? 열심히 일해 더욱 열심히 투자한다면 시간이 흐르면서 당신의 구매력은 더 높아질 것이다.

8. 운은 노력을 통해 만들어진다

많은 사람은 다른 사람의 성공 원인을 '행운'에 돌리려 한다. '시대의 흐름'을 잘 탔거나 '탁월한 인맥' 때문에 성공했을 것이라 생각한다. 소수의 사람은 복권에 당첨되는 행운을 얻지만 진정으로 성공하는 사람은 자신이 선택한 분야에서 정상에 오르기 위해 엄청난 노력을 기울인다.

열정이 느껴지고 돈벌이가 되는 일을 찾을 수 있다면 당신의 성공 가능성은 훨씬 더 커진다. 목표에 도달하기 위해 더 열심히 노력하게 되고 하루하루가 그렇게 힘들지 않을 테니 말이다.

9. 경제적 자유를 위해 수백만 달러가 필요한 것은 아니다

많은 백만장자가 빚더미에 깔려 있다. 사실이다. 부를 과시하는 많은 사람이 자산은 많지만 현금이 없다. 오히려 빚 없이 일 년에 5만 달러 버는 사람이 더 많은 경제적 자유를 누린다. 경제적 자유는 돈 그 자체에 달려 있는 것이 아니다. 당신이 돈과 어떤 관계에 있는지, 재정적 책임감은 어느 정도인지, 재정 훈련은 얼마나 잘 돼 있는지에 따라 경제적 자유가 결정된다.

10. 바로 갚을 수 있는 한도 내에서 신용카드를 사용하라

무이자 구매, 24개월 할부. 이 모두가 신용카드 빚이라는 함정에 빠지기 쉬운 말들이다. 그렇게 되면 과도한 이자를 내며 빚을 갚아야 하는 짐을 지게 된다. 나아가 채무불이행이라도 생기면 신용 기록에 악영향을 받아 나중에 자동차나 집을 사기 어렵게 된다.

11. 젊음은 영원하지 않다

따라서 시간을 현명하게 사용해야 한다. 부를 증가시키기 위해서는 돈만 필요한 것이 아니다. 돈과 시간이 복합적으로 작용해야 부가 증식된다. 사실 시간만 충분하다면 아인슈타인이 세상에서 가장 강력한 힘이라고 말한 복리, 즉 이자에 이자가 붙어 벌어들이는 수입이야말로 제일 효과적이다. 인생 초반에 저축과 투자를 시작하라. 그러면 미래에 재정적 안정을 확보할 수 있다.

12. 번 돈보다 덜 쓰고 나머지를 저축하라

무엇보다 이 황금률을 지키면 하루빨리 경제적 자유를 얻는 길로 들어설 것이다. 수입의 최소 10퍼센트를 투자하겠다는 목표를 세워라. 나머지는 복리가 책임질 것이다. 복리의 힘은 말할 필요도 없다.

내가 당신에게 말하고 싶은 것은 부자는 부모에게서 배운 좋은 성공 습관을 가지고 있다는 점이다. 이런 습관이 부의 격차를 만들고 부자가 점점 부유해지는 진짜 원인이다.

우리는 자녀에게 유일한 멘토이자 가장 큰 영향을 미치는 멘토일 가능성이 높다. 자녀에게 유익한 성공 습관을 가르치지 않아 공평한 경쟁의 장을 만들어주지 않는다면 부자는 점점 부유해지고 가난한 사람은 점점 가난해진다. 따라서 당신의 시간 얼마를 자녀에게 문자 그대로 주어야 한다.

자녀는 부모의 습관을 모방한다

미국 도심지에는 왜 그렇게 불안 요소가 많을까? 전문가들은 지체 없이 비난의 화살을 다양한 원인에 돌린다. 낮은 임금, 인종 차별, 거친 경찰, 후퇴하고 있는 미국 제조 기반, 미국 기업의 해외 이전, 중국에 빼앗기는 일자리, 불법 이민자에게 빼앗기는 일자리, 질 낮은 교육 시스템, 가난한 자를 착취하는 부자, 부자에게 유리한 세금 시스템 등이 사회 불안을 조장한다고 말한다.

하지만 이러한 불안의 진정한 원인, 즉 잘못된 가정 교육을 지적하는 전문가는 한 명도 없다. 미국 도심지에서 가난한 사람 사이에 점점 커지는 불만과 전국적으로 심해지는 부의 양극화는 '가진 자'와 '가지지 못한 자'가 어떻게 가정 교육을 받았는지를 반영한다.

알다시피 나는 5년에 걸쳐 부자 습관을 연구했다. 나는 나의 저서 《부자 아이(Rich Kids)》와 《인생을 바꾸는 부자 습관》, 《습관이 답이다》에서, 그리고 이 책에서 부자와 가난한 자를 구별하는 많은 습관을 상세하게 언급했다.

내 연구에 등장한 자수성가한 백만장자는 거의 부모에게 특정한 습관을 배웠다. 그들은 그런 습관을 디딤돌로 삼아 행복하고 성취감을 느끼는 성공적 삶을 이룰 수 있었다. 가난한 자 역시 대부분 부모에게 습관을 배웠는데, 그들이 배운 습관은 빈곤과 불행, 불만을 대물림하는 데 기여했다.

예일대학교 교수이자 사회적 전염성이 있는 행동을 연구하는 수석 연구원인 니콜라스 크리스태키스(Nicolas Christakis)도 이 점에 동의한다. 그는 자신의 연구에서 습관은 전염되고 좋은 습관이든 나쁜 습관이든 자녀는 부모의 습관을 물려받는다는 사실을 발견했다. 전염되는 습관에는 다음과 같은 것들이 있다.

- 부모가 몸에 좋은 음식을 먹으면 자녀도 몸에 좋은 음식을 먹는다. 부모가 과체중이면 자녀도 과체중일 것이다.
- 부모가 담배를 피우면 자녀가 담배를 피울 가능성이 크다.
- 부모가 규칙적으로 운동을 하면 자녀도 운동을 규칙적으로 한다. 부모가 운동을 하지 않으면 자녀도 하지 않을 것이다.
- 부모가 교육과 배움을 가치 있게 여기면 자녀도 교육과 배움을 소중하게 생각한다. 부모가 그것을 소홀히 여기면 자녀도 그렇게 여긴다.
- 부모가 법을 잘 준수하면 자녀도 법을 잘 지킨다. 부모가 준법정신이 없으면 자녀도 마찬가지일 것이다.
- 폭력적인 부모가 키우는 아이는 폭력적일 수 있다.

- 부모가 낙천적이고 긍정적이면 자녀도 낙천적이고 긍정적인 관점을 갖게 된다. 부모가 비관적이고 부정적이면 자녀도 그런 성향을 가지게 될 것이다.

부모에게서 배운 습관은 삶의 형태를 결정한다. 그런 습관은 인생을 한층 발전시킬 수도 있고 손상시킬 수도 있다. 연구를 통해 나는 성공한 사람이 부모에게 배운 삶을 성공시키는 습관들을 발견했다. 그런 습관에는 다음과 같은 것이 있다.

- 자신의 삶은 자신이 창조한다: 자수성가한 사람들은 자신의 삶의 설계자는 바로 자신이라 배웠다. 부유해지거나 가난해지는 환경을 창조하는 사람은 오직 자기 자신이다.
- 자기가 책임을 진다: 자수성가한 사람은 피해자인 척하지 않았다. 그들은 인생이 잘 풀리든 그렇지 않든 자신이 책임져야 한다고 배웠다. 인생에서 일이 늘 잘 풀리는 것은 아니기 때문에 문제가 생기면 다른 사람을 탓하지 않고 자신이 책임을 진다.
- 법을 존중한다: 그들은 부모에게 경찰과 공권력을 존중하라고 배웠다. 법을 어기면 부모에게 심한 벌을 받았다.
- 인생의 주된 목적을 추구한다: 그들은 새로운 활동에 다양하게 참여했다. 자녀의 타고난 재능을 찾아주고 싶어 하는

부모의 노력 덕분이었다.

성공한 사람의 93퍼센트가 자신의 일을 좋아하거나 사랑한다. 타고난 재능을 찾아 그 일을 활용해 돈을 벌면 행복하고 경제적으로 성공한 삶을 살 수 있다. 자신이 하고 싶은 일에 더 많은 시간을 쏟고 싶은 마음이 들기 때문이다.

매우 좋아하는 일을 하며 돈을 번다면 진정한 천직을 발견한 것이다. 하지만 대부분의 부모가 자녀의 재능을 찾아주지 못한다. 그들은 자녀가 10년이 넘도록 한두 가지 활동만 하게 한다. 그 결과 아이들은 다양한 활동을 탐험할 기회를 얻지 못한다. 패키지여행을 하듯 짜인 틀에 맞춰 대부분의 시간을 보내다 보니 새로운 것을 배울 시간이 충분하지 않기 때문이다.

- 꿈과 목표를 추구한다: 성공한 사람의 61퍼센트가 완벽한 삶의 시나리오를 작성하는 과정인 '꿈 설정(Dream-Set)'을 하도록 배웠다. 이 시나리오는 그들 삶의 청사진이 됐다. 성공한 사람의 80퍼센트는 하나의 큰 목표(장기적 목표)를 달성할 때까지 거기에 초점을 맞추라고 배웠다. 또한 약 97퍼센트는 목표에 대한 완전히 다른 정의, 즉 각각의 목표에는 물리적 행동이 수반돼야 하고 100퍼센트 달성 가능한 목표를 설정해야 한다는 점을 배웠다. 그들은 목표를 추구하기 위한 지식과 기술이 있어야 한다는 것을 이해할 수 있었다.

대부분의 사람이 목표를 달성하지 못하는 이유는 목표에 대해 잘못된 정의를 배웠기 때문이다. 그들은 일 년에 10만 달러 벌기 같은 포괄적인 목적이 목표라고 배웠다. 그것은 목표가 아니라 꿈이다. 목표와 꿈은 다르다. 꿈을 이루게 해주는 목표들을 설정하고 그 목표를 모두 달성할 때 꿈이 실현된다.

- 부를 추구하는 것은 좋은 일이다: 성공한 사람의 97퍼센트는 부자는 선하고, 정직하고, 근면하다고 배웠다. 부자는 악하지도 탐욕스럽지도 않다.

- 근면하다: 자수성가한 사람은 부모에게 물려받은 것이 없다. 그들은 원하는 것을 얻기 위해 열심히 일해야 했다. 9세나 10세 정도의 어린 나이 때부터 그들은 자신이 원하는 것을 사기 위해 일했다. 자수성가한 사람 중 약 55퍼센트는 어린 시절에 적어도 한 달에 10시간 이상 일해야 했다.

- 다른 사람의 재산을 존중한다: 그들은 다른 사람이 열심히 일해 번 재산을 존중하라고 부모로부터 배웠다.

- 매일 자기계발을 한다: 성공한 사람 중 약 88퍼센트는 교육적인 책을 적어도 매일 30분 이상 읽으라는 교육을 받았다. 54퍼센트 정도는 어휘를 확장하기 위해 새로운 낱말을 배워야 했다. 68퍼센트는 대학교에 가도록 프로그래밍됐는데 어렸을 때부터 대학을 가야 한다고 세뇌당한 것이다.

- 시간을 생산적으로 사용한다: 마지막으로 그들은 자녀가

TV, 비디오 게임, 소셜 미디어, 인터넷 등에 시간을 낭비하지 않도록 한다.

또한 가난한 자가 부모에게서 물려받은 공통적 습관도 연구를 통해 발견했다. 그런 습관은 그들을 빈곤의 길로 들어서게 했다.

- 정부와 지원금에 의지한다: 가난한 자는 정부 혜택과 다른 사람의 지원에 의지하라고 배웠다. 이런 교육은 의존적 사고방식을 만들어 성인이 돼서도 지속됐다.
- 법에 반항한다: 그들은 패가 자신들에게 불리하게 조작됐기 때문에 경찰과 공권력은 자신의 적이라 배웠다. 공권력은 자신을 억압하고 내몰려고만 한다고 배운 것이다. 이러한 사고방식 때문에 가난한 사람 중 많은 사람이 감옥에 가고 계속 가난하게 살아간다.
- 부자에 대해 적개심을 나타낸다: 가난한 사람은 부자가 악하고 탐욕스럽기 때문에 그들을 경멸해야 한다고 배웠다. 또한 자신의 빈곤은 낮은 임금을 주는 부자 탓이라 배웠다.
- 근면하지 않다: 예를 들면 그들은 정부의 재정 지원을 받으며 살아가라 배웠다. 의존성은 나태성을 낳는다. 일하지 않고도 필요한 것을 얻을 수 있는데 일할 이유가 있겠는가?
- 부자의 돈을 요구할 자격이 있다고 생각한다: 가난한 자는

부자가 자신들을 부당하게 박해하고 이용한다는 믿음을 부모로부터 주입받았다. 가난한 자가 부자의 재산을 가질 권리가 있다고 배운 것이다. 가난한 자의 약 87퍼센트는 부자가 세금을 더 납부해야 하며 그 돈으로 정부가 가난한 자에게 더 많이 나눠줘야 한다고 생각했다.

- 도박을 한다: 그들은 가난을 탈출할 수 있는 유일한 수단이 도박이라고 부모에게서 배웠다. 그 결과 가난한 자의 77퍼센트가 매주 복권을 샀다.

- 약물에 의존한다: 그들은 자신의 부모가 지옥 같은 현실의 유일한 탈출구로 약물을 사용하는 것을 관찰했다. 가난한 자 중 60퍼센트가 약물에 자주 취한다는 사실을 인정했다.

- 과식한다: 그들은 부모의 나쁜 식습관을 물려받았다. 그래서 그들 중 66퍼센트가 표준 체중보다 약 14킬로그램 더 나간다.

- 시간을 낭비한다: 가난한 자는 부모가 TV 앞에서 많은 시간을 보내는 것을 지켜봤고 부모의 습관은 전염됐다. 그들 중 약 77퍼센트는 매일 밤 한 시간 이상 TV를 본다고 했고, 78퍼센트는 리얼리티 프로그램을 많이 본다고 인정했다. 그들은 자신의 자녀 역시 TV, 게임, 소셜 미디어, 인터넷 등에 매일 많은 시간을 쓴다고 말했다.

책임은 부모에게 있다

자녀는 부모의 습관을 모방한다. 대다수의 사람이 부모를 인생의 유일한 멘토로 삼는다. 부모가 나쁜 멘토가 되면 자녀는 힘겨운 삶을 살다가 결국 빈곤의 늪으로 빠진다. 빈곤의 사이클이 세대에 걸쳐 이어지면서 사회 불안이 야기되고 결국 사회 전체의 삶의 질까지 추락하고 만다.

마지막 몇 가지 단상

이 책을 쓰게 된 배경에는 다양한 이유가 있다. 그중 한 가지는 오늘날 많은 사람의 마음속에 있는 중요한 의문, 즉 '나는 어떻게 부자가 될까?'라는 물음 때문이다. 우리는 독자에게 몇 가지 답을 알려주고 싶었다. 야드니가 초반부에서 재정적 개념 몇 가지를 소개했지만 이 책의 주요 목적은 부자가 느끼고, 생각하고, 행동하는 방법을 가르쳐주는 것이다. 우리는 당신에게 부자 습관을 가르쳐주고 싶었다.

돈과 투자에 관한 책은 많다. 또한 부자가 되는 방법을 소개하는 인터넷 사이트도 많이 있다. 하지만 당신이 경제적으로 성공하는 가장 빠른 방법은 이미 부자인 사람들의 생각과 행동, 습관을 배워 적용하는 것이라고 우리는 믿고 있다.

당신도 이제 알겠지만 성공한 사람은 모두 성공 습관을 가지고 있고, 부자는 모두 부자 습관을 가지고 있다. 그들은 목표에 도달하는 데 도움이 되는 습관을 기르고 발전시켰다. 이 책에서 그들의 습관을 소개했다. 이제 당신 스스로에게 이렇게 질문해볼 순서다. '이 습관들 중 어떤 습관이 내가 목표를 이루는 데 도움이 될까?'

출발점이 어디인가

부자 습관을 기르는 공식에는 4단계가 있다.

1. 자각하라

첫 번째 단계는 현재 위치를 평가하는 것이다. 현재 당신의 재정 상황은 어떤가? 당신이 지속시키려 하는 생각과 행동, 습관이 무엇인지 자각하라.

그다음 가난한 자의 습관을 명확하게 파악하라. 비생산적이고 자신의 권한을 앗아가는 습관이 있는지 찾아내야 한다. 나쁜 습관이 가져올 결과를 생각해보는 것도 중요하다. 하지만 어떤 때에는 가난한 자의 습관이 그렇게 나빠 보이지 않는다는 것이 문제다. 하지만 그런 습관들이 쌓이면 한 달 뒤, 일 년 뒤, 십 년 뒤에는 파괴적인 결과를 낳을 수 있다.

2. 가난한 자의 습관을 없애라

가난한 자의 습관이 당신의 성공을 가로막고 있다는 것을 이해했으므로 이제 그런 습관을 버릴 시간이다.

3. 새로운 부자 습관을 길러라

부자와 성공한 사람의 생각 체계와 습관을 적용해야 한다. 성공한 사람, 즉 당신이 달성하고 싶은 일을 이미 이룬 사람을 모델로 삼아 본받으라.

당신이 기르고 싶은 부자 습관을 정해야 한다. 흔히 이런 습관은 당신이 버리고 싶은 가난한 자의 습관과 상반된다. 무엇을 해야 하고 어떤 동기를 가져야 하는지 자신에게 물어보라. 새로운 부자 습관을 적용할 때 당신과 당신 가족에게 돌아올 유익과 보상을 모두 생각해보라. 유익을 생생하게 생각할수록 행동으로 옮길 가능성은 더 커진다.

4. 행동을 취하라

어떤 행동을 할지 기록하고 그것을 행동으로 옮겨라. 되라, 행동하라, 이뤄라. 되고 싶은 사람처럼 생각하고 행동하기 시작하자마자 당신은 되고 싶은 사람이 된다. 부자가 되고 싶다면 먼저 머릿속에서 부자가 되어라. 그다음 부자가 하는 행동을 하라. 부자처럼 행동하고 부자 습관을 실천하라. 그러면 부자가 이룬 것을 당신도 이룰 것이다.

부는 결과물이기 때문이다. 부는 생각과 믿음, 습관, 그리고 그로 인한 행동의 결과물이다. 앞에서도 말했지만 몹시 중요한 내용이라 다시 한 번 강조하고 싶다. 당신이 바뀌기 전에는 아무것도 바뀌지 않는다. 상황이 뜻대로 풀리지 않는다면 이제는 쉬운 길로만 가려 해서는 안 된다. 외부 탓도 그만해야 한다. 당신의 사장 잘못도 아니고 정부나 시장 잘못도 아니다. 정보가 부족해서 일이 안 풀리는 것은 더더욱 아니다. 자신이 경제적으로 성공하지 못한 이유를 정당화하는 것을 멈춰야 한다.

당신이라는 존재 자체가 현재의 당신의 환경을 끌어당긴 것이다. 경제적인 상황을 바꾸고 싶다면 먼저 당신이 달라져야 한다. 자신의 경제적 결과에 대한 전적인 책임이 자신에게 있다는 사실을 이해하는 것이 중요하다. 정말 다행스럽게도 당신은 달라질 수 있기 때문에 당신의 삶도 달라질 수 있다. 비난 리스트를 던져버리고 자신이 되고자 하는 사람이 되기 시작하면 흥미롭게도 모든 것이 달라지기 시작할 것이다.

부자 습관을 길러라

많은 책의 문제는 책을 다 읽고 나면 책과의 관계도 끝난다는 것이다. 책의 교훈을 계속 듣고 배울 수 없다. 그 뒤에는 무슨 일이 생길까? 독자는 다음 단계를 취하고 자신이 배운 방법을 행동으로 옮기기 위해 자신만의 방법에 의지하는 경우가 많다. 이 책은 조금 다르다.

우리는 이 책의 교훈이 당신에게 도움이 되길 간절히 바란다. 그래서 당신이 투자 사다리를 오르는 데 도움이 되는 '도구함'을 만들었다. www.RichHabitsPoorHabits.com을 방문해 자료를 바로 이용해보라. 특별한 보고와 표, 콜리의 연구 결과, 그 밖에 많은 자료가 있다.

또한 우리의 블로그도 방문해볼 것을 권한다. 야드니의 블로그 주소는 www.PropertyUpdate.com.au이고 콜리의 블로그 주소는 www.RichHabits.net이다. 이 블로그를 통해 우리의 최신 생각을 놓치지 않고 배울 수 있을 것이다.

이 책을 읽은 당신에게 감사를 전한다. 이제는 당신에게 달렸다. 당신은 다음 단계들을 밟고 부자 습관을 발전시킬 수 있는 지식을 얻었다. 경제적 자유를 얻는 대열에 참가할 준비가 된 것이다. 성공을 거두면 우리에게 이메일을 보내 그 결과를 알려주길 바란다. 우리는 책에서 소개한 전략을 성공적으로 적용한 독자의 이메일을 받길 간절히 기대하고 있다.

당신의 시간을 현명하게 사용하라.

감사의 글

이 책은 내 인생에서 이룬 다른 모든 것과 마찬가지로 팀 협력의 결과다. 우선 톰 콜리에게 감사를 전한다. 그의 노력이 없었다면 이 책은 완성은커녕 아예 생각조차 못 했을 것이다. 그는 우정과 지원, 통찰을 보여줬고 많은 시간을 쏟아 이 책을 구상했다. 그리고 내게 공동 저자가 되는 영광을 허락했다. 이 모든 것에 감사드린다.

내 아내 팸(Pam)에게도 감사하다. 모든 면에서 나를 격려하고 지원하며 늦은 밤과 주말까지 컴퓨터 앞에 앉아 있던 내게 참을성을 보여준 데에 감사함을 느낀다. 아내는 사업과 투자에 광적으로 몰두하는 나를 이해해준다. 또한 늘 편안한 시간을 만들어주고 내가 배워야 할 것에 대해 조언하며 언제나 용기를 준다. 아내의 사랑과 헌신 앞에 나는 머리를 숙일 수밖에 없다. 내가 받은 만큼 아내에게 돌려주려 노력하지만 그것은 정말 불가능하다. 내 가족에게 특히 고마움을 느낀다. 6명의 자녀와 10명의 손자들이 내게 보여준 사랑과 격려에 진심으로 감사하다.

또한 나의 사업 파트너들과 메트로폴에서 근무하는 자산 전문가팀 모두에게 감사의 마음을 전한다. 케이트 포브스(Kate Forbes)와 켄 레이스(Ken Raiss), 그리고 내게 '너무 과분한' 친구이자 지난 몇 년간의 비즈니스 코치, 현재는 파트너인 마크 크리던(Mark Creedon)에게 큰 감사를 느낀다.

이 책은 니콜라 맥두걸(Nicola McDougall)의 능력이 없었다면 세상에 나오지 못했을 것이다. 훌륭하고 협조적인 편집자 맥두걸은 두서없는 우리의 글을 이해하기 쉽게 정리하며 초판 원고를 공들여 제작했다.

여러 해에 걸쳐 나는 부 창출과 성공, 투자에 관한 책을 거의 다 읽었다. 그 과정에서 많은 것을 배웠고, 그렇게 다른 저자들에게서 배운 내용 얼마가 이 책에 들어 있다. 분명히 내가 알고 있는 모든 것은 언젠가 누군가에게서 배운 것이다. 그 모두에게 감사를 표할 수 없어서 안타깝다. 솔직히 나의 전략 중 많은 것을 처음에 어디서 배웠는지 기억이 나지 않는다.

나는 기억할 수 있으면 어떤 아이디어를 어디서 누구에게 들었는지 밝히려 노력한다. 하지만 내가 당신의 아이디어를 사용하면서 당신의 이름을 언급하지 않았다면 제발 용서해주길 바란다. 나는 책, 블로그, 세미나, CD, DVD를 통해 얻은, 그리고 관찰과 대화를 통해 얻은 다른 사람의 좋은 아이디어를 빌려 썼다는 사실을 뻔뻔스럽게 인정하겠다. 부자가 되고 성공하는 방법에 관한 지식은 한 개인의 단독 영역이 아니고, 그 방법에는 비밀이 없기 때문에 좋은 아이디어를 가지고 있던 그들 역시 다른 사람의 아이디어, 책 등의 자료를 통해 배웠을 것이라 생각한다.

여러 해 동안 나는 2,000명이 넘는 투자자들에게 개인적으로 멘토링을 제공했다. 그들 중에는 성공한 사람도 많고 일부는 실패하기도 했는데 그들을 통해, 특히 실패한 투자자의 경험을 통해 나는 교훈을 얻었다.

지난 2006년 나를 믿고 내 첫 책을 출판한 윌킨슨 출판사의 마이클 윌킨슨(Michael Wilkinson)에게 감사의 말을 전한다. 윌킨슨은 나의 친구이자 멘토가 되어 내가 글을 쓸 수 있도록 늘 격려해준다.

마지막으로 이 책의 독자인 당신에게 진심으로 감사하다. 이 책에 당신의 시간과 노력을 투자하기로 한 선택에 감사드린다. 당신이 마땅히 누려야 할 성공을 이루기 위해 이 책에서 제시하는 정보를 활용해 유익을 얻기를 간절히 바란다.

마이클 야드니

부자가 되기로 마음먹은 사람들에게

부자 습관 가난한 습관

제1판 1쇄 발행 | 2022년 3월 14일
제1판 8쇄 발행 | 2024년 9월 12일

지은이 | 톰 콜리 · 마이클 야드니
옮긴이 | 최은아
펴낸이 | 김수언
펴낸곳 | 한국경제신문 한경BP

주소 | 서울특별시 중구 청파로 463
기획출판팀 | 02-3604-590, 584
영업마케팅팀 | 02-3604-595, 562   FAX | 02-3604-599
H | http://bp.hankyung.com   E | bp@hankyung.com
F | www.facebook.com/hankyungbp
등록 | 제 2-315(1967. 5. 15)

ISBN 978-89-475-4795-6   03320